배워서 바로 쓰는

14가지 AWS 구축 패턴

이 책은 『실전 AWS 워크북』(2017)의 개정판입니다. 최신 업데이트를 반영하고 2가지 패턴(패턴 9, 패턴 13)을 추가했습니다.

배워서 바로 쓰는 14가지 AWS 구축 패턴

서버리스에서 마이크로서비스와 AI까지, 실무에 바로 써먹는 시스템 구축 패턴 익히기

초판 1쇄 발행 2020년 03월 01일
초판 3쇄 발행 2022년 04월 25일

지은이 가와카미 아키히사 / **옮긴이** 정도현 / **펴낸이** 김태헌
펴낸곳 한빛미디어(주) / **주소** 서울시 서대문구 연희로2길 62 한빛미디어(주) IT출판부
전화 02-325-5544 / **팩스** 02-336-7124
등록 1999년 6월 24일 제25100-2017-000058호 / **ISBN** 979-11-6224-284-1 93000

총괄 전정아 / **책임편집** 홍성신 / **기획 · 편집** 최현우 / **진행** 이윤지
디자인 표지 · 내지 김연정 / **전산편집** 이경숙
영업 김형진, 김진불, 조유미 / **마케팅** 박상용, 송경석, 한종진, 이행은, 고광일, 성화정 / **제작** 박성우, 김정우

이 책에 대한 의견이나 오탈자 및 잘못된 내용에 대한 수정 정보는 한빛미디어(주)의 홈페이지나 아래 이메일로 알려주십시오. 잘못된 책은 구입하신 서점에서 교환해드립니다. 책값은 뒤표지에 표시되어 있습니다.

한빛미디어 홈페이지 www.hanbit.co.kr / 이메일 ask@hanbit.co.kr

AMAZON WEB SERVICES TEIBAN GYOMU SYSTEM 14 PATTERN SEKKEI GUIDE

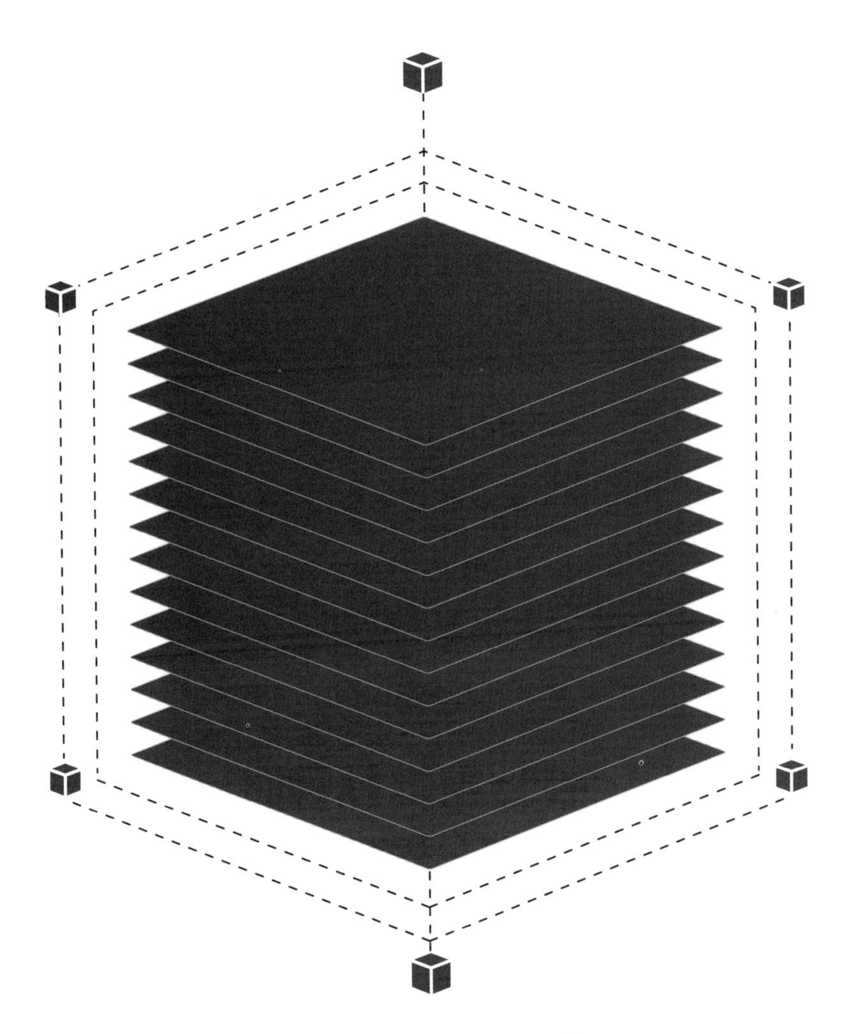

배워서 바로 쓰는

14가지 AWS 구축 패턴

가와카미 아키히사 지음
정도현 옮김

한빛미디어
Hanbit Media, Inc.

지은이_ **가와카미 아키히사**
주식회사 아쿠아 시스템즈 집행 임원 기술 부장

AWS 클라우드 서비스에 대한 세미나, 강연, 저술 활동을 합니다. 소속사는 데이터베이스에 대한 컨설팅과 패키지 제품을 제공합니다. 일찍부터 클라우드에 집중해 2012년부터 AWS 기술 파트너로 일합니다.

옮긴이_ **정도현** serithemage@gmail.com

일본과 한국에서 개발자, 아키텍트 그리고 IT컨설턴트로서 20년 넘게 일했습니다. 프로그래머를 위한 팟케스트 〈나는 프로그래머다〉에서 정개발이라는 별명으로 활동했으며 현재는 국내에서 클라우드 교육 관련 업무에 종사합니다.
『팟캐스트 나는 프로그래머다』(2015), 『팟캐스트 나는 프로그래머다 2탄』(2016)을 공저했고, 이 책의 1판인 『실전 AWS 워크북』(2017, 이상 한빛미디어)을 번역했습니다.

블로그 moreagile.net

옮긴이의 말

구슬이 서 말이어도 꿰어야 보석이라는 속담이 있습니다. AWS는 다양한 특징을 지닌 매력적인 서비스로 가득하지만 각 서비스가 지닌 특성을 파악하고 제대로 조합해서 사용하기까지는 적지 않은 노력과 시간이 필요합니다.

이 책은 기업이 비즈니스를 전개하면서 겪을 만한 IT와 관련된 14가지 과제와 이를 해결하는 AWS 레퍼런스 아키텍처를 제시합니다. 사실 클라우드 디자인 패턴에 대해서는 이미 몇몇 서적이 출간되어 있습니다. 하지만 AWS를 이용해 다양한 비즈니스 과제를 짧은 시간에 적은 비용으로 간편하게 해결할 방법을 찾는다면 이 책이 좋은 출발점이 될 겁니다.

AWS는 가장 큰 규모의 클라우드 서비스인 동시에 가장 빠르게 변화하는 서비스입니다. 1판 이후 2년 만에 개정된 2판에는 IoT와 마이크로서비스 관련 내용이 추가되었습니다. 이번 역시 원서 2판 출간 이후에 발표된 최신 업데이트를 빠짐없이 반영하고자 노력하며 번역했습니다.

바쁘신 와중에도 또 한 번 베타리딩에 흔쾌히 응해주신 AWS 김상필 님, 안준필 님, 박철우 님에게 감사의 말씀을 드립니다.

끝으로 언제나 나의 작업을 응원하고 격려해준 사랑하는 와이프에게도 감사의 말을 전합니다.

정도현

지은이의 말

AWS(Amazon Web Services, 아마존 웹 서비스)의 급속한 침투는 눈부실 정도입니다.

서비스 초기에는 스타트업이나 대기업이 일부 시스템에 시험적으로 사용했습니다. 그러나 최근 몇 년 새 기간 시스템을 클라우드로 완전히 전환하는 큰 기업도 등장했습니다.

복잡한 시스템이 구축되면서 필자가 속한 회사에 급하게 날아드는 문제 해결 상담도 증가했습니다. 문제 원인의 공통점은 AWS 특성을 잘 이해하지 못하고 시스템을 설계했다는 겁니다.

EC2, S3 같은 개별 서비스 기능에 대해서는 책이나 인터넷에 잘 알려져 있습니다. 그러나 서비스를 어떻게 조합하여 시스템을 설계해야 하는지에 대한 노하우와 지식이 충분히 뿌리 내렸다고 말하기는 어려울 듯합니다.

이 책은 AWS로 업무 시스템을 설계할 때 최선의 지침서가 되고자 AWS 서비스를 조합하여 특정 요구를 만족하는 시스템을 만드는 설계 패턴을 설명합니다. 'AWS 서비스를 시스템에 적용하여 원하는 기능을 수행하자'라는 관점에 중점을 두어 설명하기 때문에, 서비스별 파라미터 설정 절차를 과감히 생략했습니다. 개별 서비스의 상세 설정 방법은 인터넷이나 타 서적을 참고하시기 바랍니다.

또 다른 주안점은 AWS로 신규 사업을 신속하게 구축하고 싶은, 즉 서비스를 작게 시작하고 싶어 하는 오늘날의 비즈니스 과제에 대한 해결책을 보여주자는 겁니다. 이 책의 후반은 비즈니스과제를 안고 있는 가상 기업 사례를 바탕으로 AWS로 구축한 시스템의 문제를 해결하는 방안을 알아봅니다. 또한 그 해결책이 될 시스템의 설계 패턴도 설명합니다.

이 책은 6개 부, 14개 패턴으로 되어 있습니다.

1부 웹 시스템

업무 시스템에서 가장 많이 사용하는 웹, 애플리케이션, 데이터베이스로 구성된 3티어 시스템을 AWS에서 어떻게 설계하는지 설명합니다. 이 장의 전반부에서는 입문자 수준의 비교적 쉬운 설계 패턴을, 후반부에서는 성능 및 가용성에 대한 요구 사항이 까다로운 설계 패턴을 설명합니다. AWS에서 시스템을 설계하는 엔지니어라면 알아두어야 할 내용입니다.

2부 스토리지 시스템

백업, 파일 서버의 목적별 설계 패턴을 설명합니다. AWS에서 백업 및 파일 서버를 설계할 때 참고하세요.

3부 데이터 분석 시스템

여기서부터는 비즈니스 과제를 안고 있는 가상 기업이 문제 해결을 위해 AWS로 시스템을 구축한다는 가상 시나리오에 따라 설계 패턴을 설명합니다. 신규 사업에서 AWS를 어떤 용도로 사용할지에 대한 해답이 될 겁니다.

4부 애플리케이션 쾌속 개발

4부는 애플리케이션 개발에 관련된 엔지니어를 대상으로 합니다. AWS는 클라우드에서만 가능한 쾌속 개발 방법을 제공하고 있습니다. AWS에서 개발 생산성을 높이는 개발 환경 설계 패턴을 소개합니다.

5부 클라우드 네이티브

클라우드 장점을 최대한 살리려면 온프레미스[1]에는 없는 AWS 독자적인 서비스를 사용한 클라우드 네이티브 시스템 아키텍처를 사용하는 것이 최선입니다. 아키텍트, 애플리케이션 설계 엔지니어가 알아야 하는 설계 패턴을 소개합니다.

1 on-premise. 사내 데이터 센터와 같은 로컬 환경

6부 하이브리드 클라우드

많은 기업이 클라우드와 더불어 온프레미스도 함께 사용합니다. 따라서 시스템 설계 엔지니어라면 클라우드와 온프레미스와의 연계 패턴을 알아야 합니다.

개정판은 『닛케이 SYSTEMS』에 기고한 연재 기사를 정리한 『실전 AWS 워크북』을 대폭 추가, 수정했습니다. AWS의 최신 업데이트를 반영함과 동시에 마이크로서비스와 AI/IoT 관련 내용도 추가했습니다.

『닛케이 SYSTEMS』 편집부, 편집을 담당하신 시라이 료 님께 깊이 감사드립니다. 매번 정확한 조언과 알기 쉬운 문장으로 편집해주신 덕분에 책을 출간할 수 있었습니다.

이 책의 내용은 지금까지 함께 작업한 분들과 다뤘던 시스템에서 많은 힌트를 받아 완성할 수 있었습니다. 좋은 경험을 쌓을 수 있게 도와준 비즈니스 파트너와 동료 여러분 덕분입니다.

마지막으로 오랜 기간 집필을 계속할 수 있었던 것은 가족의 이해와 협력이 있었기 때문입니다. 지지해준 아내 나오코에게 감사합니다.

가와카미 아키히사

CONTENTS

Part 2 스토리지 시스템

Part 3 데이터 분석 시스템

Part 4 애플리케이션 쾌속 개발

Part 5 클라우드 네이티브

Part 6 하이브리드 클라우드

PART 1

웹 시스템

패턴 1 이벤트 사이트

최소 구성은 단일 서버 실수하기 쉬운 설정 문제 주의

간단한 이벤트 사이트에 사용할 공개 웹 서버를 최소한의 요소로 구성하여 만드는 방법을 알아보겠습니다. 이 패턴을 통해 AWS로 인프라를 구성하는 방법에 대한 감을 잡길 바랍니다. 초보자가 주의해야 할 설정 사항도 함께 설명합니다(일찍부터 패키지 소프트웨어 개발 및 검증 환경으로 AWS를 사용했는데 간편함, 빠른 속도, 저렴한 가격에 만족했습니다).

인터넷에는 AWS를 사용하는 다양한 기술 정보가 흘러넘칩니다. AWS 공식 웹사이트, 커뮤니티, 파트너 기업뿐만이 아닌 개인 웹사이트나 블로그도 유용합니다. 하지만 그러한 기술 정보는 개별 서비스 개요나 사용법이 대부분으로, 기업 시스템을 어떻게 설계해야 하는지를 담은 클라우드 인프라 설계에 대한 내용은 그다지 많지 않습니다.

이 책에서는 기업에서 자주 이용하는 시스템을 예로 들어 AWS 서비스를 어떻게 조합하여 설계하면 좋을지 시나리오를 통해 설명합니다. 이번 패턴에서는 간단한 인프라 구성을 지닌 이벤트 웹 사이트를 어떤 설계 패턴으로 AWS에 구축하는지 알아봅니다(한 패턴씩 배워갈수록 더 복잡한 시스템 설계 패턴을 다룹니다).

구축할 이벤트 사이트의 개요와 인프라 설계 주안점은 [그림 1-1]과 같습니다. 우선 일반 소비자를 대상으로 하여 일시적으로 운용할 소규모 웹 서버를 만듭니다. AWS 기본 서비스로 어떻게 인프라를 설계할지 생각해보겠습니다.

그림 1-1 이벤트 사이트의 개요와 핵심 설계 사항

이벤트 사이트 개요

· 1개월 한정으로 이용한다.
· 사이트 사용자는 개인 사용자로서 인터넷으로 접속한다.
· 접속자 수는 많지 않아 고사양 서버는 필요 없다.
· 웹 서버로 LAMP(Linux, Apache, PHP, MySQL) 환경을 사용한다.
· 비용을 우선하며 다중화나 백업은 고려하지 않는다.

인프라 핵심 설계 사항

❶ 리전 선택
이벤트 사이트를 구동시킬 최적의 리전을 선택한다.

❷ EC2 인스턴스 설정
이벤트 사이트의 웹 서버에 적합한 EC2 인스턴스를 설정한다.

❸ 도메인을 통한 접속
고정 IP 주소와 접속한다(CNAME 설정을 통해 고정 IP 주소가 아닌 도메인 이름을 이용하여 도메인에 접속할 수도 있다).

❹ 네트워크 구성
인터넷 접속을 위해 간단한 네트워크 구성을 설정한다.

❺ 웹 서버로서의 OS 환경 설정
아마존 리눅스에 LAMP 환경을 설정한다.

1.1 구성을 AWS '심플 아이콘'으로 그려보자

[그림 1-2]는 만들려는 이벤트 사이트의 구성도입니다. AWS에서는 복수의 서비스를 블록과 같이 조합하여 인프라를 구성해나갑니다. [그림 1-2]에 표시한 아이콘은 AWS가 제공하는 '심플 아이콘'입니다(bit.ly/simple-icons). 아이콘의 조합으로 아키텍처를 표현할 수 있도록 고안되어 있습니다. 이용하는 서비스를 간단히 알아봅시다.

그림 1-2 이벤트 사이트 구성도

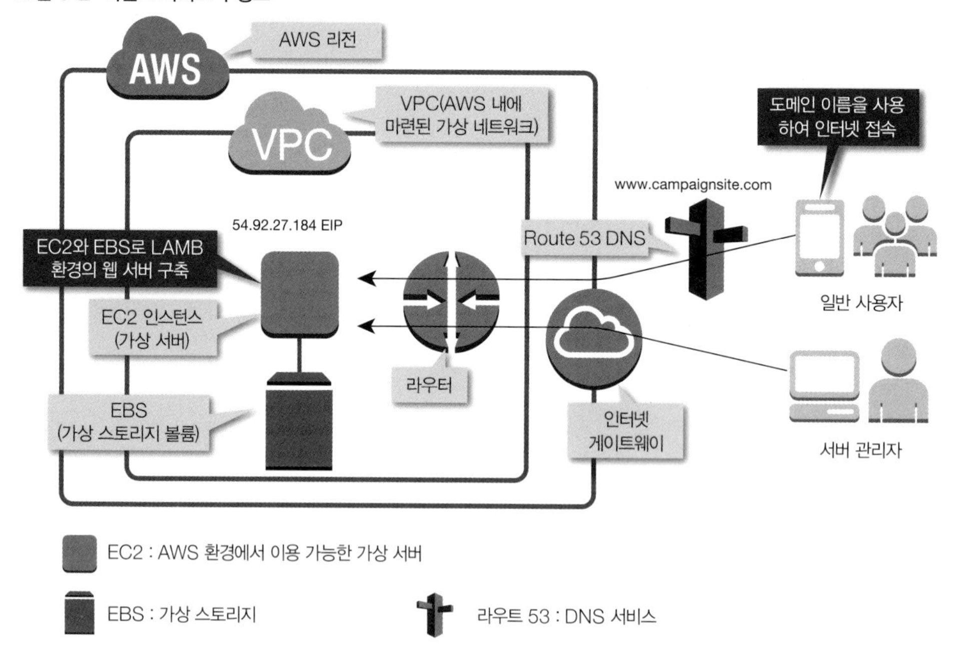

서버를 구성하는 가장 기본적인 서비스는 가상 서버인 EC2(Amazon Elastic Compute Cloud, 아마존 일래스틱 컴퓨트 클라우드)와 가상 스토리지 볼륨인 EBS(Amazon Elastic Block Store, 아마존 일래스틱 블록 스토어)입니다. 이 둘로 웹 서버를 구축합시다.

네트워크에 필요한 기본적인 서비스는 표준 서비스에 포함되어 있습니다. 예를 들어 VPC의 내부에 가상 라우터를 설치할 수 있습니다. 인터넷과 접속하는 데 '인터넷 게이트웨이'도 이용할 수 있습니다. 이번에는 이벤트 사이트의 호스트명을 정의하는 데 DNS 기능을 제공하는 서비스 아마존 라우트 53(Amazon Route 53)를 사용합니다.

각 서비스의 특징과 설정 방법을 알아봅시다.

그림 1-3 리전과 가용 영역의 관계

▶ 시드니 리전

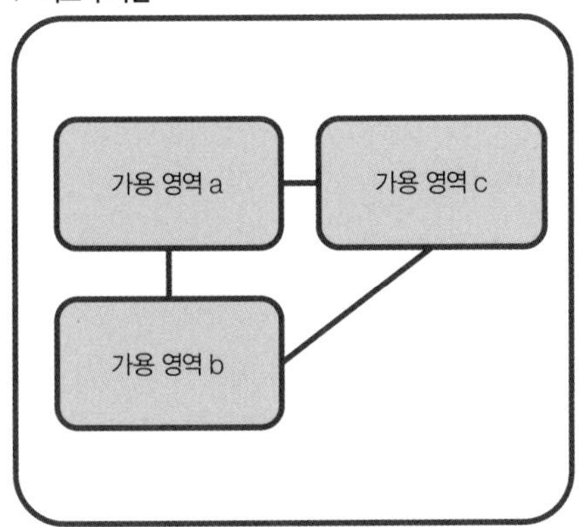

▶ 서울 리전

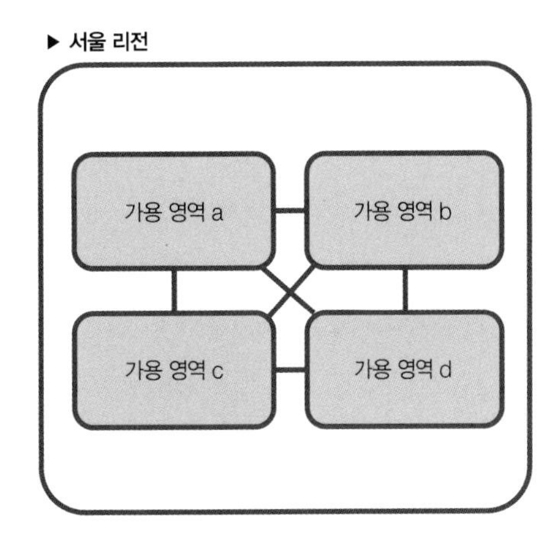

1.2 리전에 따른 응답 속도와 비용 차이

구축 시 가장 먼저 리전을 선택해야 합니다. 응답 속도는 AWS 데이터 센터와 이벤트 사이트에 접속하는 사용자가 지리적으로 가까울수록 빠르며 멀수록 느립니다. 국내에 거주하는 사용자를 대상으로 하는 이벤트 사이트의 응답 속도를 빠르게 하고 싶다면 서울 리전을 선택합니다.

서비스 요금은 리전에 따라 다릅니다. 예를 들어 가상 서버인 EC2 타입 중 하나인 t2.medium 인스턴스는 1시간당 서울 리전이 0.064달러, 미국 동부(버지니아 또는 오하이오) 리전이 0.047달러입니다(2017년 8월 13일 시점)[1]. 인터넷으로의 데이터 전송 요금도 미국 동부 리전이 쌉니다. 응답 속도보다도 비용이 중요하다면, 미국 동부 리전이 유리합니다.

일단 서비스를 시작하고 나면 리전 변경에 상당히 손이 많이 갑니다. 목적에 맞게 리전을 선택하기 바랍니다.

리전을 정했으면 VPC(Virtual Private Cloud, 가상 프라이빗 클라우드)와 서브넷으로 구성하는 가상 네트워크를 작성합니다. VPC는 논리적으로 격리된 사용자 전용 네트워크 구역입니

1 역자주_ 이 책의 1판이 번역되던 시점인 2017년 8월 가격과 비교해보면 서울 리전은 0.064달러에서 0.052달러로 19%, 북미 리전은 0.047달러에서 0.052달러로 11% 정도 가격인하되었습니다. 게다가 인스턴스 타입도 기존의 t2보다 컴퓨팅이나 네트워킹, 디스크 I/O와 같은 여러 성능이 향상된 t3 타입 인스턴스를 사용했습니다. AWS는 2006년 서비스를 시작한 이후 60회가 넘는 가격인하를 단행했으며 성능이 개선된 신형 인스턴스가 출시되더라도 같은 용량의 기존 인스턴스에 비해 비슷하거나 더 싼 값에 제공하고 있습니다.

다. 복수의 가용 영역(Availability Zones, 이하 AZ)에 걸친 형태로 VPC 하나를 작성할 수 있습니다. 단, 복수의 리전에 걸쳐서 작성할 수는 없습니다. 서브넷은 VPC를 논리적으로 분리한 서브네트워크로 AWS 환경 내의 네트워크 최소 단위입니다. 서브넷은 단일 AZ 안에 작성합니다. VPC와 AZ, 서브넷의 관계를 [그림 1-4]에서 살펴볼 수 있습니다. 가상 서버를 비롯한 각종 AWS 서비스는 서브넷에 배치됩니다.

그림 1-4 VPC와 AZ, 서브넷의 관계

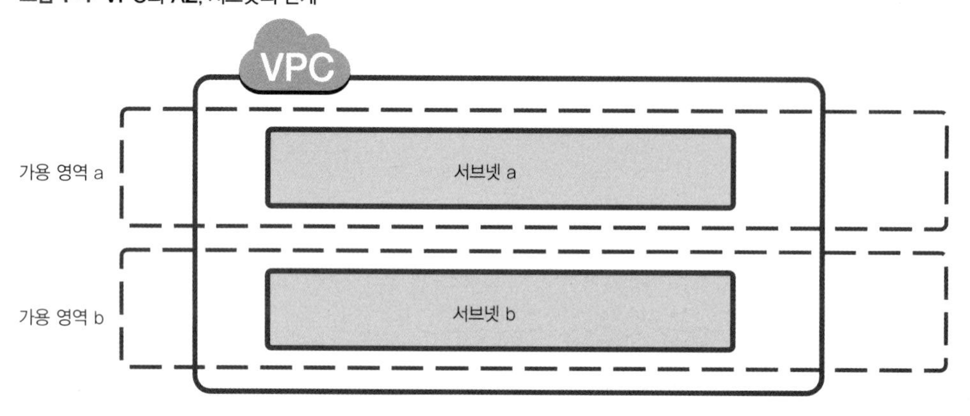

서브넷을 나누는 방법은 온프레미스 환경과 비슷합니다. 논리적인 네트워크를 설계해서 AWS의 서브넷 구성에 대입시킵니다. 예를 들어 인터넷으로 HTTP 수신이 가능한 웹 서버와, 웹 서버로부터 데이터베이스 접속만 허가하는 데이터베이스 서버는 필터링 정책이 다르기 때문에 서브넷을 분리해야 합니다.

다중화하는 경우에는 AWS 특유의 기법을 사용합니다. 별도의 AZ에 서브넷을 포함하여 여러 웹 서버를 분산 배치해야 합니다. 다중화는 패턴 4에서 다룹니다.

1.3 EC2 인스턴스 작성하기

VPC와 서브넷을 작성했으니 이벤트 사이트의 웹 서버가 되는 EC2의 인스턴스를 작성합시다. 인스턴스는 AWS상의 가상 서버입니다. 다른 서비스에서도 인스턴스라는 용어를 사용하기 때문에 EC2의 인스턴스를 EC2 인스턴스라고 부릅니다.

AWS 환경에 EC2 인스턴스를 하나만 작성한 이미지가 [그림 1-5]입니다. 사전에 VPC와 서브넷으로부터 구성한 네트워크 환경을 작성해둘 필요가 있으니 기억해둡시다.

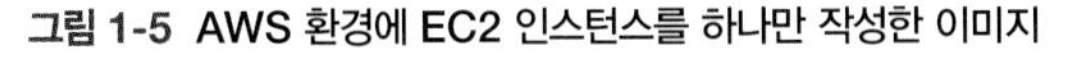
그림 1-5 AWS 환경에 EC2 인스턴스를 하나만 작성한 이미지

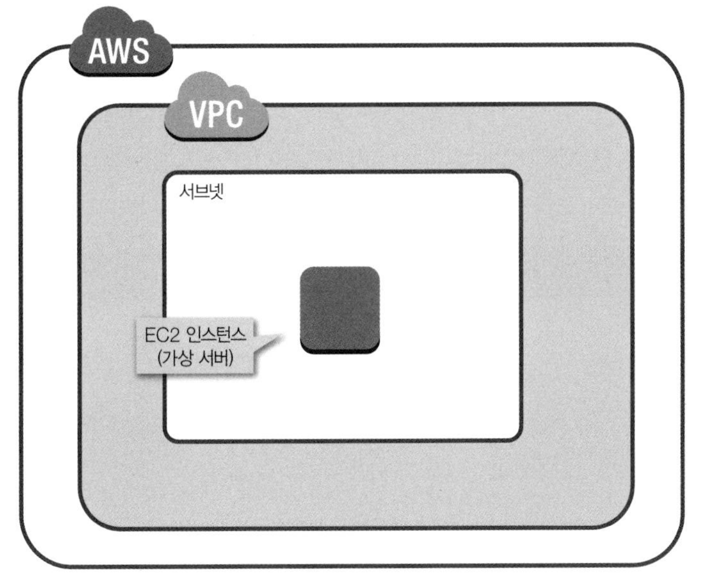

EC2 인스턴스는 웹 설정 화면에서 미리 정의된 옵션을 선택하여 설정할 수 있습니다. 우선 AMI(Amazon Machine Image, 아마존 머신 이미지)를 선택합니다. AMI는 즉시 사용이 가능한 상태의 OS 및 패키지의 조합입니다. 이용 목적에 가까운 AMI를 선택하여 필요에 따라 최적화합니다.

웹 서버에 적합한 AMI는 몇 가지가 있습니다만, 이번에는 Amazon Linux 2 AMI(HVM)를 사용하겠습니다. Amazon Linux 2는 AWS에서 메인터넌스와 서포트를 하는 CentOS와 닮은 OS입니다. AWS에 최적화되어 간편하게 사용할 수 있습니다. Amazon Linux 2는 AWS 관련 도구가 모두 설치되어 있으며, AWS 환경 내의 패키지 리포지토리를 사용할 수 있어서 신속하게 OS를 설치할 수 있습니다. 다만, AWS 이외의 환경에서는 사용할 수 없기 때문에 온프레미스 환경에서는 사용할 수 없습니다.

AMI의 가상화 타입으로 완전가상화인 HVM과 반가상화인 PV가 있습니다. 일반적으로는 HVM을 선택합니다. AWS는 PV의 지원을 축소하면서 HVM으로 전환을 진행하고 있어

HVM 성능이 더 좋습니다.

이어서 AMI 인스턴스 유형을 선택합니다. 인스턴스는 서버 규모에 해당하며, CPU, 메모리, 스토리지, 네트워크 성능의 조합을 할 수 있습니다(표 1-1). 메모리만을 늘린다든지 하는 세세한 사용자 정의는 할 수 없습니다. 그러므로 목적에 가장 가까운 인스턴스 유형을 선택해야 합니다. 작은 LAMP 환경이라면 OS에 약 1GB, MySQL 등의 미들웨어에 1GB 정도의 메모리가 필요합니다. 여유 있게 설정한다면 CPU는 1~2개, 메모리는 3GB 이상이면 될 겁니다. 이번 이벤트 사이트에서는 이 조건을 충족하는 t3.medium을 선택합시다.

표 1-1 주요한 EC2 인스턴스 유형

인스턴스 유형	vCPUs	메모리(GiB)	EBS 전용 스루풋(Mbps)
t3.nano	2	0.5	-
t3.micro	2	1	-
t3.small	2	2	-
t3.medium	2	4	-
m5.large	2	8	3500
m5.xlarge	4	16	3500
m5.2xlarge	8	32	3500
m5.4xlarge	16	64	3500
m5.12xlarge	48	192	7000
m5.24xlarge	96	384	14000
x1.16xlarge	64	976	7000
x1.32xlarge	128	1952	14000

1.4 네트워크 및 셧다운 동작 설정 주의 사항

인스턴스 유형을 정했다면 다음은 EC2 인스턴스를 설정할 차례입니다(그림 1-6). 주요 포인트를 중심으로 살펴봅시다. 네트워크는 VPC를 선택합니다. 2013년 이전에 계정을 개설한 사용자는 EC2-Classic도 선택할 수 있지만 이것은 VPC가 등장하기 이전의 낡은 네트워크 구성입니다. 앞으로는 VPC 사용이 필수이기 때문에, 특별한 이유가 없으면 VPC를 선택해야 합니다.

AWS는 수시로 서비스가 업데이트되기 때문에 기존 서비스와 새로운 서비스가 혼재하는 경우가 있습니다. 따라서 서비스 내용을 충분히 파악하고 선택하는 것이 중요합니다. 또한, 2013년 이후에 계정을 만든 사용자는 VPC만 선택할 수 있습니다. EC2-Classic은 이전부터 이용해오던 사용자를 위해 남겨둔 겁니다.

퍼블릭 IP 주소를 자동 할당하는 퍼블릭 IP 자동 할당(Auto-assign Public IP) 기능을 비활성화(Disable)합니다. 활성화(Enable)하면 동적 퍼블릭 IP 주소가 부여되어 인터넷에서 접속이 가능해집니다. 단, 이 설정으로 부여된 퍼블릭 IP 주소나 퍼블릭 DNS는 EC2 인스턴스가 다시 시작할 때마다 자동으로 변경됩니다. 따라서 재시작할 때마다 IP 주소 또는 DNS를 다시 지정해주어야만 합니다. 이번에는 이 설정에서 퍼블릭 IP 주소를 할당하지 않고 나중에 고정 퍼블릭 IP 주소를 할당하는 별도의 서비스를 이용합니다.

그림 1-6 EC2 인스턴스 설정

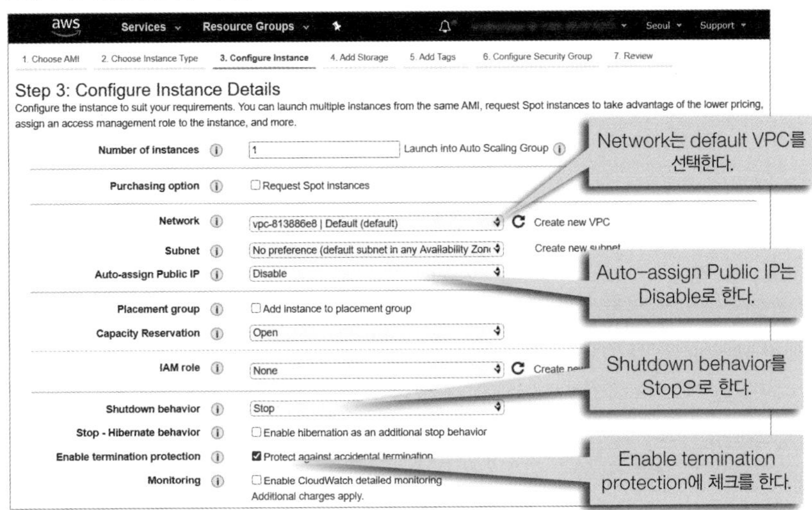

EC2 인스턴스를 정지하는 경우의 동작 설정에도 주의가 필요합니다. 셧다운 동작에는 정지(Stop)와 종료(Terminate)가 있습니다. 정지를 선택하면, 셧다운 시에 OS가 정지되어 OS 이미지가 보존됩니다. 재시작하면 같은 상태로 시작됩니다. 종료를 선택하면 OS를 정지하는 것과 동시에 EC2 인스턴스가 삭제됩니다. 이번에 구축하는 이벤트 사이트는 이벤트 종료 시까지 EC2 인스턴스를 유지시키므로 정지를 선택합니다.

EC2 인스턴스를 유지하는 시스템에서는 '종료 보호 활성화(Enable termination protection)'에 반드시 체크해두기 바랍니다. 그러면 관리 화면에서 조작 실수로 인스턴스가 삭제되는 것을 막을 수 있습니다.

1.5 보안 그룹 설정으로 통신 필터링하기

EC2 인스턴스 설정의 마지막 단계는 보안 그룹 설정입니다. 보안 그룹은 OS 레벨에서 네트워크 통신 필터링 룰을 정하는 것으로 허가할 프로토콜을 설정합니다.

보안 그룹 Source의 초기 설정값이 Anywhere로 되어 있는데, 이는 모든 IP 주소로부터의 SSH 접속을 허가한다는 의미입니다[2]. 이대로라면 어떤 IP든 SSH 접속을 허용하기 때문에 Source값으로 My IP를 설정합니다. 그렇게 하면 현재 접속한 기기의 퍼블릭 IP 주소에서의 접속만을 받아들이게 됩니다. 퍼블릭 IP 주소가 여럿인 경우는 'Custom IP'를 선택하고 주소 범위를 CIDR 표기법(클래스 없는 도메인 간 라우팅 기법)으로 적습니다.

이벤트 사이트의 웹 서버는 최종 사용자로부터 HTTP/HTTPS 접속을 허가할 필요가 있습니다. 이때 이 두 프로토콜에 대해서는 어떤 IP에서든 접속할 수 있게 [0.0.0.0/0]으로 설정합니다. 보안 그룹의 인바운드 설정은 [표 1-2]의 조합과 같습니다.

표 1-2 보안 그룹의 인바운드 설정

Type	Protocol	Port Range	Source
SSH	TCP	22	집 또는 회사의 퍼블릭 IP 주소
HTTP	TCP	80	0.0.0.0/0
HTTPS	TCP	443	0.0.0.0/0

이것으로 EC2 인스턴스의 설정이 끝났습니다. 이제 AWS 내부의 프라이빗 IP 주소만이 부여된 상태로 EC2 인스턴스가 시작됩니다. 시작하기 직전에 키 페어를 작성하는 팝업창이 뜹니다. SSH 클라이언트에 로드하는 비밀키이므로 소중히 보관해야 합니다.

2 **역자주_** EC2 인스턴스 설정에서 등장하는 보안 그룹의 초기 설정은 OS에 따라 다릅니다. OS가 리눅스라면 SSH, 윈도우라면 RDP 접속이 초기 설정으로 되어 있습니다.

1.6 고정 IP와 호스트명으로 접속하게 하기

아직 인터넷으로 시작된 EC2 인스턴스에 접속할 수 없습니다. 인터넷으로 접속하려면 고정 퍼블릭 IP 주소와 FQDN(호스트명)을 부여해야 합니다. 고정 퍼블릭 IP 주소를 AWS에서는 EIP(Elastic IP, 일래스틱 IP)라고 부릅니다.

EIP를 포함한 서비스 설정 변경과 추가는 매니지먼트 콘솔(AWS Management Console)에서 합니다. EIP 설정은 매니지먼트 콘솔을 통해 EC2 서비스로 들어간 후 탐색창의 'Elastic IPs' 페이지에서 'Allocate New Address'를 선택합니다. 이것으로 고정 퍼블릭 IP 주소를 얻었습니다. 다음에는 이 주소를 EC2 인스턴스에 연결시킵니다. 취득한 EIP를 마우스로 오른쪽 클릭하여 콘텍스트 메뉴에서 'Associate Address'를 선택합니다. 'Instance' 항목을 클릭하여 조금 전 작성한 이벤트 사이트의 EC2 인스턴스 이름을 선택합니다.

이상으로 웹 서버에 고정 퍼블릭 IP 주소가 할당되어 인터넷으로부터의 접속이 가능해졌습니다. 다만 아직은 도메인을 사용하여 접속할 수 없습니다. 이제부터 DNS를 설정하여 FDQN으로 접속이 가능하도록 해봅시다.

AWS에서는 라우트 53이라는 DNS 서비스를 제공합니다. 이것도 매니지먼트 콘솔을 통해 설정할 수 있습니다. 일단 여기에서는 event.site라는 도메인을 이미 취득했다고 가정하고 진행하겠습니다. 도메인을 가지고 있지 않은 경우는 라우트 53을 통해 취득 가능합니다.

우선 라우트 53의 네비게이션 메뉴에서 'Hosted zones'를 선택한 후 'Create Hosted Zone'을 선택하여 도메인 이름을 인식시킵니다.

그림 1-7 라우트 53 설정 ❶

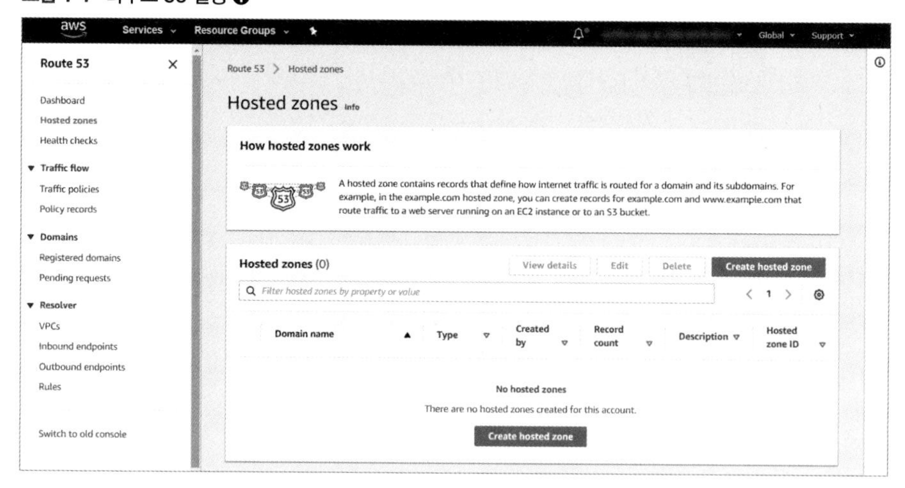

'Type'은 인터넷에 공개를 위해 'Public Hosted Zone'을 선택합니다. 계속해서 이벤트 사이트 웹 서버의 등록을 진행시켜봅시다.

그림 1-7 라우트 53 설정 ❷

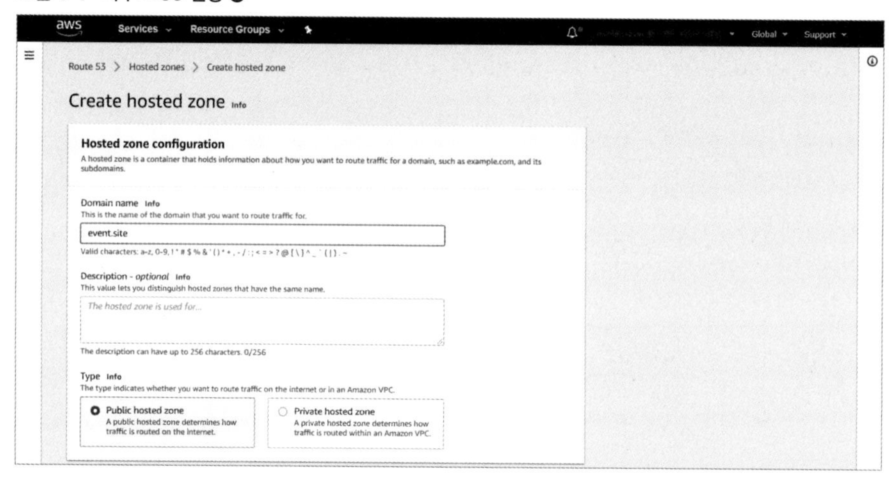

호스트존 설정이 완료되면 등장하는 화면에서 'Create record'를 클릭합니다.

그림 1-7 라우트 53 설정 ❸

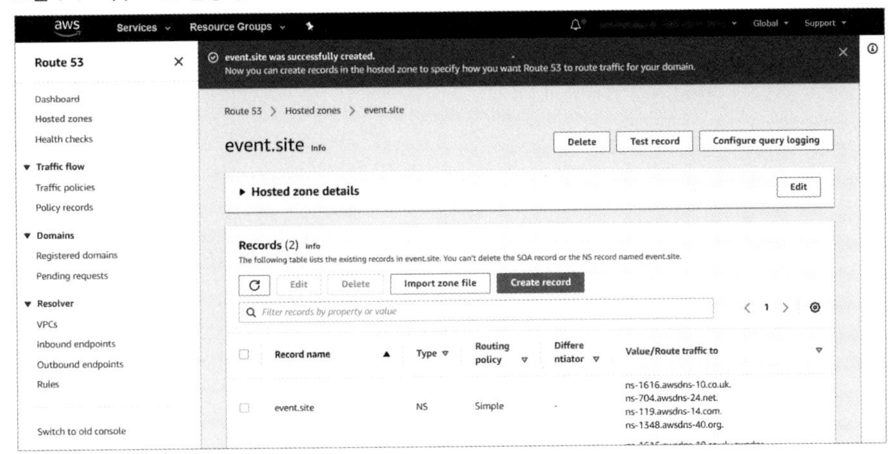

'Choose routing policy(라우팅 정책 선택)' 화면에서 'Simple routing'을 선택한 후 'Next'를 클릭합니다.

그림 1-7 라우트 53 설정 ❹

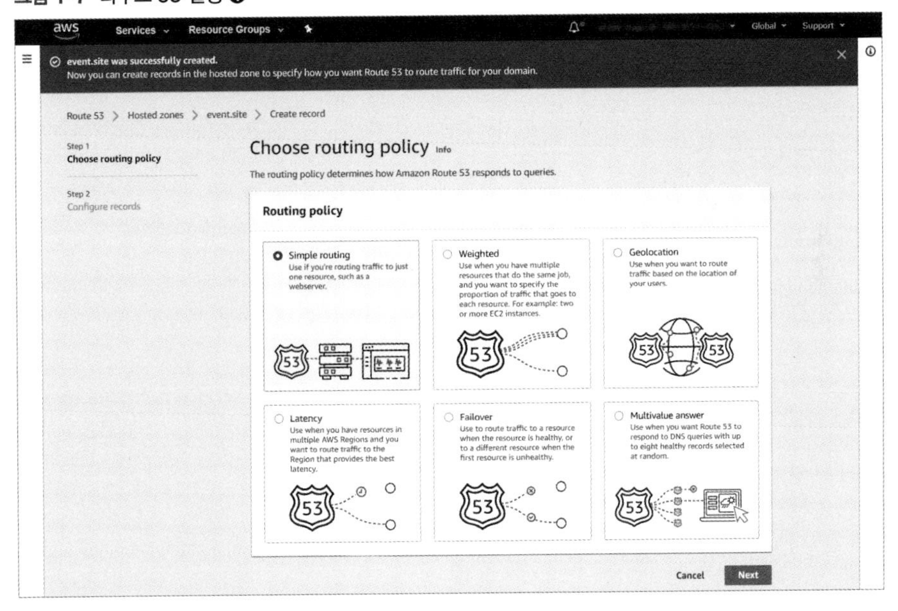

'Configure records(레코드 구성)' 화면에서 'Define simple record(단순 레코드 정의)'를 클릭합니다.

그림 1-7 라우트 53 설정 ❺

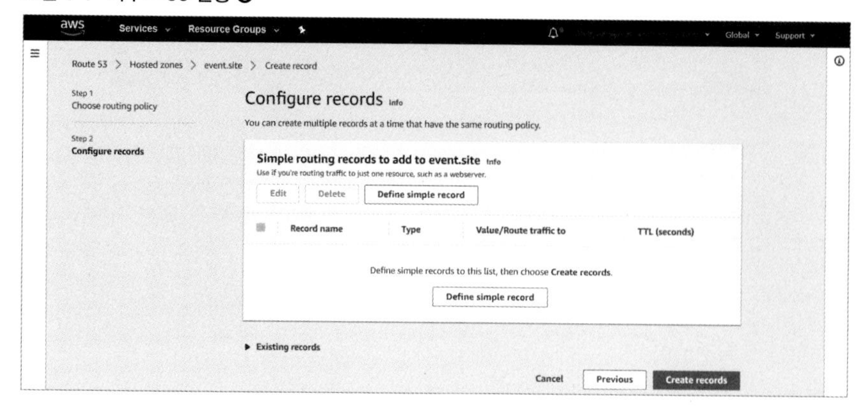

설정 화면이 보이면 'Record name'에 서브도메인 이름을 적습니다. 서브도메인을 사용하지 않을 경우는 공란으로 두어도 됩니다. 'Value/Route traffic to'에는 'IP address or another value depending on the record type'을 선택한 후 1.6절에서 생성해 둔 ElasticIP(EIP)를 적어넣습니다.

그림 1-7 라우트 53 설정 ❻

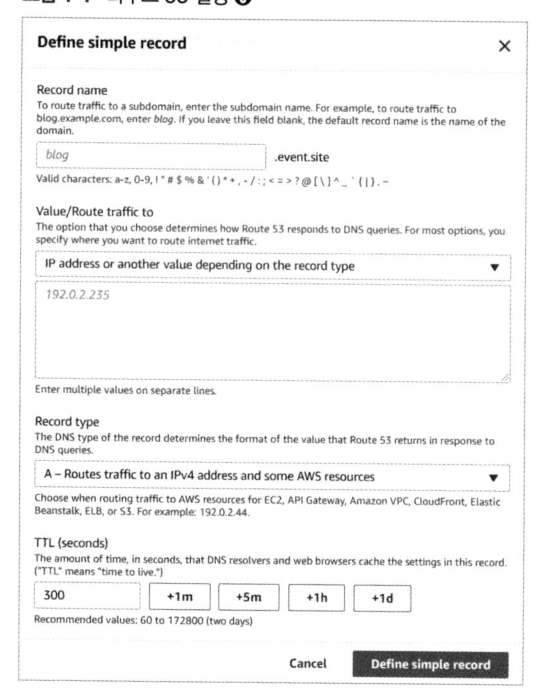

'Define simple record(단순 레코드 정의)'를 클릭하면 웹 서버에 단순 라우팅 레코드가 등록됩니다.

1.7 VPC 설정으로 인터넷 접속 설정하기

인터넷에서 접속하려면 한 가지 설정이 더 필요합니다. AWS에서는 VPC 이용이 필수입니다. VPC는 AWS 데이터 센터 내부에 마련된 가상의 폐쇄 네트워크이며, 외부와 통신할 수 있도록 설정해야 합니다. 이벤트 사이트는 기본 설정에서 두 군데만 수정하면 됩니다.

첫 번째는 VPC의 DNS 관련 설정입니다. 매니지먼트 콘솔의 VPC 설정 화면에서 'DNS resolution'과 'DNS hostnames'를 확인합니다. 'no'로 되어 있다면 'yes'로 변경합니다. 'DNS resolution'은 VPC 내에서 DNS 확인을 활성화할지 여부를, 'DNS hostname'은 DNS 이름을 부여할지 여부를 관리하는 설정으로 인터넷에서 FQDN에 접속하는 데 필요합니다.

두 번째는 라우팅 설정입니다. 라우팅 테이블에 인터넷 게이트웨이가 설정되어 있지 않으면 인터넷 접속이 불가능합니다. VPC 설정 화면 탐색창의 'Route Tables'에서 라우팅 테이블을 선택하고 하단 창의 'Routes' 탭을 확인합니다.

'Destination'과 'Target'의 조합에 0.0.0.0/0 과 'igw-'로 시작하는 인터넷 게이트웨이가 없으면 'Edit' 버튼을 눌러 등록합니다.

1.8 OS 환경을 웹 서버로 설정하기

이어서 EC2 인스턴스의 OS 환경을 설정합니다. 아마존 리눅스의 초기 상태는 최소한의 서비스와 AWS 도구가 설치되어 있을 뿐, LAMP 환경은 설치되어 있지 않습니다. 따라서 LAMP를 인스톨해야 웹 서버로 사용할 수 있습니다.

SSH 클라이언트를 사용하여 웹 서버에 연결된 EIP에 접속합니다. 인증 시 사용하는 사용자명은 'ec2-user'입니다. 이 사용자명은 아마존 리눅스에 기본 설정된 관리자용 사용자입니다. EC2 인스턴스에 SSH로 접속할 때는 공개키 인증 방식을 이용합니다. EC2 인스턴스 작성의 마지막 단계에서 다운로드한 비밀키(키페어)를 읽어 들여서 접속합니다.

초기 설정에는 root 패스워드가 설정되어 있지 않습니다. 우선 패스워드를 설정합시다. 이어서 소프트웨어를 업데이트합니다. root 권한이 필요한 조작은 sudo 커맨드로 실행합니다.

```
[ec2-user]$ sudo passwd
[ec2-user]$ sudo yum update
```

이제부터는 일반적인 웹 서버와 동일하게 LAMP 환경을 설정합니다. 먼저 아파치, MySQL, PHP, 그리고 PHP와 MySQL을 연결하는 드라이버를 설치합니다. 계속해서 상주 프로세스의 실행과, 재부팅 시의 자동 실행을 설정합니다. 기본 설정으로 설치된 MySQL은 관리자의 패스워드가 설정되어 있지 않거나 테스트용 스키마(논리적 데이터베이스 구조)가 설치되어 있어 보안에 취약합니다. 운영에 들어가기 전에 MySQL의 안전 설치(secure installation)를 실시합니다[3].

❶ LAMP 환경 인스톨

```
[ec2-user]$ sudo yum groupinstall "Web Server"
[ec2-user]$ sudo yum groupinstall "PHP Support"
[ec2-user]$ sudo yum groupinstall "MySQL Database"
[ec2-user]$ sudo yum install php-mysql
```

❷ 상주 프로세스의 시작과 자동 시작 설정

```
[ec2-user]$ sudo service httpd start
[ec2-user]$ sudo chkconfig httpd on
[ec2-user]$ sudo service mysqld start
[ec2-user]$ sudo chkconfig mysqld on
```

❸ MySQL 보안 설치

```
[ec2-user]$ sudo mysql_secure_installation
```

이것으로 이벤트 사이트 웹에 사용할 최소한의 서버가 준비되었습니다. 브라우저를 이용해

3 **역자주_** LAMP 스텍 설정의 세부 내용은 AWS 공식문서 '아마존 리눅스 LAMP 웹 서버 설치(bit.ly/amazon-linux2-lamp)'를 살펴 보시기 바랍니다.

FQDN으로 접속해봅시다. 아파치의 테스트 페이지가 확인되면 OS 환경 설정은 끝난 겁니다. 웹 서버에 필요한 사용자, 디렉터리 구성 등을 설정하고, 콘텐츠와 CGI, 데이터를 준비하면 이벤트 사이트가 완성됩니다.

1.9 운영 중에 리소스를 유연하게 변경하기

운영 중인 서버의 CPU, 메모리, 디스크가 부족하게 되는 경우를 생각해봅시다. 온프레미스 환경에서는 미리 넉넉하게 구축하거나 부족할 때마다 증설 작업을 하지만, AWS에서는 간단한 조작만으로도 자원을 추가할 수 있습니다.

CPU와 메모리는 EC2 인스턴스를 작성할 때 확인한 인스턴스 유형을 다시 고르는 것으로 변경할 수 있습니다. 변경하려면 EC2 인스턴스를 정지(Stop)하고, 매니지먼트 콘솔에서 해당 인스턴스를 마우스 오른쪽 버튼으로 클릭한 후 콘텍스트 메뉴에서 'Instance Settings', 'Change Instance Type'을 선택합니다. 인스턴스 유형을 선택한 후 Apply 버튼을 클릭하여 적용하면 변경이 완료됩니다. Start 버튼을 누르면 변경된 인스턴스 유형의 CPU, 메모리가 적용되어 동작합니다. 다시 시작하는 불편함이 있지만 부하에 따라 자원을 유연하게 변경할 수 있는 장점을 잘 활용합시다.

디스크 추가는 EBS 용량 변경으로 실시합니다. 디스크는 가상 저장소인 EBS로서 EC2 인스턴스와는 독립적으로 만듭니다. EBS 용량은 관리 콘솔에서 1GB 단위로 설정할 수 있습니다. EBS를 EC2에 연결(Attach)하면, 서버의 디스크 볼륨으로 인식됩니다. 운영 중인 이벤트 사이트에 새로운 EBS 볼륨을 추가한다고 가정해봅시다. SSH 클라이언트로 lsblk 명령을 실행하면 새로운 디바이스가 나타납니다.

❶ 디바이스 확인

```
[ec2-user]$ lsblk
NAME     MAJ:MIN   RM  SIZE   RO  TYPE MOUNTPOINT
xvda     202:0     0   8G     0   disk
mqxvda1  202:1     0   8G     0   part /
xvdf     202:80    0   10G    0   disk
```

❷ 디바이스 포멧

```
[ec2-user]$ sudo mkfs -t ext4/dev/xvdf
```

❸ 디렉터리 작성과 마운트[4]

```
[ec2-user]$ sudo mkdir /data
[ec2-user]$ sudo mount /dev/xvdf /data
```

여기서는 xvdf가 새로운 디바이스명입니다. 매니지먼트 콘솔상의 디바이스명과 다른 경우가 있습니다. 연결 전의 디바이스 구성을 확인해두어, 어떤 디바이스가 추가되었는지를 파악할 수 있도록 합시다. 디바이스를 처음 쓸 때에는 포맷하여 파일시스템을 작성합니다. 데이터를 저장하는 디렉터리를 작성해서 마운트하면 OS가 사용할 수 있습니다.

1.10 이벤트 사이트를 종료하면서 할 일

이벤트가 종료되었다면 이벤트 사이트를 닫습니다. 서비스를 그대로 두면 계속해서 비용이 발생합니다. 그러므로 비용이 발생하는 서비스를 중지합시다.

EC2 인스턴스는 중지해도 유지하는 용량만큼 청구됩니다. 재사용 계획이 없다면 데이터를 백업해놓은 후에 매니지먼트 콘솔의 EC2 인스턴스 설정 화면에서 Terminate를 클릭하여 삭제합니다. Enable termination protection(종료 보호 활성화)를 무효화시킨 후에 삭제합니다. EBS 역시 EC2 인스턴스에서 분리(Detach)하여 유지하더라도 비용이 청구됩니다. 필요 없으면 삭제해야 합니다.

EIP는 조금 달라서, EC2 인스턴스에 연결되어 있을 때는 과금되지 않지만, 연결되어 있지 않으면 과금됩니다. 매니지먼트 콘솔에서 Release Addresses를 클릭하여 할당을 해제합니다.

라우트 53은 DNS 존 단위로 월정액 과금됩니다. 이벤트 사이트가 속하는 영역을 사용하지 않는다면 삭제해야 하지만 영역을 계속 이용하는 경우는 삭제할 필요가 없습니다.

4 **역자주_** EBS 볼륨 연결의 상세한 내용은 AWS 공식문서 'Amazon EBS 볼륨을 사용할 수 있도록 만들기(리눅스 : bit.ly/linux-ebs, 윈도우 : bit.ly/windows-ebs)'를 살펴보시기 바랍니다.

VPC는 연결 및 데이터 전송에 비용이 발생하지만, VPC 유지 자체 비용은 청구되지 않습니다. 따라서 제거할 필요는 없습니다.

관리형 서비스

AWS를 EC2로 대표되는 IaaS(Infrastructure as a Service)를 제공하는 클라우드 사업자로 인식하는 분이 많을 겁니다. 하지만 실제로는 OS와 미들웨어까지 관리하는 PaaS(Platform as a Service)와 소프트웨어까지 관리하는 SaaS(Software as a Service)도 제공하며 그 숫자가 점점 늘고 있습니다.

이러한 서비스를 관리형 서비스라고 부릅니다. 주요 관리형 서비스로는 스토리지 서비스 아마존 S3, 데이터베이스 서비스 아마존 RDS, DNS 서비스 아마존 라우트 53, 서버리스(Serverless) 코드 실행 서비스 아마존 람다(AWS Lambda) 등이 있습니다.

관리형 서비스에서는 사용자가 OS에 접속할 수 없습니다. AWS가 인스턴스를 관리하기 때문입니다. 장점은 버전업이나 다중화, 백업 등의 작업을 사용자가 직접 할 필요가 없다는 점입니다. 단점은 성능 문제가 발생해도 개선 방안이 많지 않다는 점입니다. 사용자가 변경 가능한 범위가 적어지기 때문에 바꿀 수 있는 범위도 적기 때문입니다.

AWS를 이용해보면 구축이나 운영이 매우 편해집니다. 각 서비스의 제약을 평가하여 문제가 없다면 관리형 서비스를 사용해보기 바랍니다.

패턴 2 기업 웹사이트

다중화로 가용성을 확보하기
서비스 활용으로 비용 절감하기

다소 복잡한 웹사이트 예로 AWS를 사용한 기업 웹사이트 구축 패턴을 소개합니다. 웹 서버와 DB 서버의 이중화 방법, 저비용으로 정적 콘텐츠를 배포하는 방법 등을 다룹니다.

그림 2-1 기업 웹사이트의 개요와 핵심 설계 사항

기업 사이트의 개요

- 공개 웹사이트로 사용자는 거래처, 잠재적 고객, 입사지원자 등이다.
- 정적 콘텐츠 중심이다.
- 서버를 다중화하여 장애에 대비한다.
- 부하가 높아지면 서버를 추가할 수 있게 구성한다.
- 장애 서버의 교체, 추가는 수동으로 조작한다.
- 응답시간과 비용을 고려하여 구성한다.

인프라 핵심 설계 사항

❶ 웹 서버 다중화

로드밸런서로 장애에 대비하고 부하가 높아진 경우에 대비해 웹 서버 추가를 가능하게 한다.

❷ DB 서버 다중화

서비스 기능을 사용하여 DB 서버를 복제한다.

❸ CDN과 객체 저장소를 사용한 정적 콘텐츠 전송

웹 서버로의 접속을 줄여 운영 비용을 절감한다.

패턴 1에서는 네트워크와 EC2 인스턴스로 간단한 이벤트 웹사이트를 구축했습니다. 이번 패턴에서는 더 복잡한 기업 웹사이트를 구축합니다.

기업 웹사이트는 마케팅과 커뮤니케이션 도구로 중요하게 쓰입니다. 그러므로 기반 업무 시스템 정도는 아니지만 안정적으로 가동되어야 합니다. 구축할 기업 웹사이트의 개요와 인프라 설계 핵심 사항은 [그림 2-1]과 같습니다. 주요 사용자는 거래처, 잠재적 고객, 입사지원자입니다.

이러한 요구 사항을 만족하도록 구축한 시스템 구성도가 [그림 2-2]입니다. 1장에서 구축한 이벤트 사이트보다도 복잡하지만, AWS 특유의 서비스를 이용하여 저렴한 가격으로 콘텐츠를 배포할 수 있습니다. 설계의 핵심 사항은 ❶ 웹 서버 다중화, ❷ DB 서버 다중화, ❸ CDN(Content Delivery Network, 콘텐츠 전송 네트워크)과 객체 저장소를 사용한 정적 콘텐츠 배포입니다. 다중화는 웹 서버와 DB 서버에서 각각 적합한 다른 방식을 채용하였습니다.

그림 2-2 기업의 웹 사이트 구성도

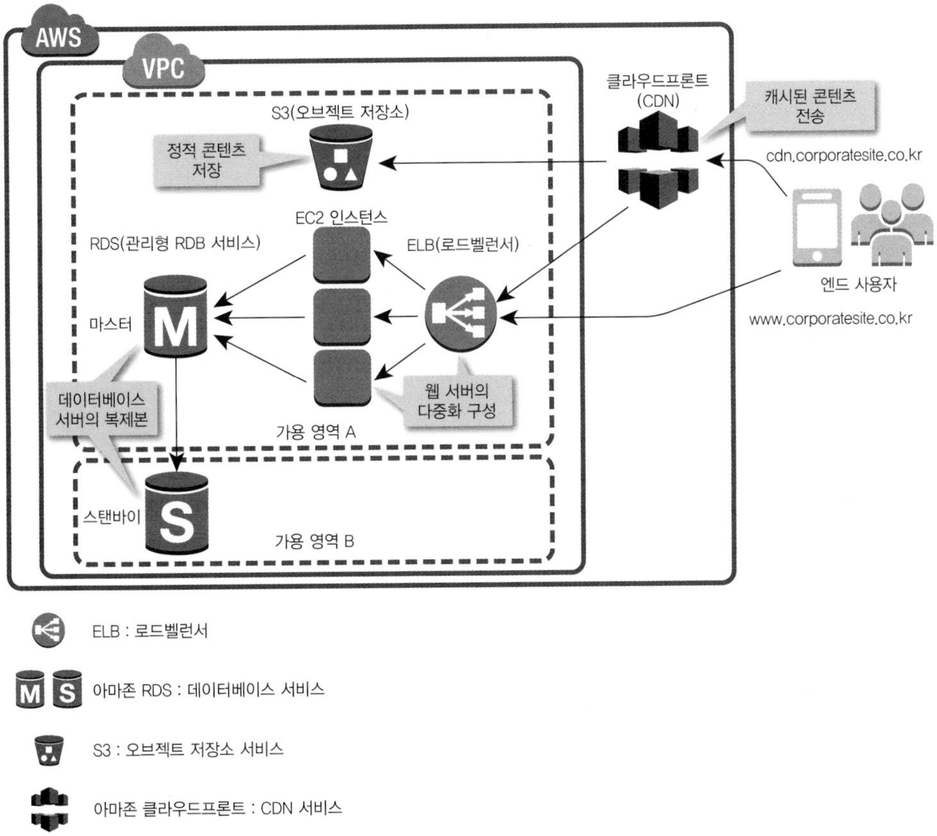

AWS
VPC
S3(오브젝트 저장소)
정적 콘텐츠 저장
EC2 인스턴스
RDS(관리형 RDB 서비스)
ELB(로드벨런서)
마스터
M
데이터베이스 서버의 복제본
웹 서버의 다중화 구성
가용 영역 A
스탠바이
S
가용 영역 B
클라우드프론트 (CDN)
캐시된 콘텐츠 전송
cdn.corporatesite.co.kr
엔드 사용자
www.corporatesite.co.kr

ELB : 로드벨런서

아마존 RDS : 데이터베이스 서비스

S3 : 오브젝트 저장소 서비스

아마존 클라우드프론트 : CDN 서비스

웹 서버는 가상 서버인 EC2와 가상 저장소인 EBS를 사용하여 구축했습니다. 웹 서버는 로드밸런서를 사용하여 다중으로 구성합니다. 로드밸런서 기능을 제공하는 서비스는 ELB(Elastic Load Balancing, 일래스틱 로드밸런싱)입니다.

DB 서버는 RDB의 관리형 서비스인 RDS(Amazon Relational Database Service)로 구성합니다. RDS는 셋업이 완료된 RDBMS 환경을 제공하는 서비스로 간단한 설정만으로도 다중화가 가능합니다. 이렇게 관리형 서비스들을 이용해 적은 노력으로 시스템의 구성이 가능한 것이 AWS의 장점입니다.

정적 콘텐츠 전송에 이용하는 CDN 서비스가 아마존 클라우드프론트(Amazon CloudFront)이고, 객체 저장소 서비스가 S3(Amazon Simple Storage Service, 아마존 심플 스토리지 서비스)입니다. CDN은 전 세계에 배치된 서버를 통해 웹 접속을 캐시하거나 분배하는 서비스입니다. CDN을 사용하면 응답 속도를 높이거나 웹 서버로의 접속을 줄일 수 있습니다. 객체 저장소는 객체 단위로 데이터를 다루는 스토리지로서 REST API를 사용하여 데이터의 입출력을 수행합니다.

2.1 ELB를 이용하여 웹 서버 다중화하기

구체적인 구축 방법을 살펴봅시다. 우선은 패턴 1과 동일한 방법으로 EC2 인스턴스를 작성합니다. EC2 인스턴스를 작성했다면 웹 서버 환경을 구성합니다. OS 환경을 셋업하고, 회사 홈페이지로서 필요한 CMS(Content Management System, 콘텐츠 매니지먼트 시스템)를 인스톨합니다.

이번에는 웹 서버 여러 대를 구축합니다. 하나씩 수작업으로 설정하면 시간이 걸립니다. 가상 서버 템플릿인 AMI를 이용하여 가상 서버 여러 대를 한꺼번에 셋업합시다. 패턴 1에서는 AWS가 준비한 서버 이미지로서 AMI를 설명했습니다만, 완성된 EC2 인스턴스의 이미지를 저장하는 방식으로 AMI를 직접 만들 수도 있습니다. 웹 서버 설정이 완료된 단계에서 AMI를 작성하면, 동일한 구성의 EC2 인스턴스를 여러 개 만들 수 있습니다(그림 2-3). 규모가 큰 시스템을 구축하는 경우나 같은 환경을 반복해서 사용하는 경우에 작업을 간소화할 수 있습니다.

그림 2-3 AMI를 사용한 EC2 인스턴스 복제

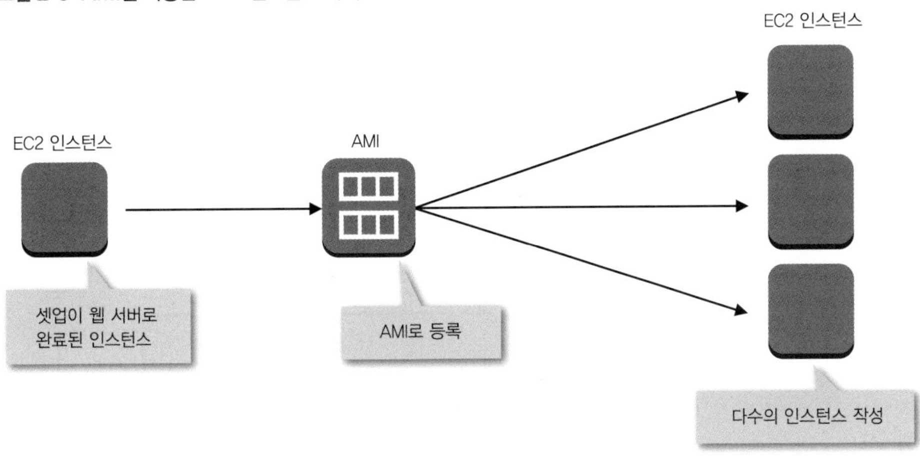

필요한 수의 웹 서버를 만든 후에는 ELB와 연계한 다중화 구성을 설정합니다. ELB를 웹 트래픽의 입구로 사용하여 트래픽이 복수의 웹 서버에 분산되도록 합니다. 구체적인 설정 방법은 다음과 같습니다.

우선 인터넷 접속 엔드포인트(End Point)를 ELB로 지정합니다. ELB는 IP 주소가 아닌 CNAME(대체 도메인 이름)을 지정하여 접속합니다. ELB의 IP 주소는 고정이 아니라 계속 변하기 때문입니다. DNS 서버인 아마존 라우트 53을 이용하여 ELB의 CNAME과 사용할 도메인 이름을 연결시킵니다. 이러한 설정에 의해 최종 사용자는 도메인 이름을 통해 ELB에 접속할 수 있게 됩니다.

다음은 ELB와 웹 서버의 EC2 인스턴스를 연결시킵니다. ELB 작성 페이지에 웹 서버를 선택하는 항목이 있으니까 이미 만들어진 웹 서버를 선택합니다. 이것으로 ELB에 의한 부하 분산 설정이 완료되었습니다. ELB는 웹 서버의 부하를 감시하여 부하가 낮은 웹 서버로 요청을 분산시킵니다.

2.2 ELB 설정 시 유의사항

ELB를 설정할 때 특히 주의해야 할 다섯 가지를 살펴보겠습니다.

첫 번째는 ELB용과 웹 서버용으로 각각 다른 보안 그룹을 마련하는 겁니다(그림 2-4). ELB는 인터넷 어디에서라도 HTTP와 HTTPS 접속을 허용하도록 설정되어 있습니다. 한편, 웹 서버는 ELB로부터의 HTTP 요청만을 받아들이도록 트래픽 소스를 ELB가 속한 보안 그룹으로 한정합니다. 서브넷으로 설정하는 것은 ELB의 IP 주소가 바뀔 가능성이 있기 때문입니다. 인터넷에서 직접적으로 웹 서버에 접속하는 것은 허용하지 않습니다. 개별 웹 서버에 직접 접속하면 ELB의 제어가 제대로 작동하지 않게 됩니다.

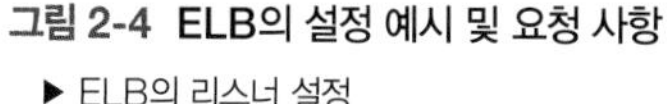

그림 2-4 ELB의 설정 예시 및 요청 사항

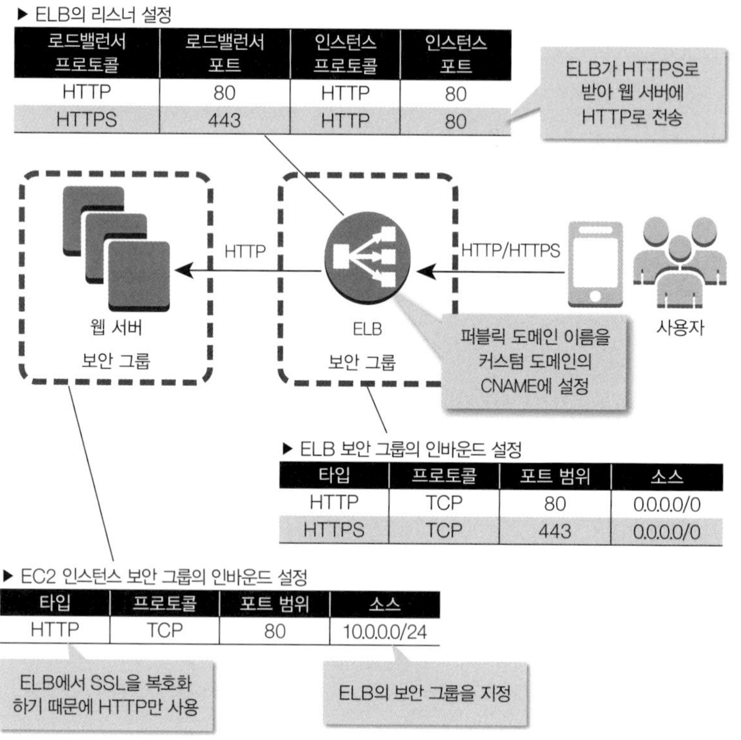

두 번째는 세션 유지 기능의 유무입니다. 최근 웹사이트는 세션 유지 기능을 이용해 복잡한 기능을 지닌 애플리케이션을 제공하는 경우가 있습니다. 그때 세션 정보를 웹 서버 간에 공유하는 구조를 마련하지 않으면 동일한 클라이언트 접속을 항상 같은 웹 서버에 유지시켜야만 합니다. ELB는 ELB 자신이 작성하는 쿠키 정보를 바탕으로 동일한 서버로 접속을 유지시키는 세션 유지 기능을 제공합니다. 매니지먼트 콘솔에서 설정할 수 있으므로 필요에 따라 사용하기 바랍니다.

세 번째는 HTTPS 처리입니다. HTTPS 통신은 클라이언트와 서버 간의 통신을 암호화합니다. ELB는 SSL 터미네이션(SSL Termination)이라고 하는 SSL 인증서 확인 및 암호화/복호화 처리 기능을 제공합니다. ELB 리스너 설정에서 로드밸런서 프로토콜을 HTTPS로, 인스턴스의 프로토콜을 HTTP로 하면 자동적으로 적용됩니다. 웹 서버별로 SSL 증명서를 관리할 필요가 없어질 뿐만 아니라, SSL 복호화 처리에 걸리는 부하가 줄어들어 EC2 인스턴스의 비용을 줄일 수 있습니다.

네 번째는 웹 서버가 정상적으로 동작하는지를 감시하는 헬스 체크 설정입니다. 기본 설정에서는 간격(Interval)이 30초, 타임아웃(Time out)이 5초, 비정상 상한치(Unhealthy threshold)가 2회입니다. 웹 서버에 장애가 발생하면 40초에서 70초 만에 감지하여 해당 서버를 분리합니다. 너무 짧으면 웹 서버의 부하가 높아져 응답이 저하되는 상태를 고장으로 오판하여 서버를 분리하고 맙니다. 반대로 너무 길면 오류가 발생하는 웹 서버에 요청 배분을 계속합니다. 일반적으로 기본 설정값으로 충분하지만, 성능 시험이나 운영 시에 검출 오작동이 발생한다면 수치를 조정합시다.

다섯 번째는 응답시간에 따른 타임아웃 설정입니다. 웹 서버에 분산시킨 후 일정시간 응답이 없으면, ELB는 웹 서버와의 접속을 절단하고, 클라이언트에 HTTP 504를 반환합니다. 타임아웃 시간은 접속 설정의 타임아웃으로 설정하며, 초기 설정값은 60초입니다. DB 처리 등으로 시간이 오래 걸리더라도 결과를 반환하고 싶은 경우는 시간을 길게 설정합니다.

2.3 RDS를 이용하여 DB 서버 다중화하기

이어서 DB 서버에 접속합니다. AWS에서 RDB를 구성하는 방법은 크게 두 가지입니다. EC2 인스턴스에 RDBMS를 설치하는 방법과, 관리형 서비스인 아마존 RDS를 이용하는 방법입니다. 전자는 OS와 RDBMS를 자유롭게 선택하고 설정할 수 있는 반면, OS와 DB 환경을 사용자가 직접 관리하지 않으면 안 됩니다. 후자는 패치 적용과 백업이 자동화되어 있기 때문에 운영의 번거로움이 줄어듭니다. 가능한 한 아마존 RDS를 사용하는 편이 설정과 운영에 들어가는 수고를 줄일 수 있지만, DB 운영에는 제약이 있습니다(표 2-1). 이용 목적에 맞는지에 대한 검토가 필요합니다.

표 2-1 RDS의 주요 자동 메인터넌스 기능 및 제한

		내용
자동 유지보수	백업	자동적으로 백업이 작성되기 때문에 장애가 발생하더라도 보통 5분 이내에 복구할 수 있다.
	패치	마이너 버전업이 자동적으로 적용된다.
제한	OS 접속	OS 사용자로 로그인할 수 없기 때문에 프로그램이나 도구를 설치할 수 없다. 로그, 성능 관리 인터페이스는 제공된다.
	DB 관리자 사용자 이용	관리자 권한을 지닌 사용자로 로그인할 수 없다. 파라미터 변경과 일부 관리 기능을 위한 인터페이스는 제공한다.
	멀티-AZ 이외의 다중화 기능	RDBMS나 서드파티 복제 소프트웨어를 이용한 고가용성 구성이나 오라클 RAC 등의 다중화 기능을 이용할 수 없다.
	메인터넌스	주 1회, 메인터넌스를 위해 중지된다.

이번에는 RDS 이용을 전제로 이야기합니다. 2016년 12월 현재, RDS 엔진으로 오라클, SQL Server, MySQL, PostgreSQL, MariaDB 그리고 Aurora(AWS에서 만든 MySQL, PostgreSQL 호환 RDS 엔진. '오로라'로 읽음)를 선택할 수 있습니다. 어떤 RDS 엔진을 사용해도 문제는 없습니다만 여기서는 MySQL을 사용하겠습니다. MySQL은 웹 애플리케이션과 함께 사용되는 경우가 많아 AWS에서 사용하기 위한 기술 정보도 풍부합니다.

DB 서버의 다중화는 'Active-Standby(활성-대기)' 구성을 선택했습니다. DB 서버는 데이터의 일관성을 유지하고자 실행 서버를 시스템 안에서 하나로 구성하는 것이 일반적입니다. RDS의 멀티-AZ(Multi-AZ) 기능을 사용하면 활성 DB 서버(마스터)의 데이터를 대기 서버(스탠바이)에 동기화하는 복제 중복 구성을 쉽게 구축할 수 있습니다.

멀티-AZ 기능을 사용한 RDS의 설정 방법은 다음과 같습니다.

우선, 매니지먼트 콘솔의 RDS 설정 화면에서 DB 서브넷 그룹을 작성합니다. DB 서브넷은 두 가용 영역(AZ)에 각각 서브넷을 만들고 이것을 그룹화해서 만듭니다(그림 2-5). 두 AZ를 사용해 서브넷을 만드는 이유는 하나의 AZ가 예상치 못한 재해로 멈추더라도 또 다른 AZ에 설치된 서브넷에서 서버가 계속 동작하도록 하기 위함입니다.

그림 2-5 서브넷 그룹의 개요

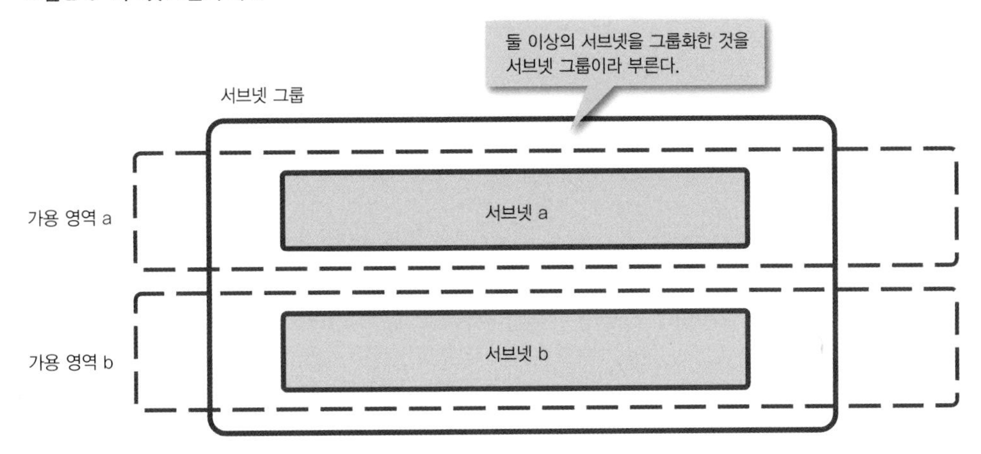

다음은 RDS for MySQL(MySQL용 RDS)의 인스턴스를 작성합니다. 이때 멀티-AZ를 이용하는 옵션을 선택하고 방금 만든 DB 서브넷 그룹을 지정합니다.

이것으로 마스터와 스탠바이 2대 구성의 DB 서버(RDS 인스턴스라고 부릅니다)가 만들어졌습니다. masteruser가 자동으로 생성되므로 이를 통해서 애플리케이션 사용자를 만들거나 객체, 그리고 데이터를 관리할 수 있습니다. 마스터와 스탠바이가 동기 복제되어 있기 때문에 마스터에 장애가 발생해도 데이터가 손실되지 않습니다. 또한, 마스터와 스탠바이 2대가 동시에 작동하기 때문에 이중화 구성을 하지 않는 경우의 약 2배 비용이 발생합니다.

마스터 DB 서버에 장애가 발생하면 스탠바이가 마스터로 승격되고 기존 마스터 서버가 사용하던 서브넷에 스탠바이 서버가 새롭게 만들어집니다. 이러한 일련의 작업은 자동으로 이루어지기 때문에 DB 서버에 대한 별도의 작업은 필요 없습니다. 엔드포인트는 DNS가 새로 만들어진 마스터 서버로 자동으로 연결되기 때문에 변경은 필요 없지만 DB 접속은 장애 복구 이후에 자동으로 연결되도록 사전에 설정해주어야 합니다.

2.4 RDS 사용 시 유의사항

RDS 사용 시 유의사항을 알아봅시다.

첫 번째로 적절한 스냅샷을 생성해야 합니다. 예를 들어 일단 초기 설정이 완료된 시점에서 스냅샷을 작성해둡시다. RDS는 자동 백업과 수동 스냅샷 백업 방법을 지원합니다. 자동 백업은 간편하지만 데이터 보존 기간에 제한이 있습니다. 기본 설정값은 1일, 최대로 35일입니다. 시스템에 대한 백업을 영구적으로 저장하려면 스냅샷이 더 적합합니다. 대규모 시스템의 유지보수 작업을 수행하는 경우에도 복구용 스냅샷을 만들어둡시다.

두 번째는 AWS에 의한 메인터넌스입니다. RDS는 몇 달에 한 번꼴로 마이너 버전업이 자동 실행되어, 약 30분간 정지됩니다. 옵션인 마이너 버전 자동 업그레이드를 NO으로 설정하면 마이너 버전업이 수행되지 않습니다. 하지만 취약점 대응 등에 의한 강제 업그레이드가 이루어지는 경우가 있습니다. 이때 멀티-AZ를 이용하는 경우, 스탠바이가 먼저 메인터넌스된 후, 장애 복구(Failover) 기능에 의해 새로운 마스터가 되고, 원래 마스터는 메인터넌스된 후에 새로운 스탠바이가 됩니다. 매니지먼트 콘솔에서 RDS 인스턴스의 메인터넌스 윈도우로 메인터넌스를 실시하는 시간대를 제한할 수 있습니다.

세 번째는 멀티-AZ를 이용하면 데이터 갱신 처리에 드는 시간이 길어진다는 점입니다. 마스터에 업데이트한 데이터를 스탠바이에 동기화시키는 처리가 끝날 때까지 마스터는 다음의 처리를 실시할 수 없습니다. 이용 환경이나 처리 내용에 따라 다르긴 하지만, 필자의 경험으로는 대체로 20~50% 정도 업데이트 처리 시간이 길어집니다. 영향받는 것은 업데이트 처리뿐이므로, 기업 웹사이트처럼 참조 비율이 많은 경우는 그다지 문제가 되지 않습니다.

2.5 정적 콘텐츠를 낮은 비용으로 배포하기

방문자가 많은 시스템에서는 이미지와 동영상, 자바스크립트, HTML, CSS 등의 정적 콘텐츠 제공에 많은 비용이 들게 됩니다. 대량의 트래픽을 처리하려면 고성능 웹 서버가 여러 대 필요합니다. 그리고 EC2는 다운로드 통신량에 따라 종량 과금이 부과합니다. 이때 정적 콘텐츠 전달 비용을 줄이려면 클라우드프론트와 S3를 사용하면 됩니다.

클라우드프론트는 CDN의 일종으로 세계 각지에 배치된 서버에서 콘텐츠를 캐시하고 전달합니다. 캐시에 히트한 경우에는 웹 서버와 DB 서버에 접속하지 않으므로 서버의 부하를 낮춰 운영 비용을 줄일 수 있습니다. [그림 2-6]은 클라우드프론트를 이용하여 웹 콘텐츠를 전달하는 흐름을 보여줍니다.

그림 2-6 클라우드프론트와 S3를 사용 콘텐츠 배포

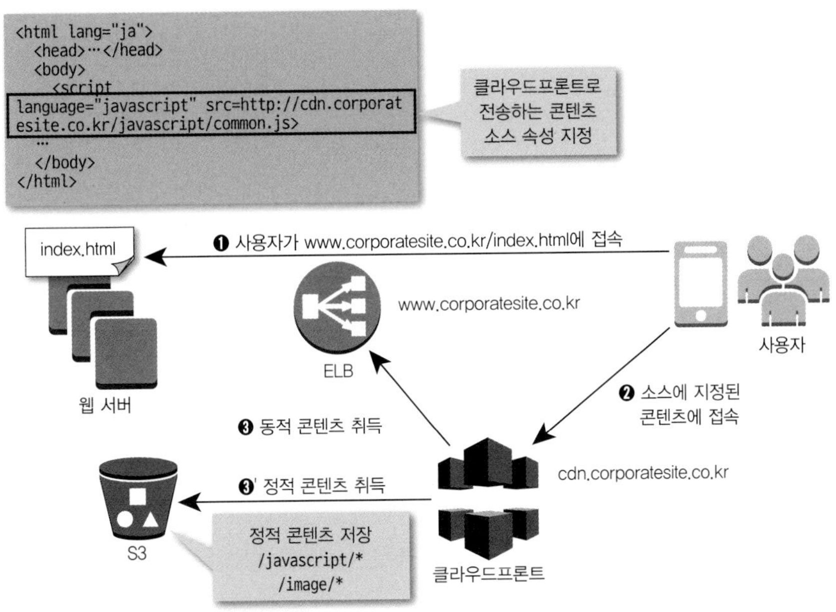

최종 사용자는 소유 도메인의 URL(예 : www.corporatesite.co.kr)에서 기업의 웹사이트를 볼 수 있습니다. 예를 들어 index.html을 참조했다고 합시다(❶). 개발자는 클라우드프론트에서 배포할 콘텐츠에 대해서는 index.html의 URL 설정에서 클라우드프론트 도메인(예 : http://cdn.corporatesite.co.kr/)을 지정합니다. 이렇게 설정해두면 브라우저는 클라우드프론트에서 콘텐츠를 가져옵니다(❷).

클라우드프론트에 캐시되지 않은 콘텐츠는 오리지널인 ELB로 가지러 갑니다. 일단 사용자가 액세스한 콘텐츠는 클라우드프론트에 캐시됩니다. 이후 같은 콘텐츠에 대한 액세스는 클라우드프론트가 캐시된 콘텐츠를 그대로 배포합니다.

클라우드프론트뿐만 아니라 정적 콘텐츠를 S3에 두는 방법을 함께 사용하면 더욱 웹 서버의 부하를 줄여, 낮은 비용으로 배포할 수 있습니다. S3에 파일을 저장하면 파일 단위로 접속용 URL이 생성됩니다. 이것을 이용해 정적 콘텐츠 저장소로 사용합니다. S3 요금 체계는 EC2보다 낮게 설정되어 있기 때문에 정적 콘텐츠는 S3에 배치하는 것이 비용상 유리합니다.

클라우드프론트는 정적 콘텐츠뿐만 아니라 동적 콘텐츠도 배포할 수 있습니다. 클라우드프론트의 참조 분리 기능을 이용하면 동적 콘텐츠는 ELB에서, 정적 콘텐츠는 S3에서 가져올 수 있습니다(❸과 ❸'). 다만 URL 와일드카드를 지정하여 정적 및 동적 콘텐츠를 구별할 수 있다는 것을 전제로 합니다. 만약 디렉터리 구성이나 파일 네이밍이 복잡한 경우 설정도 복잡해집니다. 클라우드프론트 사용 시에는 콘텐츠의 디렉터리 구성과 파일 네이밍 규칙도 함께 고려합시다.

클라우드프론트 이용은 시스템 운용이 시작된 이후라도 상관없습니다. 매니지먼트 콘솔에서 클라우드프론트 추가를 설정하고, 앞서 설명한 설정만으로 사용할 수 있습니다. 접속자 수가 증가하는 것을 보고 이용을 고려해도 좋습니다.

2.6 기업 웹사이트에 적합한 인스턴스 설계하기

마지막으로 기업 웹사이트에 적합한 인스턴스 설계에 대해 알아봅시다. 기업 웹사이트는 ❶ 안정적인 응답이 요구되고, ❷ 몇 년 단위로 장기 이용한다는 요구 사항이 있습니다. 요구 사항 ❶에 대응하려면 성능이 안정된 EC2 인스턴스와 EBS 볼륨을 선택해야 합니다. 요구 사항 ❷에 대응하려면 장기 이용을 약정하여 할인받을 수 있는 EC2 인스턴스가 적합합니다.

성능의 안정성과 관련해서는 스토리지 I/O 대역폭에 주의합시다. EC2 인스턴스와 EBS 볼륨 사이는 다른 사용자와 공유하는 네트워크로 연결되어 있습니다. 트래픽이 대역폭의 한계치에 이르게 되면 스토리지에서 데이터를 읽는 데 시간이 걸리고 응답도 불안정해집니다. EC2 인스턴스의 네트워크 대역폭으로 '낮음', '중간', '높음', '10기가비트'가 있습니다. 적절한 타입을 선택합니다. 운용 초기에는 성능이 낮은 인스턴스를 설정하고, 부족하면 성능이 높은 인스턴스 타입으로 변경해도 좋습니다.

또한 안정을 중시하는 경우에는 다음의 두 가지 옵션의 사용을 고려해봅시다. 첫 번째는 EC2 인스턴스의 옵션인 'EBS 최적화 인스턴스'입니다. 이 옵션을 사용하면 EC2 인스턴스에서 EBS

볼륨까지 네트워크 대역폭을 보장받을 수 있습니다. 인스턴스 타입에 따라 이 옵션의 지원 여부가 달라집니다. 또 한 가지 옵션은 '프로비저닝된 IOPS'입니다. 프로비저닝된 IOPS를 사용하는 경우, 안정적으로 1만 IOPS[1] 이상의 I/O 대역폭을 보장받을 수 있습니다.

성능을 안정시키려면 EBS 최적화를 이용합니다. 피크 시의 성능을 높이려면 EBS 최적화와 프로비저닝된 IOPS를 모두 사용합니다(표 2-2). 프로비저닝된 IOPS의 사용만으로는 대역폭이 보장되지 않기 때문에 옵션 사용의 혜택을 온전히 누릴 수 없게 되니 주의합시다.

그다음은 장기 이용에 따른 할인 혜택을 받기 위해 예약 인스턴스(RI) 사용을 검토합니다. EC2 인스턴스 과금 체계 중에서 사용한 만큼 비용을 지불하는 온디맨드 인스턴스가 기본적으로 선택됩니다. 예약 인스턴스는 1년 또는 3년의 기간을 정하여 사용을 예약합니다. 예약한 EC2 인스턴스는 반드시 사용할 수 있으며 이용료가 할인됩니다.

표 2-2 성능 안정화 옵션

		EBS 최적화 이용	
		있음	없음
프로비전된 IOPS	있음	성능 : 안정적 피크 성능 : 높음	이 조합은 사용하지 말 것
	없음	성능 : 안정적 피크 성능 : 낮음	성능 : 불안정 피크 성능 : 낮음

할인율은 이용조건에 따라 크게 달라지지만, 대개 이용률(실행 시간의 비율)이 60~70%를 초과하면 예약 인스턴스를 이용하는 것이 저렴합니다. 기업 사이트는 항상 운영되어야 하기 때문에 이용률은 100%에 가깝습니다. 이러한 특성의 EC2 인스턴스에는 예약 인스턴스를 사용하는 것이 적합합니다.

예약 인스턴스는 단점도 있습니다. 예약하면 취소할 수 없으므로 이용률이 낮아지면 온디멘드와 비교하여 오히려 더 비싸지게 됩니다[2]. 더 유리한 새로운 서비스가 출시되었을 때 전환에 대한 자유도도 떨어집니다.

이러한 점을 고려하여 일정 기간 동안 높은 가동률이 예상되는 EC2 인스턴스에 대해서 예약

1 초당 디스크 I/O 횟수. 숫자가 클수록 I/O 성능이 높다.

2 예약 인스턴스 마켓플레이스(베타)를 이용하여 다른 사용자에게 예약한 인스턴스를 판매할 수 있습니다.

인스턴스를 이용하는 것이 낫습니다. 필자의 소속 회사는 1년과 3년간의 할인율 차이가 작기 때문에 1년 단위의 예약 인스턴스를 이용합니다.

스케일링

시스템으로의 접속 수가 증가하면 처리 능력을 키울 방법이 필요합니다. 이렇게 시스템의 처리 능력을 키우는 것을 스케일링이라고 합니다(우리말로 용량 조정이라고 합니다). AWS는 스케일링하는 구체적인 방법으로 스케일 업(scale-up)과 스케일 아웃(scale-out)을 제공합니다.

스케일 업은 두 가지 커다란 제약이 있습니다. 하나는 단일 노드의 스펙 상한이 시스템의 처리 성능 한계가 되어버린다는 점입니다. 다른 하나는 인스턴스 용량을 변경할 때 일시적으로 중단이 필요하다는 점입니다.

이에 비해 스케일 아웃은 노드 수를 늘리는 것으로 스케일링을 하기 때문에 상한선 제약 없이 동적으로 적용할 수 있습니다. 게다가 AWS에서는 동적으로 스케일 아웃을 하는 기능을 제공합니다.

스케일 아웃을 전제로 하면 처리 능력을 확장시키는 작업을 자동화할 수 있는 장점도 있습니다. 하지만 스케일링하는 방식으로서 스케일 아웃을 선택할 수 있는지 여부는 애플리케이션이 어떻게 만들어졌는지와도 관계가 있습니다. 여러 노드에서 병렬로 작업을 수행하려면 처리 결과나 데이터에 불일치가 일어나지 않도록 고려해야 하기 때문입니다.

스케일 업, 스케일 아웃과는 반대로 인스턴스 용량을 낮추거나 처리 노드 수를 줄이는 것을 각각 스케일 다운, 스케일 인이라고 합니다.

패턴 3 성능을 중시하는 인트라 웹

성능 요구 사항을 만족하는 설계하기 다섯 배 빠른 AWS 전용 DB 엔진 도입하기

인트라 웹 시스템에서는 비기능적 요구 사항을 제대로 충족하는 것이 중요합니다. 부하가 변하는 환경에서도 성능이 저하되지 않는 인프라를 설계하려면 부하에 따라 자동으로 서버 수를 늘리거나 데이터 액세스 응답 속도를 빠르게 하는 등의 성능에 대한 고려가 필요합니다.

업무 시스템은 성능 및 가용성 등 많은 비기능적 요구 사항을 충족해야 합니다. 이번 패턴에서는 인트라 웹 시스템을 예로 들어 비기능 요구 사항 중 성능에 대한 부분을 만족시키려면 AWS에서 어떻게 구축해야 하는지를 설명하겠습니다. 이번 패턴에서 구축하려는 웹 시스템과 인프라 핵심 설계 사항은 [그림 3-1]과 같습니다.

대부분의 업무 시스템은 시기에 따라 처리량이 변합니다. 예를 들어 회계, 급여, 수발주 업무는 마감일 전후에 처리가 집중됩니다. 성능이 저하되어 응답 속도가 느려지거나 최악의 경우는 전혀 움직이지 않는 문제가 발생하기도 합니다. AWS 서비스를 잘 사용하면 부하가 증가해도 성능이 쉽게 저하되지 않는 인프라를 구축할 수 있습니다.

애플리케이션 서버는 부하가 높아짐에 따라 자동으로 처리 능력을 높일 수 있습니다. 구체적으로는 오토스케일링(Auto Scaling)이라는 서비스를 사용합니다. 이 서비스는 서버의 부하를 감지하여 자동으로 애플리케이션 서버를 시작하고 확장합니다.

오토스케일링은 모니터링 서비스인 아마존 클라우드워치(Amazon CloudWatch)와 함께 사용합니다. 클라우드워치는 가상 서버인 아마존 EC2 인스턴스의 상태를 모니터링해 처리 능력이 부족하면 경보를 발생시킵니다. 오토스케일링은 경보 수신이 트리거되어 새로운 애플리케이션 서버 인스턴스를 추가합니다.

그림 3-1 성능 요구 사항이 까다로운 인트라 웹 시스템의 개요와 핵심 설계 사항

인트라 웹 시스템의 개요

· 회계, 급여, 수발주 등의 업무 시스템을 AWS에서 구축하고 싶다.
· 처리량이 증가하는 마감 전후에도 온라인 트랜잭션의 응답을 3초 이내로 안정시키고 싶다.

인프라 핵심 설계 사항

❶ **오토스케일링을 사용한 동적 프로비저닝**
업무 스케줄이나 피크 시의 리소스 상황에 맞추어 처리 능력을 증감시킨다.

❷ **인메모리 데이터 액세스 사용**
높은 빈도로 액세스되는 데이터는 인메모리 캐시를 사용하여 데이터 액세스 지연을 줄인다.

❸ **고속의 RDB 서비스 이용**
새로운 RDB 서비스인 Amazon RDS for Aurora를 활용한다.

3.1 인메모리 캐시와 고속 RDB 활용

온라인 트랜잭션 처리는 처리 시간의 대부분을 데이터 액세스가 차지합니다. 성능에 대한 병목 현상이 발생하기 쉬우므로 데이터 액세스에 걸리는 지연 시간을 줄일 방법이 필요합니다. 이를 위해 이번에는 두 가지 방법을 사용해보겠습니다.

첫 번째는 데이터를 인메모리 캐시 서비스인 아마존 일래스틱캐시(Amazon ElastiCache)를 이용하는 겁니다. 자주 읽혀지는 데이터를 일래스틱캐시에 캐시하여 빠르게 액세스할 수 있게 해줍시다.

두 번째는 빠른 RDS를 이용하는 방법입니다. RDB의 관리형 서비스인 RDS(Amazon Relational Database Service, 아마존 관계형 데이터베이스 서비스)는 일곱 종류의 DB 엔진을 지원합니다. 이번에는 MySQL을 기초로 하여 아마존이 독자적으로 커스터마이즈한 MySQL 호환 오로라(Amazon Aurora MySQL)를 사용합니다[1].

1 이후에 별도의 언급 없이 오로라라고 표기하는 경우 「Amazon Aurora MySQL」을 지칭

네트워크 대역폭의 확보도 중요합니다. 인터넷을 통한 액세스는 네트워크 품질이 안정되지 않을 경우 응답이 불안정해질 수 있습니다. 이러한 경우 전용선을 이용한 네트워크 연결 서비스인 아마존 다이렉트 커넥트를 이용합니다.

지금까지 언급한 사항들을 고려하여 구축한 인트라 웹 시스템의 구성도가 [그림 3-2]입니다.

그림 3-2 인트라 웹 시스템 구성도

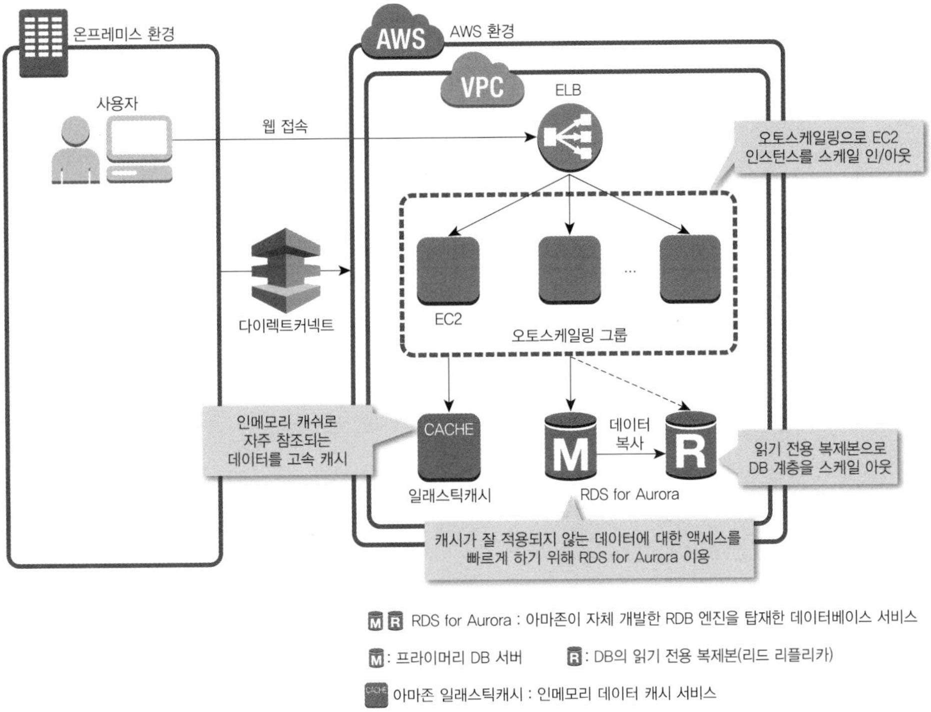

M R RDS for Aurora : 아마존이 자체 개발한 RDB 엔진을 탑재한 데이터베이스 서비스

M : 프라이머리 DB 서버　　R : DB의 읽기 전용 복제본(리드 리플리카)

CACHE 아마존 일래스틱캐시 : 인메모리 데이터 캐시 서비스

3.2 애플리케이션 서버의 스케일 아웃 자동화하기

우선은 애플리케이션 서버의 오토스케일링부터 설명하겠습니다. 오토스케일링을 사용하면 작동하는 EC2 인스턴스 수를 자동으로 조정할 수 있습니다. 인스턴스 수 조정은 스케일링 정책에서 설정합니다. 인트라 웹 시스템에서 사용할 수 있는 방법으로는 스케줄러에 의해 정해진

수로 규모를 변경하는 '예약된 조정'과 인스턴스 사용 모니터링 결과에 따라 동적으로 변경하는 '동적 조정'이 있습니다(그림 3-3)[2].

그림 3-3 오토스케일링 이용 패턴

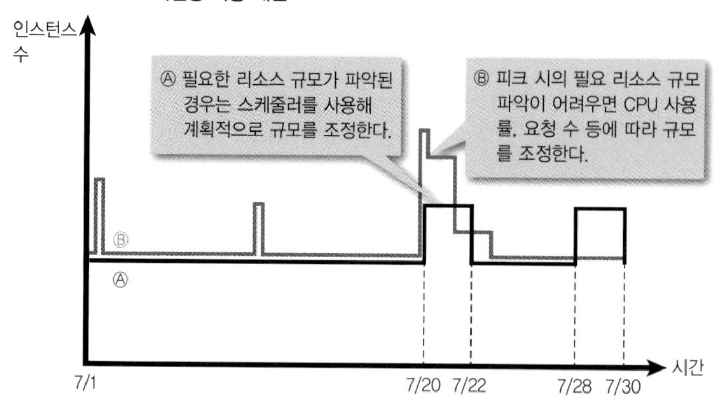

예약된 조정은 업무 특성이나 과거의 사용 패턴으로부터 처리량이 많은 시기를 예상할 수 있을 때 사용합니다. 처리량이 가장 많은 시간대에 맞추어 인스턴스가 추가되도록 예약된 작업을 설정하면 됩니다. 사용하는 인스턴스 수를 제어할 수 있기 때문에 비용을 예측하기 쉬운 것이 장점입니다. 리소스의 상한선을 정해놓은 상태에서 최선의 결과를 내야 하는 경우에도 이 방법이 적합합니다.

동적 조정은 예기치 않은 피크 발생에 대비할 필요가 있거나, 예상할 수 있다고 해도 필요한 리소스가 변동하는 경우에 사용합니다. 모니터링 서비스인 클라우드워치에서 CPU 사용률, 요청 횟수 등을 모니터링하여 임계값에 도달했을 때 추가 인스턴스를 시작하도록 합니다. 이 방법은 사전 예측이 필요 없는 대신 비용 변동이 큽니다.

예약된 조정과 동적 조정은 함께 사용할 수 있습니다. 예를 들어 평상시에는 예약된 조정 방식으로 EC2 인스턴스 수를 제어하고 업무 중요도가 높은 시간대만 동적 조정 방법으로 오토스케일링을 활성화하는 방식입니다. 이렇게 하면 비용의 변동폭은 줄이면서도 피크 시의 성능을 제어할 수 있습니다.

---

2 **역자주_** 이 책이 쓰인 후 머신러닝을 이용해서 과거 측정된 사용량을 바탕으로 규모를 자동으로 조정하는 예측 조정 기능이 추가되었습니다. 예측 조정에 대한 자세한 내용은 https://go.aws/3Jc2zZr에서 확인할 수 있습니다.

3.3 오토스케일링 그룹 설정 시 세 가지 주의점

이제부터 오토스케일링을 어떻게 구성하는지 살펴봅시다. 우선 EC2 인스턴스 자동 구성의 출발점이 되는 AMI(가상 서버의 템플릿)를 만듭니다(AMI 작성 시의 주의점은 3.4절 참조).

다음은 관리 콘솔에서 '오토스케일링 그룹'을 작성합니다. 오토스케일링 그룹은 EC2 인스턴스 집합으로서 인스턴스 수를 설정할 수 있습니다. [그림 3-4]는 오토스케일링 그룹의 작동 원리를 설명합니다. 오토스케일링 그룹을 작성할 때 중요한 설정이 세 개 있습니다.

그림 3-4 오토스케일링 그룹의 작동 원리

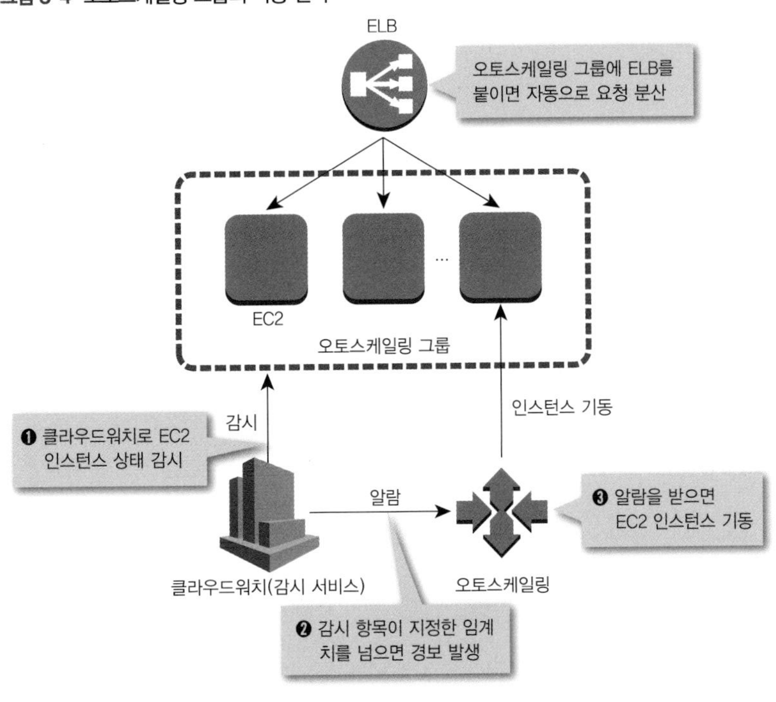

오토스케일링 : 가동 중인 EC2 인스턴스 수의 규모 조정

아마존 클라우드워치 : 인스턴스를 감시하고 경보 통지

첫 번째는 클라우드워치에 의한 모니터링 설정입니다. [그림 3-3]의 Ⓑ 방법으로 EC2 인스턴스를 증감시키는 경우 클라우드워치 모니터링 항목에 대해 임계값을 설정합니다. 모니터링 항목의 임계값 설정을 통해 인스턴스 수를 증가시키는 트리거와 감소시키는 트리거를 만듭니다. 감소에

대한 트리거를 만들어두지 않으면 리소스가 남아돌아도 인스턴스 수가 줄지 않게 됩니다.

두 번째는 스케일링 정책의 설정입니다. Ⓐ 방법과 Ⓑ 방법이 각각 다른 설정을 지니게 됩니다. Ⓐ 방법을 사용하면 스케일링 정책의 최소 크기와 최대 크기만을 설정하여, 인스턴스 수를 변화시키고 싶을 때 명령행(AWS CLI)에서 인스턴스 수를 늘리거나 줄입니다. 최소 크기와 최대 크기를 설정하는 것은 그룹 크기의 증가와 감소에 따른 조정 범위를 제한하기 위해서입니다. 또한 최소 크기를 설정해두면, EC2 인스턴스에 어떠한 장해가 발생했을 때 최소 크기의 인스턴스 수를 유지하기 위하여 자동으로 새로운 인스턴스를 시작합니다. Ⓑ 방법을 사용하면 최소 크기와 최대 크기 이외에 그룹 크기(오토스케일링 그룹의 EC2 인스턴스 수)의 증가 정책과 축소 정책을 설정합니다. 그룹 크기의 증가 정책은 인스턴스 수를 늘릴 때, 그룹 크기 축소 정책은 인스턴스 수를 줄일 때 적용됩니다. 모두 클라우드워치 모니터링 설정과 연동됩니다. 예를 들어 CPU 사용률을 모니터링하여 사용률이 70%를 초과하면 그룹 크기를 증가시키고 사용률이 50% 이하로 떨어지면 그룹 크기를 감소시키는 것과 같은 설정이 가능합니다. 오토스케일링의 인스턴스를 시작하는 데 몇 분 정도 시간이 필요하기 때문에 성능 저하를 허용할 수 없는 경우는 증가 정책의 클라우드워치 경보 임계값을 낮게 하여 빠른 타이밍에 인스턴스를 시작하도록 합니다.

세 번째는 EC2 인스턴스의 구매 옵션 선택입니다. 구매 옵션은 온디멘드 인스턴스와 스팟 인스턴스가 있습니다. 온디멘드 인스턴스는 확실하게 시작 가능한 통상 가격의 인스턴스입니다. 스팟 인스턴스는 설정한 입찰 가격이 실시간으로 변동되는 시장 가격을 웃도는 동안만 시작할 수 있는 인스턴스입니다. 시장 가격은 스팟 인스턴스 수급 균형에 의해 결정됩니다. 시장 가격이 입찰가를 초과할 경우 인스턴스가 중지됩니다.

스팟 인스턴스의 평균 시장 가격은 온디멘드 인스턴스보다 훨씬 저렴하지만 인스턴스의 생명주기를 마음대로 정할 수 없는 불확실성이 있기 때문에 이용 기업은 많지 않습니다[3]. 하지만 잘 사용하면 인프라 비용을 절감할 수 있습니다. 예를 들어 클라우드워치 경보를 2 단계로 설정합니다. 1 단계 경보는 스팟 인스턴스의 생성을 시도하고 2 단계 경보는 온디멘드 인스턴스를 작성합니다. 이러한 접근 방식은 온프레미스 환경에서는 찾아볼 수 없지만 AWS에서는 비용 절감에 직결되는 중요한 포인트입니다. 오토스케일링 그룹을 만든 후에는 오토스케일링 그룹에

3 **역자주_** 스팟 인스턴스가 많이 이용되지 않는다는 것은 이 책의 저자가 일본에서 일하기 때문입니다. 실제로는 정해진 시간 내에 반드시 끝나야 하는 미션 크리티컬한 워크로드 외의 대부분의 업무에서 사용되고 있습니다. 예를 들어 넷플릭스는 대부분의 워크로드에서 스팟 인스턴스를 적극적으로 활용하는것으로 유명합니다.

ELB를 연결합니다. 이제 오토스케일링 그룹의 인스턴스로 ELB가 요청을 분산할 수 있게 되었습니다.

3.4 자동 배포로 오토스케일링을 간편하게 적용하기

오토스케일링 그룹에서 사용하는 AMI를 작성할 때는 두 가지 고려할 점이 있습니다.

첫 번째는 애플리케이션 환경의 배포입니다. 오토스케일링에서 인스턴스가 시작되고 나서 요청을 처리할 수 있으려면 애플리케이션 실행 환경을 제공하여 배포해야 합니다. 가장 간단한 방법은 애플리케이션이 이미 배포된 상태로 AMI를 준비해두는 겁니다. 그러나 이 방법은 애플리케이션을 출시할 때마다 AMI를 다시 만들어야 합니다. 출시 빈도가 낮은 경우에는 적합하지만, 출시 빈도가 잦을 경우는 운용이 복잡해집니다.

애플리케이션의 출시 빈도가 높은 경우에는 인스턴스 시작 시에 배포를 자동으로 실행하는 구조를 마련하는 것이 효율적입니다. EC2 인스턴스는 생성될 때 스크립트를 실행하는 '사용자 데이터(user data)'라는 기능이 있습니다. 사용자 데이터로 배포 스크립트를 실행하면 새로 만들어지는 EC2 인스턴스에 애플리케이션 변경을 자동으로 반영할 수 있습니다.

두 번째는 인스턴스 종료에 대비하여 데이터를 보존하는 방법을 만들어두는 겁니다. 오토스케일링 그룹의 인스턴스는 종료 시 삭제되고 인스턴스의 휘발성 저장소(메모리나 인스턴스 스토어)의 데이터도 삭제됩니다. 애플리케이션 로그 등 인스턴스 종료 후에도 사용하는 데이터는 EBS에 저장합니다.

3.5 마스터 데이터나 세션 정보 캐시하기

계속해서 데이터 액세스 지연을 줄이는 방법을 살펴보겠습니다. 우선은 캐시와 상성이 좋은 데이터를 캐시하고 그 이외의 데이터는 RDB에 저장한다고 설명했습니다(그림 3-5). AWS는 캐시 서비스인 일래스틱캐시와 빠른 응답 속도가 특징인 RDS 서비스 RDS for Aurora를 제공합니다. 일래스틱캐시는 인메모리 데이터 캐시의 관리형 서비스입니다. 엔진으로는 온 프레미스 환경에서도 자주 사용되는 멤캐시드(Memcached)와 레디스(Redis)를 지원합니다. 관리형 서비스이기 때문에 장애 시 클러스터 재구성과 패치 적용은 자동화되어 있습니다. RDS의 데이터를 캐시하는 경우, 애플리케이션은 RDS와 별도의 API를 사용해 액세스합니다.

기능적인 특징은 멤캐시드 및 레디스와 동일합니다. 데이터를 메모리에 저장(캐시)하고 프로그램이 캐시를 참조하여 데이터 액세스를 고속화합니다. 지원하는 데이터 구조는 키-값(Key-Value) 형으로, 고유 키 값에 액세스할 수 있는 정적 데이터를 저장하는 데 적합합니다. 제한된 메모리 용량을 효율적으로 사용할 수 있도록 크기가 작으면서도 참조 빈도가 높은 데이터를 저장하는 데 적합합니다. 용량이 크게 변하지 않는 마스터 데이터와 세션 정보 등이 적절합니다.

그림 3-5 오토스케일링 구조

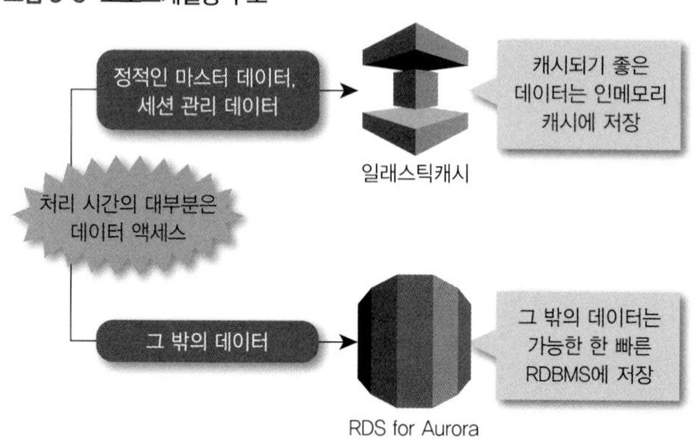

데이터베이스의 일종이긴 합니다만, RDBMS와는 담당하는 영역이 완전히 다릅니다. 예를 들어 여러 프로세스가 동일한 데이터를 업데이트할 경우 일관성 유지가 보장되지 않습니다. 그러므로 RDBMS를 대체하는 목적이 아닌 자주 업데이트되지 않거나 일관성이 보장되지 않아도 문제가 없는 데이터에 대한 캐시로서만 이용해야 합니다.

일래스틱캐시는 오픈 소스로 제공되는 멤케시드 및 레디스와 동일한 API를 제공합니다. 기존의 애플리케이션에서 멤케시드나 레디스를 사용하는 경우, 일래스틱캐시로의 메인터넌스는 비교적 용이합니다.

새로이 일래스틱캐시를 사용해 캐시 서비스를 도입하는 경우, 프레임워크나 도구의 제약이 없다면 유연하고 강력한 레디스 엔진을 선택하기 바랍니다. 레디스는 한 대의 프라이머리와 여러 대의 읽기 전용 복제본(read replica)으로 구성합니다. 현재 일래스틱캐시로의 서포트하는 가장 최신 엔진인 3.2.4는 읽기/쓰기 모두를 지원하는 수평적 확장 클러스터링 기능인 클러스터 모드가 추가되었습니다. 읽기 전용 복제본을 추가하면 처리 능력과 복원력도 향상되지만 구성 대수에 따라 비용도 올라갑니다. 클러스터 구성이 바뀌어도 앤드포인트는 변하지 않기 때문에 애플리케이션에서는 클러스터 구성을 의식할 필요가 없습니다.

일래스틱캐시는 패치가 자동으로 적용되기 때문에 유지관리를 위해 어쩔 수 없이 다운타임이 발생할 수도 있습니다. 무중단이 요구되는 시스템에서는 일래스틱캐시에 액세스할 수 없는 경우 DB에 액세스하도록 애플리케이션에서 처리해야 합니다.

3.6 읽기/쓰기가 빠른 RDS for Aurora

정적인 마스터 데이터나 세션 관리 데이터와 같이 캐시와 궁합이 좋은 데이터는 일래스틱캐시를 이용하여 속도를 높일 수 있습니다. 그러나 다른 데이터의 액세스는 여전히 RDBMS에 연결하여 사용하기 때문에 RDBMS가 병목이 되어 버리고 맙니다.

그런 이유로 MySQL과 호환되면서 AWS에 최적화된 구조를 지닌 DB인 RDS for Aurora를 사용해서 시스템을 구축하려 합니다. AWS의 발표에 따르면 오로라 성능은 벤치마크 도구인 시스벤치(SysBench)에서는 RDS for MySQL에 비해 최대 5배, 온라인 트랜잭션 벤치마크 도구인 TPC-C에서는 성능이 약 2.5배로 측정되었습니다.

RDS for Aurora는 2014년 11월에 개최된 연례 컨퍼런스인 AWS re:Invent에서 발표된 새로운 RDBMS 엔진입니다. MySQL 호환 오로라가 먼저 공개되었고 이어서 PostgreSQL 호환 오로라가 공개되었습니다. 뛰어난 성능과 안정성 그리고 기존 오픈소스 데이터베이스인 MySQL과 PostgreSQL과의 호환성 덕분에 업무 시스템 구축에 사용할 수 있는 유력한 대안으로서 주목받고 있습니다.

MySQL과 호환되는 DB 엔진인 MySQL 호환 오로라(Amazon Aurora MySQL)는 MySQL 5.6, 5.7과의 호환성을 제공하면서도 다양한 개선이 추가되었습니다. 가장 큰 차이점은 스토리지입니다. 오로라는 로그 구조 저장소(Log-Structured Storage)라는 추가 확장이 자유로운 저장소 시스템을 채택하고 있습니다(그림 3-6). 이 저장소 시스템은 마치 로그 파일처럼 끝부분에 연속해서 업데이트 데이터를 저장해나갈 수 있습니다.

그림 3-6 읽기와 쓰기를 고속화하는 로그 구조 저장소의 구조

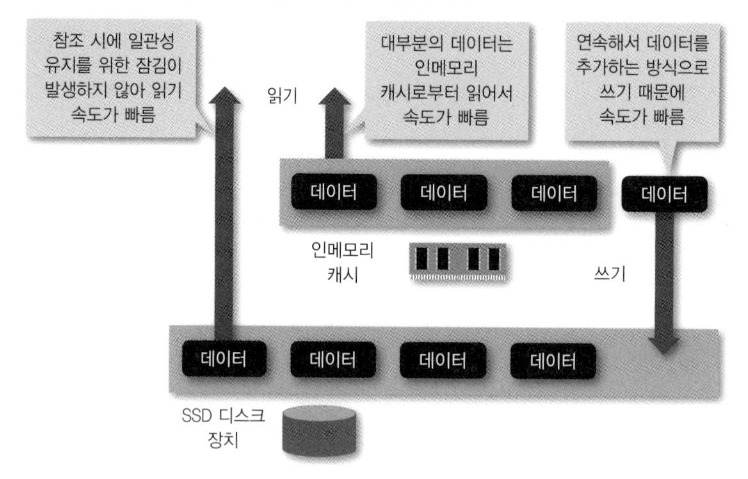

일반적인 MySQL은 업데이트 시에 갱신되는 행에 대하여 잠금이 발생하며 참조 시에도 읽기에 대한 일관성을 보장하기 위해 잠금이 발생합니다. 이로 인해 동시에 많은 트랜잭션이 병행하여 실행되면 처리량이 저하됩니다. 오로라의 로그 구조화된 저장소는 이러한 잠금으로 인한 대기가 잘 발생되지 않아 MySQL보다 빠른 속도로 데이터를 읽고 쓸 수 있습니다.

저장소에 단편화가 많이 발생하게 되지만, 단편화는 AWS의 스토리지 내부에서 처리되기 때문에 사용자는 이에 대해 신경 쓰지 않아도 됩니다.

그림 3-7 오로라는 바이너리 로그 출력, 전송, 쿼리 생성이 필요 없다.

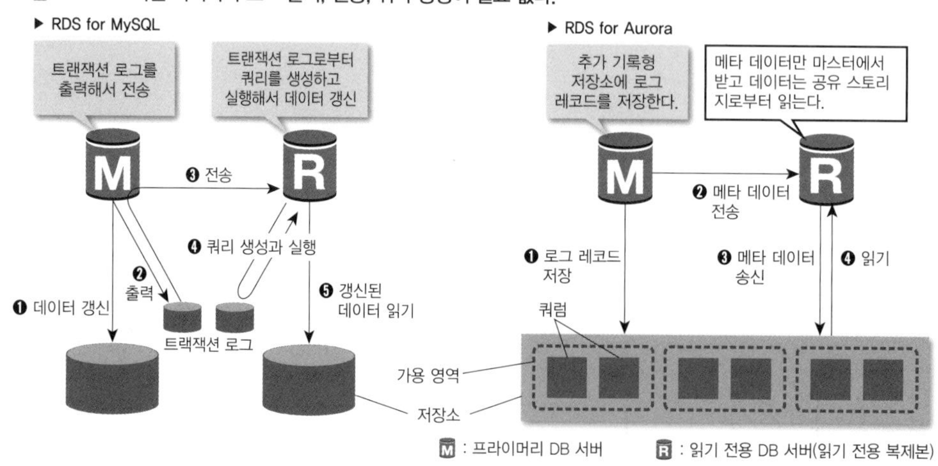

3.7 낮은 부하로 읽기 전용 복제본 추가 지원하기

또한 읽기 전용 복제본(원본과 동기화되는 읽기 전용 DB 서버)의 부하를 줄일 수 있는 점도 고속화에 기여합니다. 요청이 늘어나면 읽기 전용 복제본을 증설하여 전체 시스템의 처리량을 효율적으로 향상시킬 수 있습니다. 즉, 간편하게 DB 서버를 수평적으로 확장할 수 있는 겁니다.

이런 일이 가능한 것은 스토리지 계층과 DBMS를 분리하여 원본 DB 인스턴스와 읽기 전용 복제본이 동일한 스토리지를 사용하도록 설계되어 있기 때문입니다(그림 3-7). 오로라의 스토리지는 쿼럼(Quorum)이라는 디스크로 구성된 분산 스토리지입니다. 쿼럼은 세 가용성 영역에 두 개씩 있습니다. 업데이트 트랜잭션은 원본 인스턴스에서만 실행되고 업데이트된 데이터는 로그 구조화된 저장소의 작동 방식에 따라 스토리지 끝부분에 추가됩니다.

원본 인스턴스와 읽기 전용 복제본에서 동일한 스토리지를 사용하고 있기 때문에 MySQL의 바이너리 로그(트랜잭션 로그)의 생성 및 전달이 필요 없습니다. 하지만 MySQL로 읽기 전용 복제본을 만든다면 바이너리 로그가 필요합니다. MySQL의 원본 인스턴스는 바이너리 로그를 출력하여 읽기 전용 복제본에 전송하고, 읽기 전용 복제본은 전송된 바이너리 로그에서 쿼리를 생성하고 실행하는 방식으로 데이터 복제를 구현합니다.

이러한 바이너리 로그의 출력, 전송, 쿼리 생성 등의 동작은 원본 인스턴스와 읽기 전용 복제본의 양쪽 모두에 부하를 증가시키는 원인이 됩니다. 오로라는 이러한 동작이 필요 없습니다. 원본 인스턴스의 트랜잭션 처리에만 자원을 할애하여 처리 속도를 향상시킵니다. 읽기 전용 복제본은 복제에 대한 쿼리를 실행하지 않는 만큼 읽기 트랜잭션 쪽에 자원을 할당할 수 있게 됩니다.

MySQL에서는 읽기 전용 복제본이 많을수록 복제 처리에 부하가 증가합니다. 따라서 RDS for MySQL에서 만들 수 있는 읽기 전용 복제본의 최대 개수는 5대 였습니다. 오로라는 복제 처리 부하를 신경 쓸 필요 없이 읽기 전용 복제본을 최대 15대까지 설치할 수 있습니다. 읽기 전용 복제본의 증설을 통한 혜택을 얻기가 훨씬 쉬워진 겁니다.

오로라의 성능은 트랜잭션의 동시 실행 수가 많으면서 데이터 크기가 클수록 MySQL과의 성능 차이가 명확하게 나타나게 됩니다. I/O의 효율성이 개선된 결과라고 생각됩니다. 그러나 이러한 성능 특성과 일치하지 않는 애플리케이션은 고속화에 따른 이점을 충분히 얻지 못할 수도 있습니다. 또한 MySQL 5.6과의 호환성은 있지만, 쿼리 최적화는 변경되었습니다. 실행하는 SQL에 따라 MySQL보다 불리한 실행 계획이 생성되는 경우도 있을 수 있습니다. 프로토타입 검증 등을 통해 최적의 서비스를 선택하는 작업이 필요합니다.

SLA

AWS는 주요 서비스에 SLA(Service Level Agreement)를 정합니다. AWS의 SLA는 '이 수치를 달성하지 못할 경우 환불해드리겠다'라는 약속입니다.

이것은 가동 시간을 보장하는 것이 아닙니다. AWS가 패널티를 물지 않으려고 인위적으로 SLA를 만족시키는 가동률을 내놓고 있는 것은 아닌지 의문을 가져볼 수는 있을 겁니다. AWS가 실제 가동률을 공개하지는 않지만, 필자의 경험에 따르면 SLA보다 높은 가용성을 실현합니다. 클라우드하모니에서는 제3자 시점에서 여러 클라우드 서비스의 가동률을 모니터링하고 있으며 리전과 서비스별로 확인할 수 있습니다(bit.ly/클라우드가동율).

AWS는 2개 이상 가용 영역의 EC2 및 EBS가 사용 불능이어야 SLA가 적용됩니다. 이것은 '여러 가용 영역(멀티-AZ)에 걸쳐 다중화 구성을 하는 경우에만 SLA가 적용된다'라는 뜻입니다. RDS는 지역(Region) 사용 불가라는 표현을 사용하지 않지만 멀티-AZ 사용이 SLA 적용 조건에 들어 있습니다.

즉, EC2 및 RDS에서 SLA에 정해진 가동률을 기대하려면 멀티-AZ를 사용한 자원의 다중화가 필수입니다. 이것이 AWS에서 가용성을 높이기 위한 가장 기본적인 접근 방식입니다.

또한 SLA에 위반되더라도 현금으로 환급되지는 않습니다. 미래의 지불에 사용 가능한 크래딧의 형태로 환급됩니다. 지급되는 크래딧 금액은 월 이용 요금의 일정비율(SLA를 밑도는 정도에 따라 10% 또는 30%)로 정해져 있습니다.

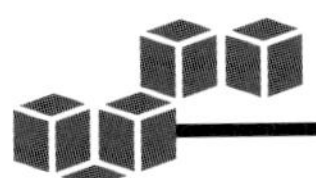

높은 가용성 달성하기 해외 DC로 재해복구 구현하기

인트라 웹 시스템은 가용성이 무엇보다 중요합니다. 설계가 불충분하면 자주 다운될 우려가 있습니다. 그러므로 AWS가 제공하는 다중화 및 자동 복구를 잘 활용하여 설계합시다.

패턴 3에서는 인트라 웹 시스템에 대한 비기능 조건 중 성능을 만족시키는 설계 패턴을 살펴보았습니다. 이번에는 가용성에 대한 요구 사항을 AWS에서 어떻게 만족시키는지 살펴봅니다. 정보 시스템 장애는 비즈니스에도 큰 영향을 미칩니다. 중요한 것은 단일 서비스에서 장애가 발생할 수 있다는 것을 전제로 대책을 세워나가는 겁니다. AWS는 아웃소싱 서비스가 아니기 때문에 이용 약관에 명시된 SLA(Service Level Agreement) 외에는 책임지지 않습니다. 장애가 발생했을 때에도 계속 서비스가 제공되게 하는 것은 사용자 책임입니다. 하지만 AWS는 사용자가 장애에 대응할 수 있게끔 하는 수단을 많이 제공합니다. 가용성에 대한 설계가 제대로 되어야 높은 가용성을 지닌 시스템을 구축할 수 있습니다.

AWS는 세계 각지에 데이터 센터가 있어, 온프레미스보다 유연하게 재해에 대처할 수 있습니다. 일본의 경우 동일본 대지진을 계기로 AWS를 BCP(비즈니스 연속성 계획)에 포함시키는 기업이 늘고 있습니다. 하지만 가용성 설계가 불충분하면 자주 다운되는 취약 시스템이 되어 버립니다. 실제 설계상의 결함으로 전면 중단에 이른 서비스도 있습니다.

어떻게 하면 가용성을 높일 수 있을까요? 높은 가용성이 요구되는 인트라 웹 시스템의 개요 및 인프라 핵심 설계 사항을 [그림 4-1]에서 확인할 수 있습니다.

그림 4-1 가용성에 민감한 인트라 웹 시스템의 개요와 인프라 핵심 설계 사항

인트라 웹 시스템의 개요

· 회계, 급여, 수발주 등의 업무 시스템을 안정적으로 운영하고 싶다.
· 재해 시에도 업무가 계속되게 하고 싶다.

인프라 핵심 설계 사항

❶ 데이터 센터 다중화

복수의 가용성 영역(AZ)에 걸쳐 인프라를 구성한다.

❷ 장애 자동 복구

감시 서비스인 클라우드워치로 장애를 조기에 탐지하고 자동적으로 복구한다.

❸ 리전의 다중화

DNS 서비스인 라우트 53이 가진 기능인 DNS 장애 복구 기능을 사용하여 장애 발생 시에 백업 사이트로 자동 전환한다.

4.1 장애 발생을 전제로 설계하기

AWS는 물리적인 하드웨어를 이용하여 서비스를 제공합니다. 그리고 그 하드웨어를 관리하는 데 고급 소프트웨어를 사용합니다. 하지만 그럼에도 불구하고 하드웨어 고장이나 관리 소프트웨어 버그가 발생할 수 있습니다. 서비스 업데이트 및 하드웨어 증설 작업 같이 사람 손이 드는 관리 작업에서 실수를 할 가능성도 있습니다.

AWS는 이러한 장애에도 시스템 전체가 계속 가동되도록 다중화 구조를 제공합니다. 가용성을 높이려면 다중화 구조를 잘 사용하여 시스템을 설계해야 합니다. 전형적인 고가용성 대책을 정리한 것이 [그림 4-2]의 설계 패턴입니다.

우선은 단일 리전 내에서의 다중화를 생각해봅시다. 여기에서는 서울 리전을 메인 사이트로 사용합니다. 애플리케이션(AP) 서버가 되는 가상 서버 아마존 EC2의 가용성을 높이기 위해 로드밸런서인 ELB를 사용합니다. 그리고 ELB를 사용하여 HTTP 요청을 배분하는 EC2 인스턴

스를 여러 가용 영역에 배치하여 다중화합니다.

또한, 장애가 발생한 EC2 인스턴스의 조기 감지 및 자동 복구를 실시하는 장치를 도입합니다. 이를 위해 조기 발견 및 자동 복구 모니터링 서비스 AWS 클라우드워치를 사용합니다. 장애를 조기에 감지하고 다시 시작하여 복구시킵니다. 데이터베이스(DB) 서버는 RDS 관리 서비스인 아마존 RDS에 있는 다중화 기능인 멀티-AZ를 사용합니다. 그다음으로는 서울 리전 전체에 영향을 주는 대규모 재해에 대비하여 메인 사이트와는 다른 리전에 백업 사이트를 설치합니다. 이 책에서는 보조 리전으로 도쿄 리전을 사용했습니다[1].

EC2는 메인 사이트와 동일한 AP 서버를 작성하고 동작시킵니다. DB는 'RDS의 크로스 리전 읽기 전용 복제본'과 '읽기 전용 복제본의 마스터 승격'이라는 기능을 사용합니다. 크로스 리전 읽기 전용 복제 기능을 사용하면 백업 사이트에 데이터를 자동으로 동기화합니다. 메인 사이트의 DB 서버에 장애가 발생한 경우 백업 사이트에 있는 읽기 전용 복제본(읽기 전용 DB 서버)이 마스터로 승격됩니다.

사진이나 동영상, CSS(Cascading Style Sheets)와 같은 정적 콘텐츠를 저장할 스토리지 서비스인 아마존 S3는 크로스 리전 복제 기능을 사용하여 백업 사이트에 데이터를 동기화합니다.

또한 DNS 서비스인 아마존 라우트 53을 사용하여 최종 사용자의 접속 대상을 전환합니다. 라우트 53은 메인 사이트의 장애를 감지하여 백업 사이트에 동적으로 라우팅합니다. 가용성을 높이는 데는 비용이 소요됩니다. 모든 경우에 대한 대책이 반드시 필요한 것은 아니므로 비즈니스에서 요구되는 가용성을 생각하여 비용에 적합한 가용성 설계를 선택합시다.

1 **역자주_** 일본에는 도쿄 리전 이외에 오사카 리전이라고 불리우는 로컬 리전이 있습니다. 오사카는 도쿄로부터 400키로미터 떨어진 지역이며, 이 오사카 로컬 리전은 언제든지 대규모의 지진이 발생할 가능성이 있는 일본 특수성에 따른 고객 요청으로 만들어졌습니다. 오사카 로컬 리전은 반드시 도쿄 리전과 함께 사용해야만 하며 오사카 로컬 리전의 사용하려면 사전에 AWS의 영업 담당자에게 요청해야 합니다.

그림 4-2 가용성에 민감한 인프라 웹 시스템의 개요와 인프라 핵심 설계 사항

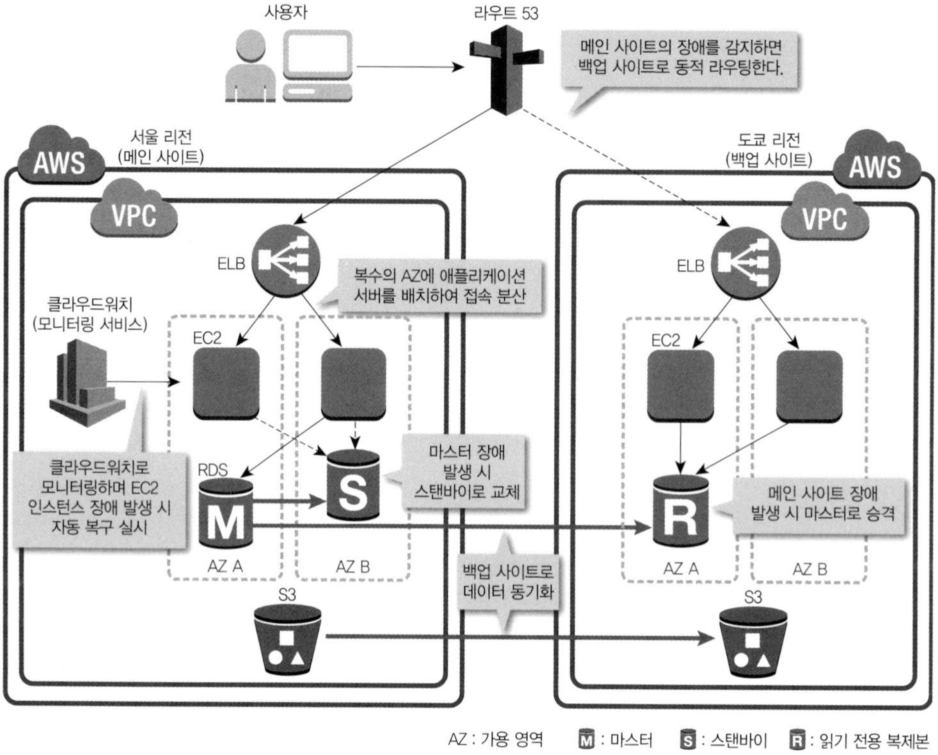

4.2 AZ 다중화가 기본이다

AWS에서 가용성을 높이는 가장 기본적이면서도 효과가 큰 방법은 복수의 AZ에 걸쳐 리소스를 배치하는 겁니다. AZ는 AWS의 데이터 센터에 해당하며(실제로는 복수 데이터 센터의 클러스터임) 하나의 리전 내에 최소 2개 이상 리전이 준비되어 있습니다. 전원이나 백본망 등의 공용 설비는 AZ마다 존재합니다. 이러한 공용 설비에 장애가 발생할 경우 개별 AZ 전체에 영향을 미칠 수도 있습니다. 리전 내 AZ들은 각각 별도의 전원과 복수 백본망을 사용하도록 독립적으로 운영되어 AZ 하나에 장애가 발생하더라도 나머지 AZ에 영향을 미치지 않습니다.

과거에는 전원이 끊긴다거나, 서비스 버그, 관리자 작업 실수에 AZ 서비스들이 영향을 받아 장애로 이어지는 경우가 있습니다. AZ 단위의 서비스 장애는 언제든지 있을 수 있다고 염두에

두어야 합니다. 따라서 복수의 AZ에 걸쳐 다중화하는 것은 가용성을 높이는 매우 중요한 대비책입니다.

이제부터 AP 서버로 EC2를, DB 서버로는 RDS를 사용하는 경우를 생각해봅시다. EC2는 인스턴스를 여러 AZ에 분산하여 배치합니다. 분산된 EC2 인스턴스에 대해 ELB가 HTTP 요청을 전달합니다. 자동 확장 기능인 오토스케일링을 결합하면 더욱 편리합니다. 오토스케일링은 EC2 인스턴스가 응답하지 않으면 새로운 별도의 인스턴스를 시작하며, 최소 인스턴스 수를 지정하면 그 값에 맞추어 자동으로 유지합니다.

RDS는 멀티-AZ 기능을 이용하여 EC2와 마찬가지로 다른 AZ에 중복됩니다. 마스터(Master)에 장애가 발생한 경우 자동으로 장애 복구가 작동되어 대기(Stanby)가 기본으로 승격됩니다. 장애 복구에 걸리는 시간은 데이터베이스 엔진에 따라 다른데, MySQL의 경우 데이터양에 따라 몇 분 이상 소요는 경우도 있지만 오로라 경우는 데이터양에 상관없이 1분 이내에 장애 복구를 완료할 수 있습니다.

데이터베이스의 장애 발생으로 인한 다운타임을 단축하려면 애플리케이션에서의 재연결을 자동화해야 합니다. 장애 복구 시에는 AP 서버에서 DB 서버로의 연결이 끊어집니다. 재연결을 자동화하지 않으면 수동으로 재연결을 해야만 하고 그만큼 다운타임이 길어집니다. 애플리케이션의 프레임워크 기능 등을 사용하여 DB 접속이 끊긴 경우 자동으로 재연결이 되도록 설정해둡시다.

4.3 SLA로 추산한 가용성 99.94%

복수의 AZ에 리소스를 배치하는 경우에 몇 %의 가용성을 기대할 수 있을까요? AWS가 공개한 SLA를 사용하여 추산해봅시다. 실제로는 거의 고장을 경험하지 못하는 사용자가 있는 한편, SLA를 크게 밑도는 장애를 경험하는 사용자도 있기에 SLA를 기준으로 가용성을 참고합니다.

AWS 대표 서비스들은 SLA가 공개되어 있습니다(표 4-1). SLA를 적용받으려면 조건이 있습니다. 바로 '여러 AZ에 걸쳐 자원을 배치하는 것'입니다. 단일 AZ에 배치하면 보증 대상에서 제외됩니다.

표 4-1 SLA가 정해져 있는 대표적인 AWS 서비스

서비스	SLA	장애로 인정되는 경우	필요조건
EC2	99.99%	동일 리전 내에서, 사용자가 인스턴스를 실행하는 복수 AZ에 대해 외부에서 접속이 안 되는 경우	복수 AZ에 걸쳐 리소스를 배치하는 것
EBS	99.99%	동일 리전 내에 사용자가 인스턴스를 실행하는 복수 AZ에서 읽기/쓰기가 불가능한 경우	
RDS	99.95%	멀티-AZ 인스턴스 실행을 요구하는 모든 접속이 1분간 실행되지 않는 경우	
라우트 53	100%	DNS 쿼리 응답에 실패한 경우	

그림 4-3 시스템 가용성의 계산 예

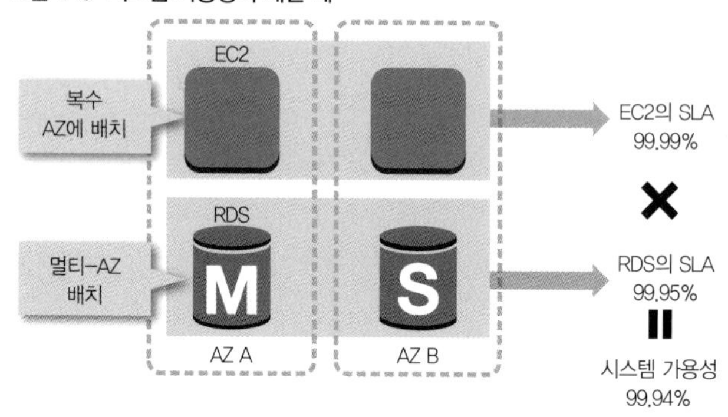

복수 AZ에 리소스가 배치된 경우 EC2의 SLA는 99.99%, RDS는 99.95%입니다. 일반적인 웹 시스템에서 EC2는 AP 서버, RDS는 DB 서버가 되고 AP 서버와 DB 서버는 직렬로 연결됩니다. 따라서 시스템 전체의 가용성은 AP 서버와 DB 서버의 가용성을 곱한 값인 약 99.94%가 됩니 다(그림 4-3). 단순 계산으로는 연간 5시간 15분 가량의 정지가 발생하게 됩니다.

SLA는 EC2, RDS의 서비스 자체에 대한 사용 가능 여부의 기준에 지나지 않습니다. EC2 인스턴스에서 실행 중인 미들웨어의 장애 또는 전체 데이터베이스의 성능 저하는 고려 대상에서 제외됩니다. 다만, 이러한 것이 원인으로 발생하는 장애도 전체 시스템의 가용성을 낮춥니다. 따라서 AWS 서비스 이외의 요소에 대해서도 조기에 감지하려면 모니터링 및 통지를 받은 후 대처하는 방법을 별도로 마련할 필요가 있습니다.

4.4 EC2 인스턴스 자동 복구 방법

AWS는 지금까지 설명한 이중화와는 별도로 EC2 인스턴스 이상을 감지하여 자동 복구시키는 방법도 제공합니다. 자동 복구에는 모니터링 서비스인 클라우드워치를 사용합니다. 클라우드워치는 AWS 서비스 상태를 모니터링하고 통지하는 서비스입니다. EC2 인스턴스 상태와 CPU 사용량 상승, 오류 로그 출력 등을 모니터링하고 알릴 수 있습니다. 가용성과 관련한 대표적인 감시 항목을 [표 4-2]에 정리해뒀습니다. 새로운 지표를 명령행으로부터 사용자가 정의하여 표시하는 것도 가능합니다. 프로세스 감시와 ping 감시 같은 표준 지표에는 없는 감시가 가능합니다.

표 4-2 클라우드워치의 기본 모니터링 항목

주요 모니터링 지표		내용
EC2	StatusCheckFailed_System	호스트 하드웨어 레벨의 상태 체크 결과(0 : 정상, 1 : 이상)
	StatusCheckFailed_Instance	인스턴스 레벨의 상태 체크 결과(0 : 정상, 1 : 이상)
	CPUUtilization	CPU 사용률(단위 : %)
ELB	HealthyHostCount	ELB에 연결된 정상적인 EC2 인스턴스 수
	BackendConnectionErrors	ELB로부터 EC2 인스턴스로의 커넥션 에러 수
	HTTPCode_ELB_5XX	HTTP(S) 요청에 대해 HTTP 500번대 에러가 발생한 횟수
	Latency	ELB에 요청 도착 후 ELB로부터 응답이 반환되기까지의 평균 시간(단위 : 초)
RDS	FreeStorageSpace	이용 가능한 스토리지 용량(단위 : 바이트)
	DatabaseConnections	사용 중인 데이터베이스 접속 수
	CPUUtilization	CPU 사용률(단위 : %)

EC2 인스턴스를 자동 복구시키는 것이 바로 자동 복구(Auto Recovery) 기능입니다. 전원과 기반 네트워크, 하드웨어, 관리 소프트웨어에 고장이 발생하면 EC2 인스턴스를 자동으로 재기동(STOP/START)시켜 복구합니다. EC2 인스턴스는 다시 시작시키면 자동으로 다른 하드웨어에서 실행되기 때문에 재기동하면 위에서 거론한 고장으로부터 복구되는 겁니다.

구체적으로는 StatusCheckFailed_System 감시 지표를 사용합니다. 클라우드워치에서 메트릭에 경보를 만듭니다. 이상 감지 시 동작을 정의할 수 있으며, 이 인스턴스의 복원을 선택하면 자동으로 복구됩니다.

클라우드워치에 의한 감시나 통보는 오토스케일링에서 EC2 인스턴스를 자동 기동시키는 트리거로도 쓸 수 있습니다. EC2 인스턴스의 다운이나 CPU 사용률 상승, 리퀘스트 수 증가 통지를 계기로 오토스케일링에 자동으로 새 EC2 인스턴스를 시작할 수 있습니다. 또한 클라우드워치 모니터링 간격은 최소 1초입니다.

4.5 발생 빈도가 적은 대규모 장애에 대응하기

발생 빈도는 적지만 영향이 큰, 리전 내에서 복수 AZ에 장애가 발생한 경우에 대한 대응책을 살펴봅시다. 지진과 같이 대규모 재해나 AWS 내부 사람의 실수가 원인이 될 수 있습니다. 과거에는 사람의 실수가 원인이 되어 특정 리전 내 복수 AZ에서 4일에 걸쳐 서비스 이용이 제한되는 장애가 발생한 적도 있습니다. 고수준 미션 크리티컬 시스템이라면 이러한 리스크에 대한 대응책도 마련해둘 필요가 있습니다.

기본적인 방침은 백업 사이트를 지리적으로 떨어진 곳에 마련하는 겁니다. 구체적으로는 다른 리전에서 동일한 시스템이 움직일 수 있게끔 리전 간 중복성을 갖도록 구성합니다. AWS는 여러 리전에 걸쳐 장애가 발생하지 않습니다. 대규모 장애에 대한 대책으로써 다른 리전에 백업 사이트를 마련하는 것은 유효한 대책입니다.

다른 리전에 백업 사이트를 이용하는 방식으로 ❶ 장애 발생 시 자동으로 전환하기, ❷ 백업 데이터로부터 복구용 서버를 만들기가 있습니다. 전자는 짧은 다운타임으로 복구가 가능하지만 비용이 많이 듭니다. 후자는 저렴하지만 다운타임이 길어집니다.

4.6 백업 사이트로 자동 전환하기

자동 전환 방식으로는 라우트 53의 DNS 장애 조치(failover) 기능을 사용합니다. 이 기능을 사용하면 라우트 53이 기본 사이트의 ELB 상태를 감시하게 됩니다. ELB에 연결된 EC2 인스턴스와 애플리케이션이 모두 다운되었다고 판단되면 라우트 53은 자동으로 백업 사이트의 ELB로 연결을 재설정합니다. 장애 조치 정책은 관리 콘솔에서 설정합니다.

[그림 4-2]는 AZ 간 중복 감시 및 자동 복구, DNS 장애 조치 기능을 사용한 크로스 리전 다중화 구성 예입니다. 라우트 53이 단일 장애 지점인 것처럼 보이지만, 라우트 53은 서비스 내부에서 다중화를 통해 가용성을 높일 수 있도록 설계되어 있으며, SLA의 가동률은 100%입니다.

DNS 장애 조치에 의한 자동 전환 방식에는, 백업 사이트에 메인 사이트와 동일한 서버와 데이터가 존재하는 것을 전제로 합니다. 따라서 백업 사이트로 데이터를 동기화시킬 필요가 있습니다. 구체적인 데이터의 동기화 방법은 서비스에 따라 다릅니다.

EC2의 스토리지인 EBS는 실시간 복제 기능이 없습니다. 해결 방법은 두 가지입니다. 하나는 정기적으로 스냅샷을 찍어서 스냅샷 백업 사이트로 복사하는 방법입니다. 스냅샷을 복사하는 copy-snapshot 명령을 AWS CLI가 설치된 운영 관리 서버에서 정기적으로 반복 실행되게 하면 좋을 겁니다. 두 번째 방법은 EC2에서 실행되는 데이터 동기화 도구(Linux의 DRBD 등)를 이용하여 디스크의 내용을 실시간으로 동기화하는 겁니다.

RDS는 다른 지역에 읽기 전용 복제본을 만드는 기능(Cross-Region Read Replicas)을 사용합니다. 이 기능은 관리 콘솔의 RDS 항목에서 설정합니다. 읽기 전용 복제본은 읽기 전용의 데이터베이스로서 프라이머리에 대한 복제본으로 작동합니다. 원래는 읽기 작업의 스케일 아웃 용도로서 만들어졌지만 기능이 확장되어 리전 간 가용성을 높이는 용도로도 사용할 수 있습니다. 이를 위해서는 '읽기 전용 복제본의 마스터 승격' 기능을 사용합니다.

읽기 전용 복제본의 마스터 승격은 RDS의 API로 제공됩니다. 이 API를 실행하면 RDS의 읽기 전용 복제본을 마스터로 승격시킬 수 있습니다. 구체적으로는 원본 마스터에서 복제를 중지하고 독립된 DB로서 작동을 시작하게 됩니다. 이것을 백업 사이트에서 장애 조치 시에 사용하면 백업 사이트의 데이터베이스가 프라이머리로 기능하며 읽기/쓰기가 가능해집니다.

하지만 장애 복구와 연동하여 읽기 전용 복제본을 마스터로 승격시키는 데는 다소 시간이 걸립니다. 우선 마스터 승격 작업은 라우트 53 DNS 장애 조치 기능과 연동되지 않습니다. 자동으로 시스템 다운을 감지하고 마스터 승격 API가 실행될 수 있도록 구성할 필요가 있습니다.

장애 발생 상황은 클라우드워치에서 감지할 수 있습니다. 감지후에는 이벤트 트리거 기능인 클라우드워치 이벤트(CloudWatch Events)를 사용하여 람다를 이용해 읽기전용 복제본을 마스터로 승격시키는 API(bit.ly/PromoteDBCluster)를 호출하도록 구축해야 합니다.

S3는 리전 간 복제 기능을 이용하여 백업 사이트와 데이터를 동기화합니다. 이 기능은 리전 간에 S3의 데이터를 자동적으로 복제하는 기능으로, 관리 콘솔 상의 S3 설정에서 리전 간 복제(Cross-Region Replication)를 활성화하면 사용할 수 있습니다.

이 방법은 DNS 장애 조치에 몇 분 정도가 소요됩니다. RDS의 읽기 전용 복제본을 마스터로 승격시키는 시간은 모니터링 간격에 의존하지만 일반적으로는 DNS 장애 조치에 추가로 몇 분 정도가 소요됩니다. 즉, 몇 분에서 수십 분이면 백업 사이트로의 장애 조치가 완료됩니다. 지금까지의 온프레미스에서 상식적으로 생각해오던 다운타임을 생각해보면 충분히 짧은 시간만에 장애 조치가 가능하다고 말할 수 있습니다. 다운타임이 짧은 대신 비용은 상당히 추가됩니다. 평상시에도 백업 사이트의 인스턴스를 기동시켜둘 필요가 있기 때문입니다.

4.7 데이터 백업으로 다중화 비용 아끼기

장애 시간이 길어도 괜찮다면 더 저렴하게 리전 간 백업을 이용할 수 있습니다. 백업 데이터를 백업 사이트에 배치하여 시스템 장애 시 기본 사이트와 동일한 구성의 시스템을 백업 사이트에 구축하는 방식입니다(그림 4-4).

이 방식을 실현하려면 ❶ EC2 인스턴스의 바탕이 되는 아마존 머신 이미지를 백업 사이트로 복사해두고 ❷ EBS, RDS, S3의 데이터를 백업 사이트에 보관해야 합니다.

AMI는 EC2 인스턴스의 관리 콘솔이나 명령행을 통해 만들 수 있습니다. 대상 지역을 지정하고 백업 사이트로 복사할 수 있습니다. 이 기능을 이용하여 최신 EC2 인스턴스의 AMI를 백업 사이트로 복사해둡니다.

'스냅샷'으로 EBS와 RDS의 백업 볼륨을 통째로 백업합니다. 관리 콘솔이나 명령행 인터페이스에서 스냅샷을 지시하면 메인 사이트에 스냅샷이 생성됩니다. 생성된 스냅샷은 다른 지역에 복사할 수 있습니다. 명령이 반복적으로 수행되도록 스트립트를 작성하여 정기적으로 스냅샷을 백업 사이트로 복사하도록 해야 합니다.

S3는 앞에서 다룬 크로스 리전 복제 기능을 사용하여 백업 사이트로 데이터를 동기화합니다.

메인 사이트 전체에 영향을 주는 장애가 발생한 경우, AMI에서 EC2 인스턴스를 생성하고

EBS와 RDS는 스냅샷으로부터 데이터를 복원합니다. ELB나 클라우드워치를 메인 사이트와 같은 설정으로 작성하면, 메인 사이트와 동일한 구성의 백업 사이트를 작성할 수 있습니다. 언제든지 즉시 서버를 시작할 수 있는 AWS의 특징을 살린 가용성 향상 방법입니다.

백업만 있으면 만약에 메인 사이트의 리전이 장기간 다운되더라도 시스템을 다시 가동시킬 수 있습니다. 재해 대책에 큰 비용을 지출할 수 없는 기업이라고 해도 중요한 데이터는 백업 사이트로 백업해두는 것이 좋습니다.

이 방식은 평상시에는 백업을 만들어둘 뿐이므로 비용을 절감할 수 있습니다만, 백업 사이트로 전환한 데이터를 복원하고 서비스를 재개하기 때문에 DNS 장애 조치를 사용한 자동 전환 방식보다는 긴 다운타임이 발생합니다.

그림 4-4 백업을 사용한 저비용 이중화

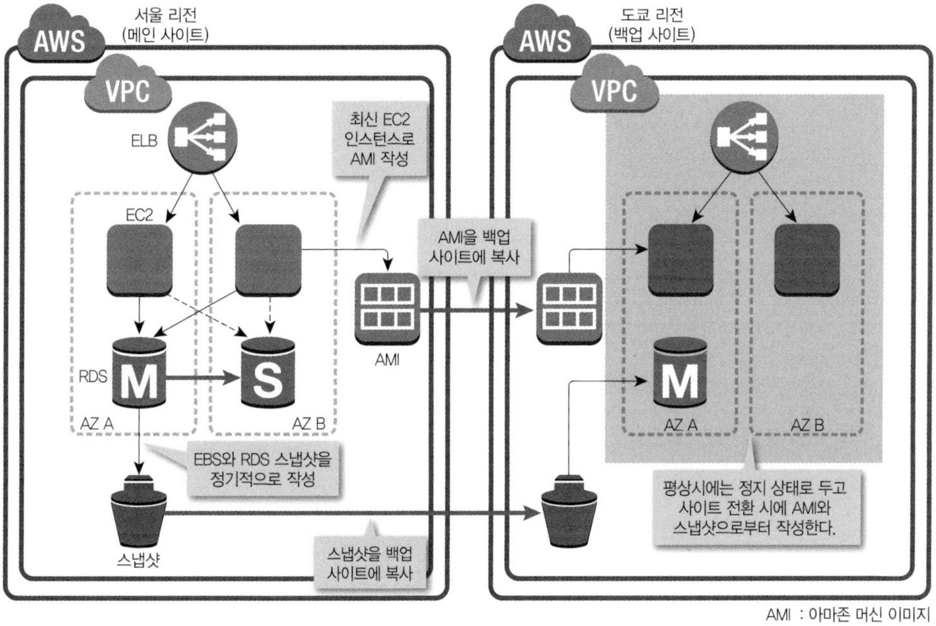

AWS의 보안 책임 범위

AWS는 보안에 대해서 명확한 정책이 정해져 있습니다. 가장 중요한 것은 공동 책임(Shared Responsibility)이라는 개념입니다. AWS가 관리하는 범위와 사용자가 관리하는 범위를 나누어 각자 책임지는 방식입니다(그림 4-5).

그림 4-5 계층별 책임 범위

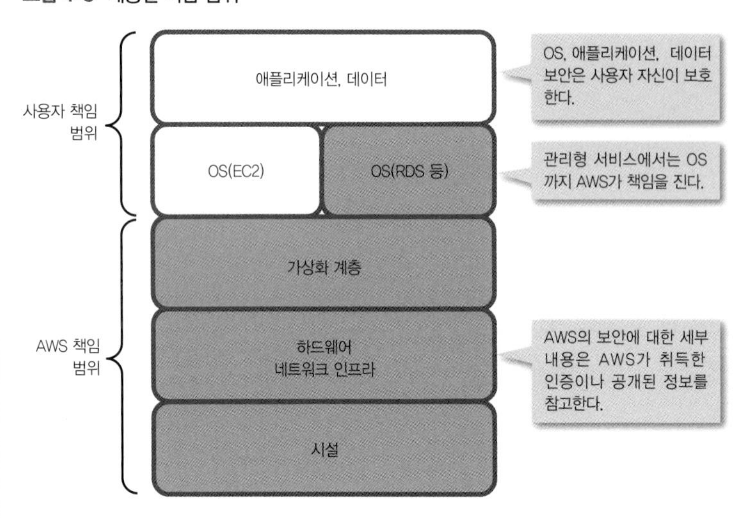

AWS가 책임지는 범위는 데이터 센터의 시설, 네트워크 인프라, 하드웨어, 가상화 계층입니다. 사용자가 책임지는 범위는 AWS 서비스 위에서 동작하는 애플리케이션과 데이터 계층입니다. OS 레이어가 어느 쪽의 책임 범위가 되는지는 서비스에 따라 다릅니다. 예를 들어 관리형 서비스는 AWS의 책임 범위에 속하게 됩니다만, EC2와 같이 사용자가 OS 레이어에 액세스 가능한 경우는 사용자 책임이 됩니다.

AWS가 책임지는 범위

AWS가 책임을 지는 범위의 보안을 사용자가 평가하는 방법은 두 가지입니다. 하나는 보안 인증을 참고로 하는 방법, 다른 하나는 공개 정보를 참고하는 방법입니다.

첫 번째는 신뢰할 수 있는 보안 인증을 취득 또는 준비하는지를 확인하여 판단하는 방법입니다. 아마도 AWS는 전 세계에서 가장 많은 보안 인증을 취득하는 클라우드 사업자일 겁니다. 국내에서 유명한 인증으로는 ISO27001, PCI DSS Level 1, SOC 1, SOC2 등이 있습니다. 상세한 정보는 아래 URL에서 확인할 수 있습니다.

- aws.amazon.com/ko/compliance

또 한 가지 방법은 AWS가 보안을 위해 어떠한 방법을 취하는지를 확인하는 겁니다. 클라우드 환경의 보안을 평가하는 CSA(Cloud Security Alliance)는 각 클라우드 사업자에게 140가지 이상의 항목을 질문하여 답변을 일반에게 공개합니다. 그 질문과 답변을 참고하면 구체적인 관리 정책을 평가할 수 있습니다. 상세 내용은 CSA 웹사이트에서 확인할 수 있습니다.

- cloudsecurityalliance.org

필요한 정보가 게재되어 있지 않은 경우는 AWS 영업 창구에 정보 공유를 의뢰할 수도 있습니다.

사용자가 책임지는 범위

사용자가 책임지는 보안 범위에서 할 일은 온프레미스 때와 거의 같습니다. 논리 네트워크, OS, 미들웨어, 애플리케이션 각각에 대한 접속 제어, 보안 패치, 로그 관리 등의 작업입니다. 이때 AWS 특유의 구현에 신경 써 작업할 필요가 있습니다.

네트워크 접속 제어에는 원칙적으로 AWS가 제공하는 논리 네트워크의 필터링 룰을 이용합니다. 이것으로 대응할 수 없는 더 복잡한 보안 정책을 만족시켜야 하는 경우에는 IDS(침입 탐지 시스템)/IPS(침입 방지 시스템), WAF(웹 애플리케이션 방화벽)를 사용합니다. 온프레미스에서 사용되는 상용 제품의 공급 업체가 제품을 AWS 환경에서 사용할 수 있도록 가상 어플라이언스와 소프트웨어를 제공합니다.

보안 패치는 관리 서비스를 이용하는 경우에 주의해야 합니다. 관리 서비스에서는 AWS 환경의 보안을 유지하고자 강제 패치를 하기도 합니다. 적용 기간이 사전에 통지되므로 패치 작업을 실시해도 좋은 시간대를 매니지먼트 콘솔에서 지정합니다. 패치 적용이 자주 발생하지는 않지만 재부팅을 해야 합니다. 다운타임이 발생하지 않도록 다중화된 인스턴스 간에 시간을 엇갈리게 적용시켜 운영하는 것이 좋습니다.

AWS 리소스에 대한 접속 로그를 고려합시다. AWS 클라우드 트레일(AWS Cloud Trail)이라는 서비스를 사용하여 기록할 수 있습니다. AWS 리소스를 조작(작성, 변경, 삭제)하는 API의 호출과 매니지먼트 콘솔 등으로의 접속 기록을 얻을 수 있습니다. OS, 미들웨어, 애플리케이션 로그와 합쳐서 취득하므로 빠짐없이 접속 로그를 얻을 수 있습니다.

PART 2

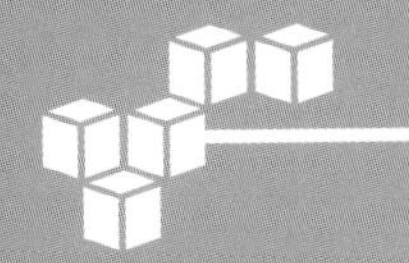

스토리지 시스템

3가지 방법을 적절하게 사용하기 저렴한 글레이셔로 장기 보관하기

AWS는 백업 환경으로도 많이 사용됩니다. 이번 패턴에서는 온프레미스 환경에 있는 시스템 데이터를 AWS에 백업하는 설계 패턴을 다루겠습니다. 복수의 설계 패턴을 용도나 예산에 맞추어 적절하게 사용하는 것이 핵심입니다. AWS 환경을 백업하는 방법도 소개하겠습니다.

데이터는 가장 중요한 IT 자산입니다. 데이터 손실을 방지하려면 백업 환경을 구현해야 합니다. 그런데 온프레미스에 백업 환경을 구축하려면 상당한 시간과 비용이 소요됩니다. 다행히 AWS 기능과 서드파티 솔루션을 잘 조합하여 설계하면 저렴한 비용으로 유연한 백업 환경을 구축할 수 있습니다.

AWS를 이용한 백업은 크게 두 가지로 나눌 수 있습니다. 하나는 온프레미스 환경의 데이터를 AWS로 백업하는 경우이고, 다른 하나는 AWS에 구축한 시스템을 백업하는 경우입니다. 전자는 AWS를 처음 이용하는 기업에서 주로 시도되며, 클라우드 활용의 첫 관문입니다. 본 절에서는 온프레미스 환경의 데이터를 AWS에 백업하는 설계 패턴을 해설하고, 마지막에는 AWS에 구축한 시스템을 백업하는 설계 패턴을 설명하겠습니다.

백업 환경의 개요와 핵심 설계 사항은 [그림 5-1]과 같습니다. 데이터에 따라 백업과 복구의 요구 사항이 달라집니다. 요구 사항에 부합하는 백업 환경을 구축하기 위해 다양한 방법을 검토합니다.

그림 5-1 백업의 개요와 핵심 설계 사항

백업 개요

· 대부분의 경우 사내 시스템은 온프레미스 환경에, 기업 사이트는 AWS 환경에 위치한다.

· 백업 대상은 용량이 큰 이미지 파일, 데이터베이스, 각 서버의 로그 파일, 파일 서버에 있는 파일이다.

· 로그 파일과 데이터베이스 파일은 장기간 보관한다.

· 비용을 절감하면서도 운영에 손이 많이 가지 않는 방식으로 진행한다.

인프라 핵심 설계 사항

❶ 스토리지 게이트웨이를 이용한 자동 백업

온프레미스 환경에 스토리지 게이트웨이를 사용하여 백업용 스토리지를 만들어 S3에 자동 백업한다.

❷ **S3과 글레이셔로 수명주기 관리**

로그 파일을 S3의 기능으로 백업하면서 온라인 보관 기간을 넘은 파일을 글레이셔에 아카이브한다.

❸ **용량의 대부분을 차지하는 이미지 파일과 데이터베이스는 S3에 백업**

스토리지 게이트웨이에 부과되는 종량제 요금을 줄이기 위해 용량이 큰 데이터는 스크립트를 사용하여 S3에 백업한다.

5.1 온프레미스 환경의 데이터 백업하기

온프레미스 환경의 데이터를 AWS에 백업하는 경우는 백업 대상이나 예산에 따라 적절한 설계 패턴이 달라집니다. 여기서는 세 가지 방법을 소개하겠습니다(그림 5-2).

첫 번째는 오브젝트 스토리지 서비스인 S3(Amazon Simple Storage Service)를 명령행 인터페이스를 통해 이용하는 패턴입니다([그림 5-2의 Ⓐ). 백업 대상이 파일인 경우에 유효하며, 간편하면서도 저렴합니다. S3는 범용적인 파일 저장 서비스로서 온라인 파일 서버처럼 사용할 수 있습니다. S3는 서로 다른 가용 영역(AZ)에 3중화되어 있으며, 99.999999999%라고 하는 엄청나게 높은 내구성을 자랑합니다.

두 번째는 가상 서버인 EC2와 가상 스토리지인 EBS로 구축한 백업용 서버에 데이터를 동기화시키는 패턴입니다([그림 5-2의 Ⓑ). 첫 번째 방법보다는 비용이 들지만, 데이터베이스의 백업을 유연하게 실행할 수 있습니다. 예를 들어 백업 대상 EC2에서 유틸리티를 실행시키면 DB를 온라인 백업할 수 있습니다.

세 번째는 자동 백업 서비스인 AWS 스토리지 게이트웨이(Storage Gateway)를 이용하는 패턴입니다([그림 5-2의 ©). 첫 번째나 두 번째 방법보다 적은 노력으로 자동 백업 환경을 구축할 수 있으면서도, 백업 관리의 일원화도 가능합니다. 스토리지 게이트웨이는 온프레미스 환경에 있는 서버에 스토리지 관리 전용 소프트웨어를 설치하여 AWS와 접속하는 서비스입니다.

그림 5-2 온프레미스 환경의 백업 구성 예

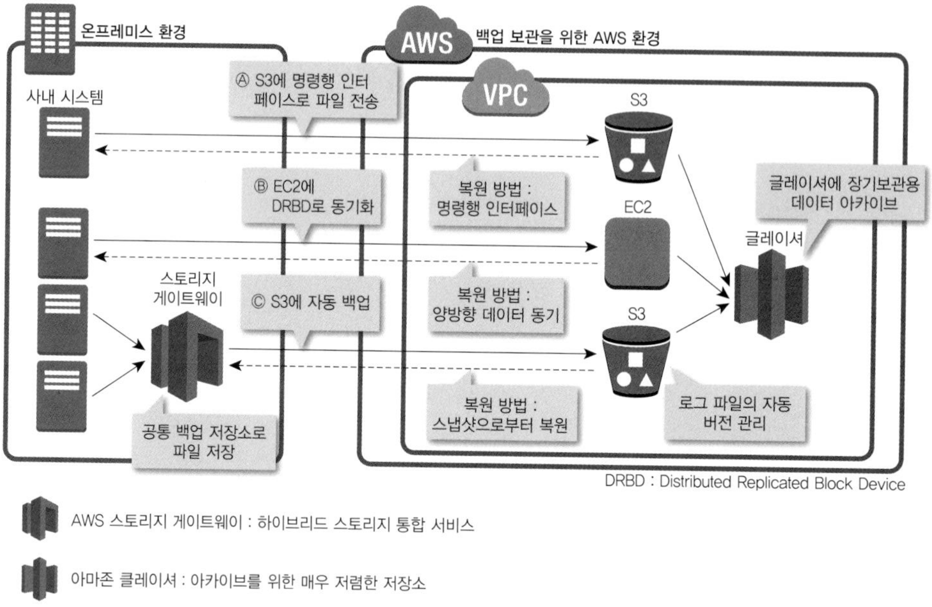

DRBD : Distributed Replicated Block Device

AWS 스토리지 게이트웨이 : 하이브리드 스토리지 통합 서비스

아마존 글레이셔 : 아카이브를 위한 매우 저렴한 저장소

Ⓐ S3로 파일 백업

파일 서버의 파일이나 웹 서버의 특정 디렉터리 등을 백업하는 경우는 명령행 도구인 AWS 명령행 인터페이스(AWS CLI)를 이용하여 S3에 백업을 저장하는 것이 효율적입니다.

우선, 사내 네트워크로부터 VPC(Virtual Private Cloud)에 접속이 가능하도록 라우터에 설정을 추가합니다. 매니지먼트 콘솔에서 VPC를 선택한 후 네비게이션 메뉴에서 VPC 커넥션을 선택하면 설정 파일을 자동 생성하는 도구를 사용할 수 있습니다.

S3에서는 버킷이라고 불리우는 영역에 파일을 보관합니다. 버전 관리 등의 설정은 버킷 단위로 이루어지기 때문에, 백업에 대한 요건이 다른 데이터를 별도의 버킷에 저장합니다(그림 5-3). 온프레미스 환경의 서버에서 S3로는 언어별 API 또는 CLI를 사용하여 접속합니다. API나 CLI는 AWS로부터 다운로드하여 작업용 서버나 PC에 인스톨합니다.

AWS CLI에 사용하는 S3 명령어는 30종류 이상 있습니다(표 5-1). 리눅스 명령어와 닮았기 때문에 리눅스 경험이 있는 엔지니어라면 금방 사용할 수 있습니다.

그림 5-3 S3로의 직접 접속하기

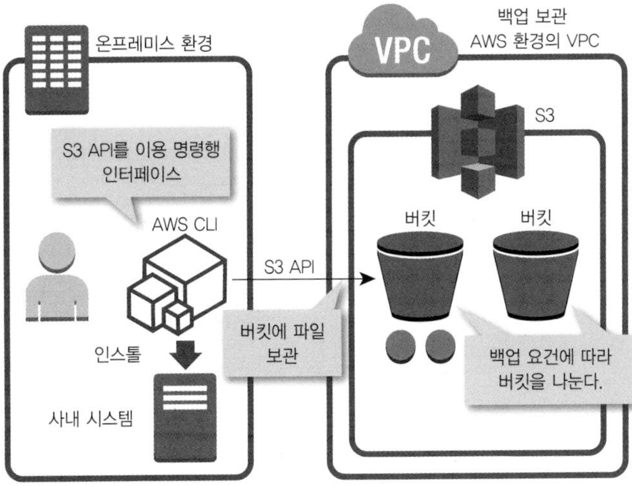

표 5-1 S3에서 이용가능한 주요 API

명령어	내용
ls	지정한 S3 버킷에 존재하는 파일의 일람을 표시한다.
cp	복사 대상 원본과 목적지를 지정하여 파일을 복사한다. AWS CLI가 실행되는 로컬 디렉터리의 파일도 지정할 수 있다.
sync	복사 대상 원본과 목적지 디렉터리를 지정하여 모든 파일을 복사한다.
mb	S3에 버킷을 작성한다.
rm	S3로부터 파일을 삭제한다.
rb	S3로부터 버킷을 삭제한다.

백업을 자동화하는 것은 파일과 디렉터리를 백업하는 명령어로 백업하는 스크립트를 작성하여, cron이나 작업 스케줄러로 실행시킵니다. 복원 시에는 온프레미스 환경의 서버에서 AWS CLI로 cp 또는 sync 명령을 실행하여 파일을 가져옵니다.

S3의 요금은 사용한 스토리지 용량에 대하여 종량제로 과금됩니다. 다른 방식과 비교하여 값이 싸기 때문에 대량의 화상 파일이나 DB의 오프라인 백업 등, 대용량 데이터의 백업에 적합합니다. 데이터 전송에 대한 요금은 S3에 대한 인바운드 전송은 무료이고, 온프레미스에 대한 전송에 대해서만 과금됩니다. 따라서 일반적인 백업 용도라고 한다면, 복원할 때만 비용이 일시적으로 발생합니다.

S3는 버전 관리를 지원하고 있어, 로그 파일과 같이 버전 관리를 하고 싶은 데이터를 백업하는 데에도 적합합니다. 버전 관리를 유효화한 버킷에 오브젝트가 추가되면 자동으로 버전 관리되어, 과거의 이력을 거슬러 올라가 참조하는 것이 가능합니다. 버전 관리를 이용하는 경우에는 라이프사이클 설정도 이용합시다. 라이프사이클 설정으로 백업 보관 기간을 설정해두면, 일정 기간이 경과한 데이터는 자동적으로 삭제됩니다. 라이프사이클 설정을 사용하지 않으면 데이터가 계속 축적되어 용량 증가로 비용이 늘어나게 됩니다.

기밀 정보를 백업하는 경우는 암호화도 검토합니다. S3는 파일 보관 시 자동적으로 암호화를 하는 옵션인 서버 사이드 암호화(Server Side Encryption)를 제공합니다. 이 기능을 사용하면 신경 쓰지 않아도 암호화를 해주기 때문에 편리하지만, S3에 저장되는 사이에는 암호화되지 않고 꺼낼 때 복호화됩니다. 보안에 민감한 데이터를 취급하는 경우 S3의 기능뿐만 아니라 암호화 소프트웨어와 DBMS의 암호화 기능 등의 이용도 고려해볼 수 있습니다.

Ⓑ EC2를 사용한 DB의 온라인 백업

DB 백업 방법으로는 온라인 백업과 오프라인 백업이 있습니다.

오프라인 백업은 [그림 5-2] Ⓐ의 파일 백업과 동일한 방식입니다. DB를 정지시키고 AWS CLI 명령으로 DB 파일을 S3로 전송합니다. 일련의 조작(DB 정지, 파일 전송, DB 시작)을 기술한 스크립트를 만들어 정기적으로 실행시켜 자동 백업을 실현합니다. 일과시간에만 실행되는 시스템에서는 일반적으로 하루에 한 번, 심야에 오프라인 백업을 실시합니다. 복구할 때에는 AWS CLI로 S3에서 온프레미스 환경의 DB 서버에 DB 파일을 전송하고 나서 DBMS를 시작하고 복구합니다. S3에 CLI를 통해 전송하는 이유는 비용 면에서 가장 유리하기 때문입니다.

오프라인 백업 시스템은 시스템 정지 시간을 조정할 수 있으나, 장애 발생 시 최대 하루치 데이터 손실을 허용하는 경우에만 사용해야 합니다. 시스템이나 데이터 성격에 따라 중단이나 데이터 손실을 허용할 수 없는 경우도 있습니다. 이 경우는 [그림 5-2] Ⓑ 방식으로 온라인 백업을 사용합니다. 온라인 백업은 DB가 동작하는 상태에서 데이터를 동기화하여 데이터를 백업하는 방식입니다. 데이터의 일관성을 유지하려면 특별한 동기화 방법을 적용해야 합니다. 대표적인 방법으로 ❶ DBMS에서 구입 복제 등의 유틸리티 이용하기, ❷ DRBD(Distributed Replicated Block Device)를 이용하기가 있습니다. DRBD는 디스크 볼륨(블록 디바이스)의 내용을 네트워크로 실시간으로 복제하는 리눅스에서 제공하는 기능입니다. 두 방식 모두 백업 데이터의 저장이 가능한 충분한 용량을 확보한 EBS 볼륨을 준비하고, EC2 인스턴스에 연결합니다.

복제하는 경우 EC2 인스턴스에서 DBMS를 시작하고, DBMS 기능에서 데이터를 동기화합니다. 많은 DBMS에서 동기화 모드와 비동기 모드가 지원됩니다. 동기화 모드에서는 데이터 손실이 발생하지 않지만 업데이트 속도가 떨어집니다. 비동기 모드는 업데이트 속도 저하는 없지만 데이터 손실 가능성이 있습니다.

DRBD을 이용하는 경우는 온프레미스 환경의 DB 파일이 저장된 디스크 볼륨과 EC2에 연결한 EBS 볼륨을 동기화하도록 설정합니다. 그리하여 업데이트된 블록이 EBS 볼륨에 동기화되도록 합니다. DRBD 또한 DBMS에 의한 복제와 마찬가지로 동기 및 비동기 모드가 있습니다. 백업 대상에 DBMS를 도입할 필요가 없습니다. 복구할 때에는 DRBD의 동기화 방향을 역으로 해서 EC2 인스턴스로부터 온프레미스 환경의 DB 서버에 대해 역방향으로 데이터를 동기화하여 복구시킵니다.

백업한 데이터로 리포트를 작성할 게 아니라면 백업 대상에 DB 서버로 시작하고 사용하도록 할 필요가 없습니다. 이와 같은 경우에는 도입에 대한 기술적인 부담이 상대적으로 적은 DRBD 동기화를 권장합니다.

© AWS 스토리지 게이트웨이 이용

여기까지는 S3나 EC2와 같은 AWS의 기본적인 서비스로 백업 구조를 만드는 방법을 소개했습니다. 이러한 방법은 백업 대상이 많아지면 구축과 운영에 잔 손이 많이 들어가게 됩니다. [그림 5-2] ©에서 소개하는 스토리지 게이트웨이는 백업 시스템의 구축과 운용 부하를 줄일 수 있는 방법입니다. 이 서비스를 사용하면 사내 환경에 저장된 파일을 AWS에 자동으로 백업할 수 있습니다.

기본 작동 원리는 [그림 5-4]와 같습니다. 스토리지 게이트웨이는 온프레미스의 서버 가상화 환경에서 동작하는 가상 머신으로 제공됩니다. 제공되는 가상 머신은 VMware와 MS의 가상화 환경에 대응합니다. 이때 로컬 디스크 혹은 SAN 디스크와 같은 가상 머신이 사용할 수 있는 스토리지가 필요합니다. 또한 온프레미스 환경의 네트워크에서 AWS의 VPC와 연결할 수 있도록 네트워크를 설정합니다. 가상 머신 이미지의 설치가 완료되면 스토리지 게이트웨이 관리 콘솔에서 AWS 계정과 연결합니다.

그림 5-4 스토리지 게이트웨이 개요

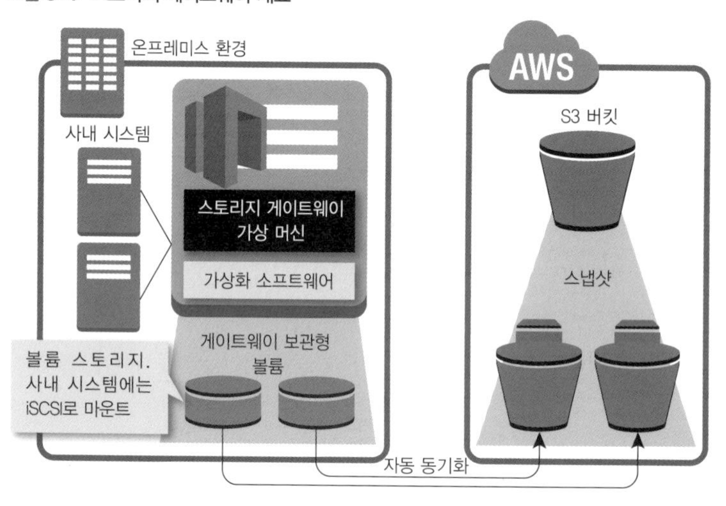

스토리지 게이트웨이 이용 방식은 다양합니다만, 백업에 사용하는 경우는 주로 게이트웨이 보관형 볼륨을 이용합니다. 게이트웨이 보관형 볼륨은 온프레미스 환경에 볼륨 스토리지라고 부르는 가상 디스크 볼륨을 만듭니다. 작성한 볼륨 스토리지는 온프레미스 환경에 있는 iSCSI 장치로 마운트시킨 후에 이 볼륨 스토리지에 백업 데이터를 저장하도록 서버를 설정합니다.

스토리지 게이트웨이의 관리 콘솔에서 백업 대상인 S3 버킷을 지정해놓으면, 볼륨 스토리지는 EBS 스냅샷의 형식으로 S3 버킷에 자동으로 동기화됩니다. EBS 스냅샷이란 볼륨을 통째로 백업하는 형태를 말합니다. 증분 백업 방식을 사용하고 있기 때문에, 2번째 이후의 동기화는 이전과의 차분만이 전송됩니다. 통신 내용과 스냅샷은 암호화되어 있습니다.

S3에 보관된 EBS 스냅샷에 액세스하는 방법은 두 가지입니다. 한 가지는 S3 버킷에 백업되어 있는 EBS 스냅샷을 온프레미스의 스토리지 게이트웨이의 볼륨 스토리지로 복원하는 방법입니다. 볼륨 스토리지가 손상되어 복구해야 하는 경우 혹은 버전 관리된 과거의 백업 데이터를 얻고 싶은 경우에 이 방법을 사용합니다. 또 다른 방법은 EBS 스냅샷을 AWS의 EBS 볼륨으로 복원하고 EC2 인스턴스에 연결하는 방법입니다. EC2 인스턴스의 OS에서 백업 내용을 확인할 수 있습니다.

스토리지 게이트웨이 한 개당 최대 볼륨 스토리지를 12개까지 작성할 수 있습니다. 볼륨 스토리지 용량을 1GB에서 1TB까지 설정합니다. 데이터 특성이나 동시에 몇 개를 마운트하는가에 따라 볼륨 스토리지 수와 용량을 결정합니다. 12개보다 많은 볼륨 스토리지가 필요한 경우는 복수의 스토리지 게이트웨이를 여러 개 사용합니다.

이 방식의 장점은 네트워크 환경을 구축해두면, GUI에 의한 설정 방법을 익혀두는 것만으로 백업 환경을 손쉽게 도입할 수 있다는 점입니다. CLI 조작이나 스크립트를 만들 필요가 없기 때문입니다. 또한, 온프레미스 환경에 작성된 볼륨 스토리지와 AWS S3에 2중으로 백업 데이터를 보관합니다. 빠르게 복구할 용도로 데이터 센터의 볼륨 스토리지를 활용하고, 재해 대책의 보조 백업으로 S3를 사용할 수 있습니다.

단점은 비용이 다른 방법보다 높다는 점입니다. 스토리지 게이트웨이를 이용하려면 고정요금(월 정액 119달러)과 볼륨 스토리지 용량에 따라 종량 요금(2017년 3월 기준 1GB당 월 0.025달러)이 소요됩니다. 또한, 스냅샷 스토리지의 요금으로 1GB당 월 0.05 달러가 소요됩니다. S3는 1GB당 월 0.023~0.025달러(데이터양에 따라 달라짐)이므로 스토리지 게이트웨이에 비해 상당히 저렴합니다[1]. 편리함과 비용이 트레이드오프되기 때문에 비용을 감수할 수 있는 용도로 한정하여 사용하는 것이 좋습니다.

1 **역자주_** AWS는 2006년 처음 사업을 시작한 이래 2017년 3월 현재까지 59회나 가격 인하를 단행했습니다. 책이 출간된 시점 이후에도 가격이 변해 있을 수 있습니다.

5.2 서드파티 제품 사용하기

AWS를 활용해 백업을 실현하는 장비와 소프트웨어를 서드파티에서도 제공합니다. 서드파티 백업 장비 중에는 스토리지 게이트웨이와 유사한 기능을 가지면서 더 간단히 설치할 수 있는 것도 있습니다. 미국 QNAP 시스템즈나 넷앱(NetApp), 일본 버팔로와 같은 스토리지 벤더가 제공하는 제품들은 AWS와 연결할 수 있는 네트워크 환경에 설치한 후 S3 버킷에 연결 정보를 입력하는 것만으로 이용할 수 있기 때문에 마땅한 엔지니어가 없을 경우 적합합니다.

이 외에도 일본에는 스토리지 게이트웨이가 셋업된 상태의 스토리지 서버 도입 서비스를 'DR 스타터 팩'이라는 이름으로 AWS 컨설팅 파트너인 서버워크스 사가 제공합니다. 하드웨어와 AWS를 포괄한 서포트를 받을 수 있기 때문에 백업 시스템을 직접 운영하는 것이 부담스러운 경우 적합합니다.

소프트웨어는 DB 등의 미들웨어와 연계한 백업을 할 수 있는 것이 특징입니다. 온프레미스 환경에서 널리 사용되는 백업 소프트웨어인 아크서브의 아크서브(Arcserve), 오라클의 오라클 시큐어 백업(Oracle Secure Backup), 베리타스테크놀로지스의 넷백업(NetBackup)은 백업 보관소로 S3를 선택할 수 있는 기능을 제공합니다. 용도에 맞는 경우나 백업 소프트웨어를 이미 사용 중인 경우 대안으로 생각해볼 수 있겠습니다.

지금까지 소개해온 백업 설계 패턴은 어떤 하나에 올인하기보다 용도에 따라 구분해 쓰는 것이 좋습니다. 스토리지 게이트웨이를 전사적으로 이용하면서 대용량 이미지 파일 일괄 백업은 AWS CLI로 구현하여 저렴한 S3에 저장하는 방법을 선택하면 총 비용을 최적화할 수 있습니다. 백업할 데이터를 선별하여 전체적으로 최적화될 수 있도록 설계 패턴을 조합해보는 것도 좋을 겁니다.

5.3 백업 파일 장기 보관하기

로그나 DB 파일과 같은 일부 백업 데이터는 장기 보관을 해야 합니다. 이러한 용도로는 데이터양 대비 비용이 저렴한 아카이브용 스토리지 서비스인 아마존 글레이셔(Amazon Glacier)가 적합합니다. 일반적인 운용 관리 및 복구에는 지금까지 설명한 백업 방법을 사용하고, 과거의 특정 시점의 데이터 상태로 되돌리기만 해도 좋은 아카이브의 경우 글레이셔에 보관하도록 합니다.

글레이셔는 아카이브에 최적화된 스토리지 서비스입니다(표 5-2). 저렴한 요금이 장점으로, S3와 비교하면 약 1/5에서 1/6의 수준입니다. 단점은 파일에 액세스에 시간이 걸린다는 점입니다. 보관한 파일 이용을 요청한 시점으로부터 참조 가능하게 되기까지 3~5시간이 소요됩니다.

이 밖에도 S3에는 글레이셔 딥 아카이브, 인텔리전트 티어링(Intelligent-Tiering), 스탠다드-IA(Infrequent Access), 원 존(One Zone)-IA와 같은 저장 클래스가 제공되는데 간단히 각 클래스를 살펴보면 다음과 같습니다.

글레이셔 딥 아카이브는 AWS에서 가장 저렴한 저장소입니다. 이 저장소는 1년에 한두 번 정도 액세스하는 데이터를 장기 보관하는 목적으로 만들어졌습니다. 복원에 최대 12시간이 소요된다는 점과 한 번 저장된 데이터는 최소 180일 치 비용이 발생한다는 점 이외에 가용성이나 내구성 등은 기존 글래이셔와 동일합니다.

인텔리전트 티어링은 데이터 액세스 패턴에 따라 자동으로 저장 클래스를 최적화해 운영에 번거로움 없이 비용을 최적화해주는 서비스입니다.

스탠다드-IA는 S3스탠다드와 같은 읽기 성능을 제공하면서도 저장 비용은 30~40% 저렴합니다. 읽기에 발생하는 비용은 좀 더 비싸므로 자주 읽히지는 않으나 필요할 때 빠른 응답 속도로 데이터를 제공해야 하는 재해복구용 백업 데이터를 저장하는 데 유용합니다.

마지막으로 원 존-IA는 스탠다드-IA와 비슷한 성격을 띄고 있으나 가용 영역 하나만을 사용하며 비용이 스탠다드-IA와 비교하여 약 20% 가량 저렴합니다. 가용 영역만을 하나만 사용하기 때문에 단일 가용 영역에 장애가 발생할 경우 데이터를 사용하지 못하거나 유실될 가능성이 있으므로 이에 대한 고려가 필요합니다.

S3의 각 클래스 간의 비교는 [표 5-2]를 참조하시고 요금은 AWS 홈페이지에서 확인하시기 바랍니다.

표 5-2 S3의 다양한 저장 클래스 비교(출처 : AWS 공식 홈페이지)

	S3 스탠다드	S3 인텔리전트 티어링	S3 스탠다드-IA	S3 원 존-IA	S3 글레이셔	S3 글레이셔 딥 아카이브
내구성을 위한 설계	99.999999999% (11개의 9)	99.999999999% (11개의 9)	99.999999999% (11개의 9)	99.999999999% (11개의 9)	99.999999999% (11개의 9)	99.999999999% (11개의 9)
가용성을 위한 설계	99.99%	99.9%	99.9%	99.5%	99.99%	99.99%
가용성 SLA	99.9%	99%	99%	99%	99.9%	99.9%
가용 영역	≥3	≥3	≥3	1	≥3	≥3
객체당 최소 용량 요금	해당 사항 없음	해당 사항 없음	128KB	128KB	40KB	40KB
최소 스토리지 기간	해당 사항 없음	30일	30일	30일	90일	180일
검색 요금	해당 사항 없음	해당 사항 없음	검색한 GB당	검색한 GB당	검색한 GB당	검색한 GB당
첫 번째 바이트 지연 시간	밀리초	밀리초	밀리초	밀리초	분 또는 시간 선택	시간 선택
스토리지 유형	객체	객체	객체	객체	객체	객체
수명 주기 전환	예	예	예	예	예	예

표 5-3 서울 리전 기준 S3와 글레이셔 요금 체계(단위 : GB, 2017년 7월 기준)

	표준 스토리지	글레이셔 스토리지
처음 50TB/월	$0.025	$0.005
다음 450TB/월	$0.024	$0.005
500TB/월 초과	$0.023	$0.005

※글레이셔는 프리티어를 초과하는 경우 GB당 $0.0114의 데이터 추출 요금이 발생한다.

이러한 특징 덕분에 오프라인으로 장기간 보관되는 액세스가 거의 없는 데이터의 백업 장소로 사용됩니다. 글레이셔는 S3와 연동하여 사용하는 것도 가능합니다. S3의 라이프사이클 설정에 정책을 넣으면 S3에 저장 후 일정 기간(예를 들면 3개월)이 지난 후에 데이터를 글레이셔로 이동시키고 다시 그 뒤 일정 기간(예를 들면 5년 후)이 흐르면 삭제하는 식으로 자동 운영할 수 있습니다.

글레이셔는 과금 체계상 주의 사항이 있습니다. 무료로 꺼낼 수 있는 데이터양에 제한이 있다는 겁니다. 무료 제한선을 넘게 되면 글레이셔로부터 S3에 데이터를 꺼낼 때, 피크 시의 전송률(GB/시간)에 대해 0.0114달러의 과금이 당월 모든 시간에 적용됩니다. 예를 들어 피크 시에 1TB 파일을 4시간을 들여 복원하는 경우, 시간당 전송률이 250GB입니다. 250GB/시간 x 0.0114달러 x 24시간 x 30일 = 2052달러에서 무료 제한을 뺀 금액이 그 달의 데이터 추출 요금이 됩니다. 드물게 이용하는 경우에도 피크 시의 전송 속도로 요금이 계산됩니다. 글레이셔에 보관하는 파일은 꺼내는 빈도가 대단히 낮은 데이터를 대상으로 하는 것이 효과적입니다.

5.4 중요 데이터 백업에 전용선 사용하기

온프레미스 환경의 데이터를 AWS에 백업하려면 온프레미스 환경과 AWS를 연결하는 네트워크가 필요합니다. 인터넷 VPN을 이용하면 간단히 해결할 수 있습니다. 온프레미스 환경에 인터넷 접속과 VPN 라우터가 있으면 바로 사용할 수 있습니다. 하지만 인터넷의 네트워크 품질은 일정하게 보장되지 않기 때문에 속도가 불안정해질 수도 있습니다. 또한 VPN 연결이 암호화되어 있어도 중요한 데이터는 인터넷을 통해 전송하는 것을 보안 규정상 금지하는 기업도 있습니다.

백업과 복원에 대한 요구 사항이 엄격하다면 온프레미스 환경과 AWS 환경을 전용선으로 접속하는 AWS 다이렉트 커넥트(Direct Connect) 서비스를 이용할 수 있습니다. 다이렉트 커넥트에 대한 자세한 내용은 패턴 6에서 설명하겠지만, 자주 사용하는 서비스이므로 여기서 살짝 소개하겠습니다.

다이렉트 커넥트는 AWS가 마련한 다이렉트 커넥트 위치에 물리적으로 회선을 연결할 수 있게 한 서비스입니다(그림 5-5). 계약은 AWS 리전 단위입니다. 서울 리전은 AWS 파트너인 KINX와 LGU+가 다이렉트 커넥트 위치를 제공합니다. 다이렉트 커넥트 위치는 리전 내에 있는 AWS의 모든 AZ와 전용선으로 연결되어 있습니다. 구조는 언뜻 보기에 복잡해보이지만 다이렉트 커넥트 위치까지의 전용 회선을 연결하고 설정하는 서비스가 여러 파트너로부터 제공됩니다. 대부분의 이용 기업은 이러한 서비스들을 비교하고 검토하는 것만으로 충분합니다.

그림 5-5 다이렉트 커넥트의 개념도

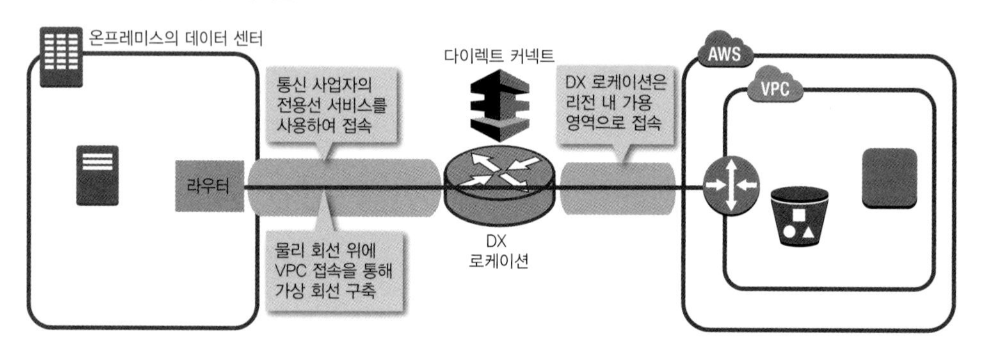

5.5 AWS에 구축한 시스템 백업하기

마지막으로 AWS에서 동작하는 시스템의 백업에 대해 알아보겠습니다. 여기서는 2장에서 구축한 기업용 웹사이트를 대상으로 해보겠습니다. 웹 서버로는 EC2, DB 서버로는 RDBMS의 관리형 서비스인 RDS(Amazon Relational Database Service), 콘텐츠 저장에는 S3를 이용합니다. EC2, RDS는 초기 구축과 설정 변경 시의 시스템 백업 용도로, S3는 사용자의 인적 실수에 의한 데이터 망실로부터 복구하는 용도로 백업을 실시합니다.

수행 시점으로 백업을 구분해보면 ❶ 초기 구축할 때 모든 리소스 백업, ❷ 설정을 변경할 때 시스템 백업, ❸ 정기적인 데이터 백업을 생각할 수 있습니다.

우선, 모든 리소스에 대하여 초기 구축할 때 백업을 실시합니다. EC2, RDS는 매니지먼트 콘솔로 인스턴스의 스냅샷을 취득하여 S3 버킷에 저장합니다. S3는 AWS CLI를 사용하여 콘텐츠 저장에 사용하는 S3 버킷으로부터 다른 S3 버킷으로 백업해둡니다.

DB 데이터는 서비스 운영 중에 백업을 할 필요가 있습니다. RDS 인스턴스의 복제 기능(멀티-AZ)을 사용하면, 자동적으로 동기화된 데이터 백업을 해나갈 수 있습니다. 서버 설정을 변경하는 경우는 EC2, RDS 인스턴스의 스냅샷을 작성합니다. 이것은 온프레미스 환경에서의 시스템 백업과 동일한 백업으로써 이용할 수 있습니다.

그림 5-6 AWS 환경에서의 백업 구성도

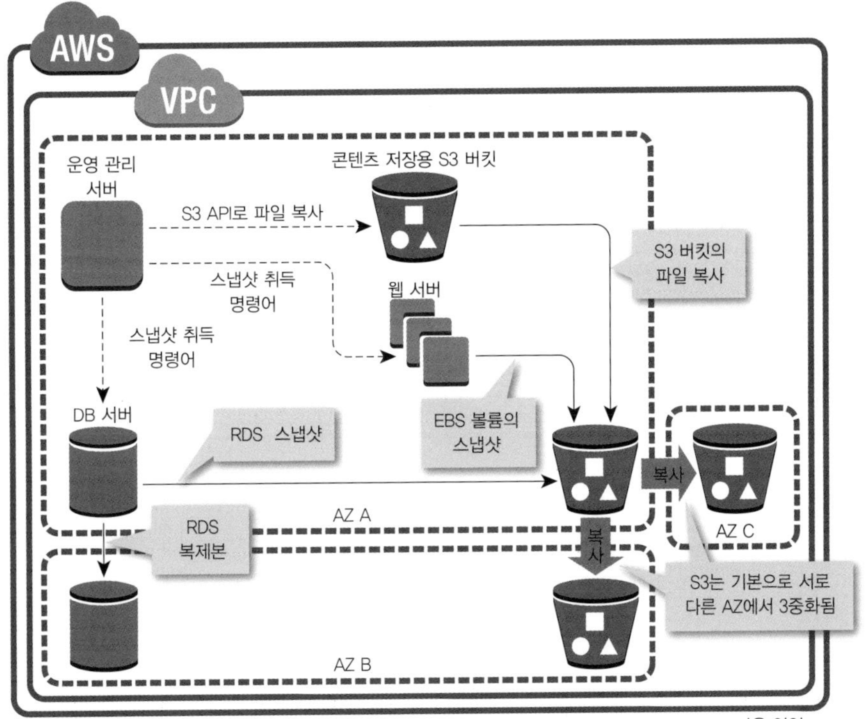

정기적으로 백업을 하려면 운영관리용 EC2 인스턴스를 준비해둡니다[2]. 이 인스턴스에서 AWS CLI 명령어를 사용하여 백업 스크립트를 정기적으로 실행합니다(그림 5-6). 백업 대상의 EC2, RDS 인스턴스에 태그를 설정하여 스냅샷을 작성하는 명령을 스크립트화합니다. S3 버킷에도 AWS CLI로 액세스하여 변경분에 대한 백업을 실시합니다.

2 **역자주_** 백업과 같이 정기적으로 실행하는 작업에 대하여 최근에는 EC2보다 서버리스 서비스인 AWS 람다를 사용하는 추세다. 람다는 실행 횟수만큼 과금되므로 EC2보다 저렴하면서 서버 관리가 필요 없다는 점이 장점이다. 람다로 AWS에 대한 작업을 수행할 경우는 CLI대신 람다가 지원하는 스크립트 언어인 파이썬이나 자바스크립트(Node.js)가 주로 사용된다. EC2 인스턴스 저장소인 EBS의 경우 EC2 인스턴스나 람다를 사용하지 않고도 클라우드워치 이벤트(CloudWatch Events)를 이용하여 스냅샷을 정기적으로 작성할 수 있다. 이와 관련한 자세한 내용은 bit.ly/TakeScheduledSnapshot에서 확인할 수 있다.

패턴 6 파일 서버

용도에 맞춰 다양한 구성을 선택하기 응답 속도에 주의하여 설계하기

AWS에 파일 서버를 두는 기업이 있습니다. 파일 서버는 클라이언트가 되는 업무 시스템이나 사용자에 의해 설계 패턴이 크게 달라지는 것이 특징입니다. 여기서는 그 설계 패턴과 주의점을 알아봅니다. 파일 서버를 사용하는 패턴은 다양합니다. 사용자끼리 문서를 공유하거나, 업무 시스템에서 파일 저장이나 데이터 연계용으로 사용하기도 합니다. 용도에 따라서 단순한 파일 저장 장소로서의 역할뿐만이 아니라 접근 관리를 포함한 콘텐츠 관리 기능이 요구되는 경우도 있습니다.

그림 6-1 백업의 개요와 핵심 설계 사항

파일 서버의 개요

- AWS 환경 시스템에서 파일 관리에 파일 서버를 사용한다.
- 온프레미스 환경 인트라넷에 이용하는 파일 서버는 용량이 크고 자주 사용하는 소량의 파일과 장기간 보관하는 대량의 파일이 있다.
- 영업 담당자가 모바일 기기에서 카탈로그 검색 및 보고서를 작성한다.

인프라 핵심 설계 사항

❶ **애플리케이션에서 EFS를 파일 서버로 사용하기**

애플리케이션에서 공유하는 파일을 저장하는 용도로 쓴다.

❷ **스토리지 게이트웨이로 저장소를 자동 계층 관리**

자주 사용하는 파일을 온프레미스 환경에, 사용 빈도가 낮은 파일을 S3에 저장하여 전체 비용을 낮춘다.

❸ **워크독스로 파일 공유**

완전 관리형 서비스로 수고를 들이지 않고 파일을 공유한다.

이번 장에서 만들 파일 서버 개요와 인프라 설계 핵심 사항은 [그림 6-1]과 같습니다. 시스템으로부터 파일 접근에 사용하는 파일 서버가 필요합니다. 시스템은 AWS 환경과 온프레미스 환경 양쪽에 있습니다. 영업 담당자가 외근 시에 카탈로그 등의 자료에 접근하는 용도로도 필요합니다.

이러한 전제로 크게 Ⓐ, Ⓑ, Ⓒ 용도로 나눌 수 있습니다. [그림 6-2]에서 Ⓐ는 AWS 환경에 구축된 시스템을 사용하고, Ⓑ는 온프레미스 환경에 구축된 시스템을 사용하고, Ⓒ는 사용자 간의 문서 공유에 시스템을 사용합니다. 각각 환경마다 최적의 서비스와 설계 패턴이 달라지게 됩니다.

그림 6-2 파일 서버의 구성도

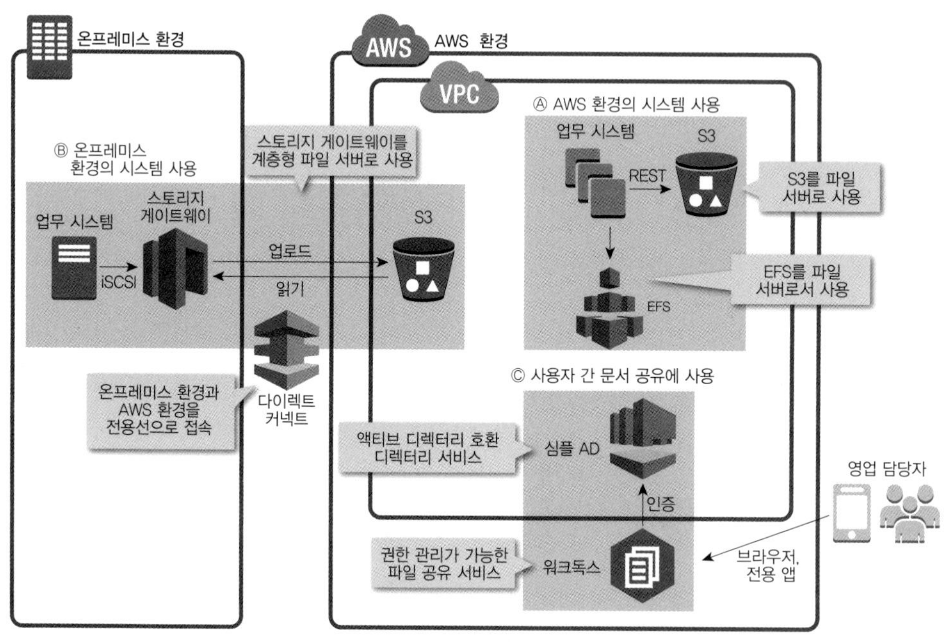

심플 AD : 디렉터리 서비스

아마존 워크독스 : 문서 공유 서비스

AWS 다이렉트 커넥트 : 온프레미스 환경과 AWS 환경을 전용선으로 연결

6.1 간편하고 저렴하지만 제약 많은 S3

우선 Ⓐ AWS에 구축된 시스템 사용 패턴부터 살펴보겠습니다. 이 패턴은 객체 스토리지 서비스인 아마존 S3를 이용하는 방법과 파일시스템을 공유하는 관리형 서비스인 EFS(Amazon Elastic File System)를 이용하는 방법이 있습니다.

S3를 사용하면 가장 간단하고 간편하게 구축할 수 있습니다. S3는 연간으로 환산하면 99.999999999% 내구성을 지니고 있기에 일반 기업이라면 다중화에 대한 고려는 필요가 없습니다. 따라서 조작 실수에 의한 파일 손실에 대비해 정기적으로 백업을 해두면 됩니다. 다만, 오브젝트 스토리지이기 때문에 사용 방법이 일반적인 파일 서버와는 다릅니다. S3를 파일 서버로 사용하려면 서비스 특징이 시스템 요구 사항을 만족시키는지 여부를 반드시 확인하십시오. 크게 다른 점은 다음 세 가지입니다.

첫 번째는 프로그램이 접근하려면 REST API를 사용해야 한다는 겁니다. HTTP/HTTPS로 접근하기 때문에, 일반적인 파일 서버의 프로토콜인 NFS보다 응답이 느립니다. 환경이나 파일 크기 나름이겠지만, 응답시간은 몇 배가 되기 때문에 사전 검증이 필수입니다. 애플리케이션이 사용하는 언어에 제약이 있거나, 애플리케이션이 반드시 파일시스템에 접근하도록 설계되었다면 REST API를 사용하지 못할 수도 있습니다. 이 경우는 오픈 소스 소프트웨어인 s3fs를 사용하면 S3 버킷(파일의 저장 장소)을 가상의 네트워크 드라이브로 마운트하여 파일에 접근할 수 있습니다. s3fs는 HTTP/HTTPS 인터페이스를 랩핑하여 NFS처럼 사용할 수 있게 해주는 도구입니다. 그러나 s3fs를 사용해도 S3와의 통신은 결국 HTTP/HTTPS로 이루어지므로 여전히 응답이 느립니다.

두 번째는 파일에 대한 배타적인 접근 제어를 할 수 없다는 점입니다. 애플리케이션이 파일시스템의 배타적 접근 제어에 의존하도록 만들어져 있는 경우에는 적합하지 않습니다.

세 번째는 S3 업데이트 처리가 최종 일관성 모델로 동작한다는 점입니다[1]. S3는 스토리지의 고장 등으로 데이터가 손상되지 않도록 물리적으로 복수 복사본을 가지는 분산 파일시스템으로 만들어져 있습니다. 파일을 갱신하면 복사본 중 하나가 업데이트되며, 시간이 지남에 따라 다른 복사본도 업데이트되어 갑니다. 파일의 업데이트 직후에 참조를 하면 업데이트되기 이전

---

1 **역자주_** 2020년 12월부터 강력한 쓰기 후 읽기 일관성 모델이 제공됩니다. 자세한 내용은 https://go.aws/3x6AznE에서 확인할 수 있습니다.

데이터가 반환될 수 있습니다. 시간이 지나면서 다른 복사본에도 반영이 진행되고 최종적으로는 모든 복사본이 업데이트됩니다. 이러한 특징 때문에 여러 프로세스에서 동시에 읽고 쓰는 애플리케이션은 의도치 않은 업데이트 결과를 얻게 될 가능성이 있습니다.

6.2 EFS를 NFS 서버로서 이용하기

S3가 요구사항에 맞지 않다면 EFS를 이용합니다. S3가 관리형 오브젝트 저장소라면, EFS는 관리형 파일 서버입니다. NFS 프로토콜을 지원하는 파일 서버로서 리눅스와 연결하여 사용할 수 있습니다.

EFS는 NFS(Network File System) 프로토콜 버전 4.0과 4.1을 지원합니다. 4.2 이후의 버전과 CIFS, SMB는 지원하지 않아서 윈도우에서는 사용할 수 없습니다. 윈도우에서 파일 공유 서비스가 필요한 경우는 Amazon FSx for Windows File Server를 사용하여 파일 서버를 구축할 수 있습니다.

리눅스에서 NFS 마운트를 사용 가능하게 되면 공유 스토리지, 파일 서버 등 다양한 용도로 사용 가능합니다. NFS를 이용하는 많은 애플리케이션을 그대로 실행할 수 있으므로, 기존 시스템을 AWS로 마이그레이션면 변경을 최소화할 수 있습니다.

파일 스토리지로서 EFS의 특징은 [표 6-1]과 같습니다.

액세스 권한의 관리, 복수 클라이언트로부터 동일 볼륨을 마운트하는 동시 접속, 읽기 일관성은 일반적인 NFS 스토리지와 같은 특성을 갖추고 있습니다. S3는 최종적 일관성을 사용하므로 데이터를 읽는 동안 파일을 잠글 수 없습니다. 하지만 EFS에서는 읽기 시점만 같다면 여러 클라이언트에서 동일한 데이터를 읽어오는 것이 보장되며 필요하다면 파일 잠금 기능도 사용할 수 있습니다. 업무 시스템의 요구사항을 충족시키기가 더 수월하다고 할 수 있습니다.

클라우드만의 특성도 있습니다. 관리형 서비스로 제공되므로 가용성이나 용량 확장/축소 관리를 할 필요가 없습니다.

I/O 응답 속도는 S3보다 더 빠른 반면 EBS보다는 느립니다. 응답 속도에 대한 요구사항이 높은 업무라면 EBS가 더 적합할 수도 있으니 벤치마크 후에 사용하는 것이 좋겠습니다.

표 6-1 파일 저장소 EFS의 특징

항목	내용
저장 용량 제한	무제한
내구성	복수의 AZ에 복제되어 저장된다.
동시 접속 수	클라이언트 수천 개가 접속할 수 있다[2].
접근 권한 관리	POSIX 표준에 따라 리눅스와 같은 방법으로 파일과 디렉터리의 접근 권한을 관리한다.
읽기 일관성	• 어떤 노드로부터 읽더라도 동일한 데이터가 읽어지는 것이 보장된다. • 파일 잠금(rock)이 가능하다.
마운트 방법	DNS명과 IP 주소로 표시되는 마운트 타겟을 마운트한다[3].
성능 관련 특징	응답 속도는 EBS보다 길지만 S3보다는 짧다. 초당 읽기 쓰기 성능(throughput)은 EBS보다 크다.
암호화	통신 및 저장 시에 암호화를 사용할 수 있다.
비용	저장된 파일 용량에 대해서만 과금되며 읽기쓰기에 의한 과금은 발생하지 않는다.

6.3 EFS의 마운트와 이용 패턴

EFS를 설정하게 되면 애플리케이션과 마운트할 '마운트 대상'이 가상 네트워크의 VPC(Amazon Virtual Private Cloud) 내에 만들어집니다. 마운트 대상은 IP 주소와 도메인명을 가지고 있어 EFS를 마운트할 때 둘 중 하나를 사용합니다.

[그림 6-3]은 EC2의 클라이언트로부터 EFS를 마운트하는 개념도입니다. EFS에서는 파일 스토리지 영역을 파일시스템이라고 부르는 단위로 관리합니다. 파일시스템은 여러 개를 만들 수 있고, 하나의 파일시스템은 반드시 VPC 하나에 작성됩니다. 파일시스템은 최조에 생성된 VPC에서만 접속할 수 있습니다. 여러 VPC로부터 동시에 접속하는 것은 불가능하므로 주의하시기 바랍니다.

---

2 같은 AZ 내에서만 복제되는 EBS보다는 내구성이 높다.

3 일반적인 리눅스 fstab 설정으로 자동 마운트할 수있다.

그림 6-3 클러스터 소프트웨어를 사용한 NFS 서버의 다중화

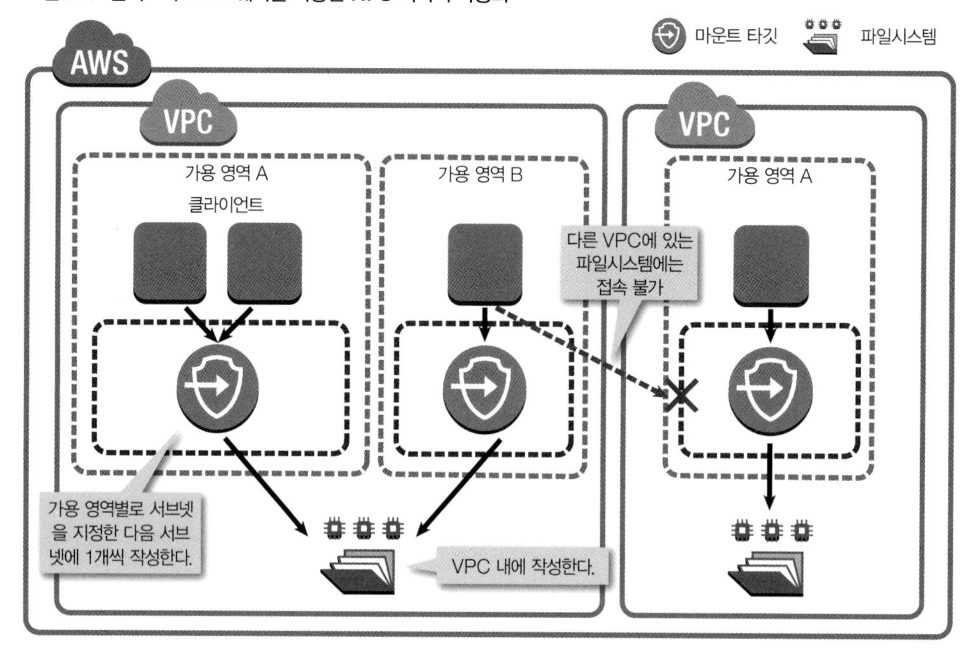

EFS를 사용하고자 할 때 가장 먼저 할 일은 파일시스템과 클라이언트가 설치되는 네트워크를 설계하는 겁니다. 파일시스템을 이용하는 가용 영역에 마운트 타겟이 위치할 서브넷을 설정하고 반드시 필요한 통신만 통과되도록 NACL을 설정합니다. 클라이언트가 위치할 가용 영역 전체에 마운트 타겟을 하나씩 작성합니다. 클라이언트는 마운트 타겟을 NFS 마운트하여 파일시스템에 접근할 수 있게 됩니다.

같은 가용 영역에 위치해 있으면서 마운트 타겟이 작성되어져 있다면 EC2에서 자유롭게 사용할 수 있습니다. 다른 가용 영역에 위치한 마운트 타겟에 접속하는 것도 가능은 하지만 반응속도가 커지게 됩니다. 마운트 타겟의 작성에는 비용이 발생하지 않으므로, 클라이언트와 같은 가용역역에 마운트 타겟을 작성하여 접속합니다. EFS는 웹 서버의 공유 콘텐츠, 작업 데이터 공유, 고가용성 클러스터의 공유 파일 저장소와 같은 공유 저장소로서 주로 사용됩니다.

EFS를 특정 서버만을 위한 전용 데이터 보관 장소로 사용할 수도 있습니다. 이 경우는 EBS가 비교 대상이 됩니다. EFS는 EBS와는 달리, 용량을 미리 정할 필요가 없고 내구성도 높은 것이 이점인 반면 반응속도와 비용이 커지게 됩니다. 반응속도나 비용보다도 관리에 들어가는 노력을 줄이고 싶을 때 적합합니다.

반응속도가 높기 때문에 고성능이 요구되는 데이터베이스 저장장소에는 적합하지 않습니다. 공유 스토리지이긴 하지만 Oracle RAC는 지원하지 않습니다. Oracle RAC는 특정 스토리지 벤더에 대해서만 동작을 보증하며, 클라우드에서 사용하면 서포트 범위가 제한적입니다. AWS에서도 구축하는 방법이 있기는 하지만 프로덕션에서 사용하기에는 위험부담이 크므로 사실상 사용할 수 없다고 봐야 합니다.

6.4 스토리지 게이트웨이로 계층형 스토리지 구축하기

계속해서 Ⓑ 온프레미스 환경에서의 시스템 사용 패턴을 설명해보겠습니다. 온프레미스 환경의 시스템이 이미 다수 존재하여 인트라넷에서 대량의 데이터를 이용하고 있는 기업도 많습니다. 이러한 기업은 파일 서버의 저장소가 거대해져서 비용에 대한 고민에 빠지기 쉽습니다.

이 경우 유용한 것이 계층형 스토리지입니다. 계층형 스토리지에서는 자주 사용하는 소수 파일을 빠른 디스크에, 사용 빈도가 낮은 다수 파일을 느린 디스크에 저장하여 사용자 스트레스를 최소화하면서 비용을 줄일 수 있습니다.

계층형 스토리지의 저속 디스크에 AWS를 이용하는 방법은 패턴 5에서도 거론했던 아마존 스토리지 게이트웨이(Amazon Storage Gateway)입니다. 스토리지 게이트웨이는 백업 용도와 파일 서버의 용도에 따라 다르게 구성됩니다. 파일 서버에서는 게이트웨이 캐시 볼륨 모드(gateway-cached mode)라는 구성을 사용합니다(그림 6-4).

스토리지 게이트웨이는 온프레미스 환경의 저장소와 AWS 환경의 스토리지 서비스를 연계시키는 기능을 제공하는 서비스입니다. VMware ESXi와 Hyper-V와 같은 하이퍼바이저에서 동작하는 가상 머신 형태로 제공됩니다. 도입하려면 온프레미스 환경에 하이퍼바이저를 인스톨한 서버와 가상 머신이 사용할 스토리지가 필요합니다. 이 스토리지를 사용하여 캐시 볼륨을 작성하고 연계 대상인 S3 버킷을 지정하면 파일 자동 계층화 관리가 시작됩니다.

스토리지 게이트웨이의 게이트 웨이 캐시 볼륨을 이용하면 S3 버킷에 모든 파일을 저장합니다. S3는 앞에서 언급한 바와 같이 응답 속도가 느리다는 단점이 있습니다. 그래서 이용 빈도가 높은 파일은 복사본을 온프레미스 환경에 캐시합니다. 어느 파일을 캐시할지는 스토리지 게이트웨이가 자동으로 판단해서 관리합니다. 별도로 캐시할 파일을 지정하거나 관리 정책을 작성할 필요는 없습니다.

그림 6-4 스토리지 게이트웨이의 게이트웨이 캐시 볼륨 모드

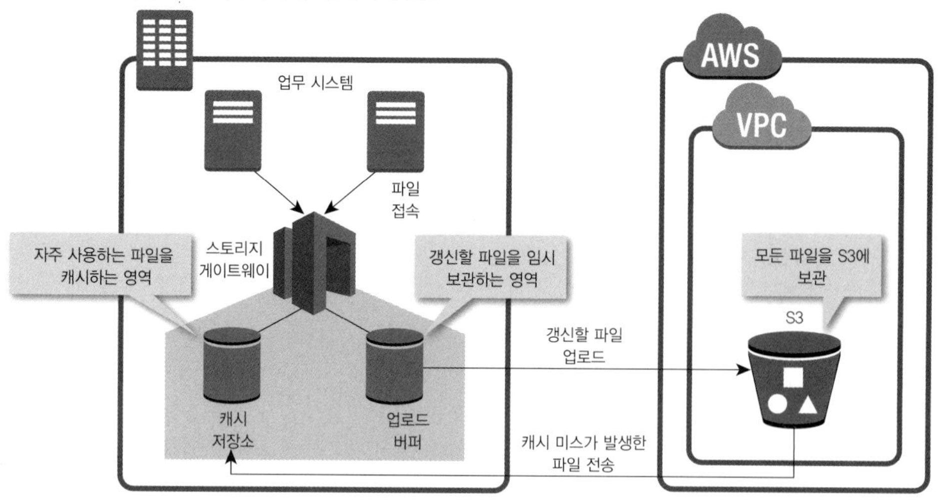

스토리지 게이트웨이의 게이트웨이 캐시 볼륨 모드의 아키텍처는 다음과 같습니다. 캐시 볼륨 모드는 캐시 스토리지와 업로드 버퍼라는 디스크 영역으로 구성되어 있습니다. 캐시 스토리지는 계층형 스토리지이며 고속 디스크로서 높은 빈도로 접근되는 파일을 캐시하는 영역입니다. 업로드 버퍼는 업데이트된 파일을 S3에 전송할 때까지 임시로 보관하는 공간입니다[4].

스토리지 게이트웨이에 접속하는 업무 시스템은 iSCSI 볼륨으로 캐시된 볼륨을 마운트합니다. S3에 데이터를 업로드하고 있는지, 파일을 캐시하고 있는지 등을 신경 쓰지 않고 사용할 수 있습니다. 업무 시스템에서 파일 참조에 대해 캐시된 파일은 캐시 스토리지에서 대응합니다. 캐시에 존재하지 않으면 S3가 캐시 스토리지에 파일을 전송하고 응답합니다. 파일 업데이트가 있다면 일단 업로드 버퍼에 기록한 다음 S3에 업로드합니다.

스토리지 게이트웨이 캐시 볼륨 모드는 확장이 용이하고 소유 비용이 저렴하다는 장점이 있습니다. S3는 용량 제한이 없기 때문에 파일 용량이 늘어도 AWS에서 얼마든지 받아들일 수 있어 확장이 용이한 겁니다.

4 캐시 스토리지와 업로드 버퍼 각각에 대하여 용량을 지정할 필요가 있다. 캐시 스토리지는 높은 빈도로 사용되는 파일 크기에 맞추어 디스크 공간을 할당한다. 업로드 버퍼 크기는 파일 업데이트 볼륨 및 클라우드 환경 네트워크 대역폭에 따라 결정되는데, S3로 전송 대기 중인 파일들이 가득 차지 않도록 충분한 공간을 확보해야 한다.

소유 비용을 줄이는 방안은 다음과 같은 세 가지입니다. 첫 번째는 온프레미스 환경 스토리지 크기를 작게 할 것, 두 번째는 마스터 데이터를 비용이 낮은 S3에 둘 것. 세 번째는 S3로부터의 데이터 통신량을 억제하는 겁니다.

S3의 요금체계는 독특하므로 조금 자세히 살펴보겠습니다. S3는 외부로부터의 데이터 수신에 요금을 부과하지 않지만 외부로 데이터를 송신할 때는 요금을 청구합니다. 따라서 온프레미스 환경에서 S3를 파일 서버로 이용하면 생각지도 못한 요금폭탄을 맞게 될 수도 있습니다. 게이트웨이 캐시 볼륨 모드에서 S3를 사용하면 요청 데이터에 대해 캐시 히트 미스가 발생하여 S3에서 데이터를 가져오는 경우에만 데이터 전송 요금이 발생하므로 비용을 줄일 수 있습니다.

주의할 점은 응답 속도입니다. 고빈도 접근 파일은 사내 환경에 캐시되어 있어 응답 속도가 보장됩니다. 하지만 사용 빈도가 낮은 파일은 S3에서 전송된 이후에 접근이 가능합니다. 이 경우, 응답 속도는 S3에 REST API로 접근하는 수준으로 떨어지게 됩니다. 자주 접근하지 않는 파일의 응답 저하를 허용할 수 있는지 여부는 애플리케이션을 어떻게 만들었는가에 달려 있습니다.

6.5 전용선으로 안정성과 보안을 확보하기

스토리지 게이트웨이를 이용하려면 온프레미스 환경과 AWS 환경을 연결하는 통신회선이 필요합니다. 암호화를 하더라도 인터넷으로 중요한 정보를 전송하는 것 자체를 금지하는 보안규정을 지닌 기업도 많습니다. 인터넷은 품질이 불안정하다는 걱정도 있습니다. 이러한 경우에는 온프레미스 환경과 AWS 환경을 전용선으로 연결하는 AWS 다이렉트 커넥트 서비스를 이용하면 문제를 해결할 수 있습니다.

요금은 대역폭에 따라서 결정됩니다. 높은 빈도로 사용되는 파일이라면 사내 환경에 캐시하여 S3로부터의 파일 전송량이 줄일 수 있습니다. 캐시 스토리지 용량을 조절하여 필요한 통신 대역을 조절하면 됩니다.

다이렉트 커넥트는 AWS가 직접 전용선을 제공하는 서비스가 아닙니다. AWS 데이터 센터와 외부 네트워크의 분계점에서 전용선 연결 인터페이스인 상호 연결 포인트를 제공하는 서비스입니다. 상호 연결 포인트는 리전별로 존재하며 온프레미스 환경에서 상호 연결 포인트까지의 회선은 APN(AWS Partner Network)이라는 통신사업자와 시스템 통합 업체가 제공합니다.

6.6 워크독스에서 파일 공유하기

마지막으로 Ⓒ 사용자가 문서 공유에 사용하는 패턴을 생각해보겠습니다. 파일 공유 시스템을 구축하면 영업사원이 모바일 단말기로 카탈로그를 보거나 보고서를 업로드할 수 있습니다. 이때 사용자 간 파일 공유에는 역할에 따라 권한을 제한하는 관리 기능이 필요합니다. 예를 들어 일반 사용자에게는 공유 파일의 열람과 자신이 만든 파일 업로드, 참조, 업데이트를 허용하고 그외 조작을 금지하고, 관리자에게는 모든 접근을 허용할 수 있습니다.

온프레미스 환경에서는 액티브 디렉터리(Active Directory)를 사용하여 권한을 관리하는 기업이 많이 있습니다. 이와 비슷한 구성을 AWS 환경에서 제공하는 서비스로 아마존 워크독스(Amazon WorkDocs)가 있습니다. 예전에는 아마존 소칼로(Amazon Zocalo)라는 서비스에 업무용 파일 공유 서비스에 필요한 서버 측 애플리케이션과 관리자를 위한 관리 기능(권한 관리, 접근 로그 확인, 다중화 등)이 포함되어 있었습니다. 풀 매니지드 서비스에서는 이용 기업 측에서 인프라를 설계할 필요가 없습니다. 사용자는 PC에서 브라우저를 통해 웹사이트에 접속하여 파일을 작성합니다. 아이패드, 안드로이드, 킨들 파이어 전용 클라이언트 애플리케이션을 제공합니다.

아마존 워크독스 서비스를 이용하려면 관리 콘솔에서 서비스를 개시하여 관리 화면에서 원하는 관리 작업을 하면 됩니다. 관리자는 사용자에게 파일이나 폴더 단위로 참조 및 업데이트 권한을 부여합니다. 예를 들어 공유 폴더를 영업 멤버 전원이 볼 수 있게 하려면 공유 파일 관리 사용자가 공유 폴더에 대한 참조 권한을 모두 부여합니다. 이용 방법에 따라 관리 기능을 갖춘 파일 서버와 같이 사용할 수도 있습니다(그림 6-5).

그림 6-5 워크독스 개요

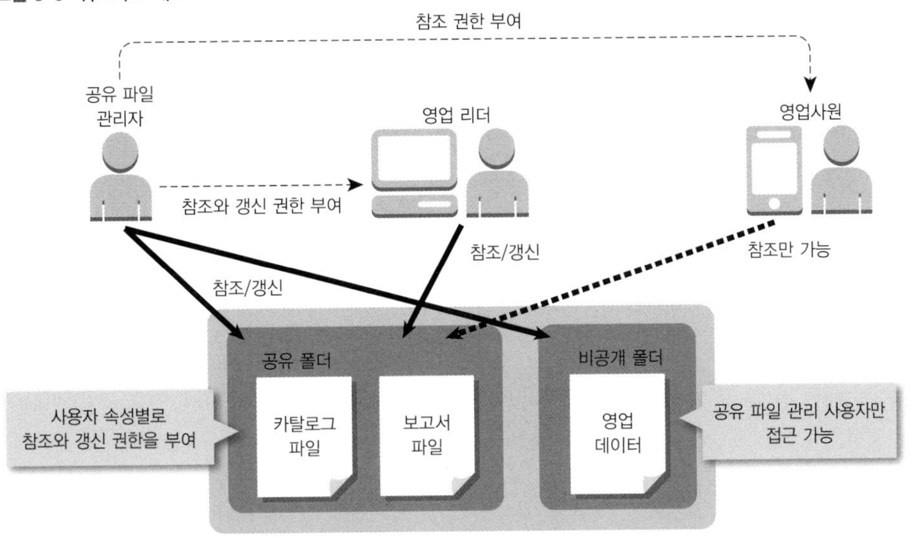

워크독스로의 로그인은 AWS 인증 서비스인 심플 AD를 이용합니다(그림 6-6). 심플 AD는 관리형 디렉터리 서비스입니다. 액티브 디렉터리와 호환 액티브 디렉터리 관리 도구를 사용할 수 있습니다.

그림 6-6 워크독스의 구성도

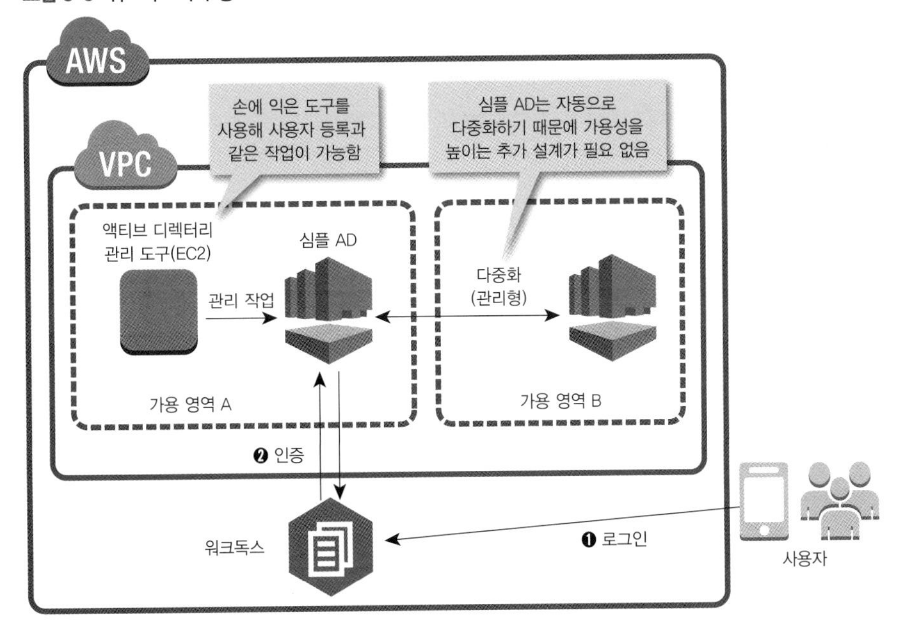

관리 작업은 온프레미스와 같습니다. 도메인에 가입시킨 작업용 EC2 인스턴스에 익숙한 액티브 디렉터리 관리 도구를 설치하고 사용자 등록 등의 작업을 수행합니다.

심플 AD는 두 가용성 영역을 사용하여 이중화되도록 설정합니다. 패턴 2에서 설명하는 관리형 RDBMS 서비스인 아마존 RDS의 멀티-AZ와 동일한 구성입니다. RDS 멀티-AZ와 마찬가지로 서로 다른 서브넷 두 개가 필요합니다. 그 외에는 설정에서 신경 써야 할 부분은 별로 없습니다. 관리 콘솔에서 워크독스와 심플 AD는 세트로 구성되어 있어 별도의 설정을 하지 않아도 연동됩니다.

클라우드는 비싸다? 싸다?

AWS를 사용하는 기업의 담당자에게 이야기를 들어보면 인프라 비용이 절감되었다고 말하는 사람도 있고 오히려 높아졌다고 말하는 사람도 있습니다. 같은 AWS를 사용하는데 의견이 갈립니다. 왜 일까요? 필자는 사용 방식의 차이에서 온다고 생각합니다.

용도 따라 비용에 대한 체감이 달라집니다. 클라우드는 사용한 자원만큼 비용을 지불하는 것이 특징입니다. 얼마나 성장할지 모르는 시스템, 시기에 따라 필요한 자원의 변동이 큰 시스템, 기간 한정으로 이용하는 시스템의 사용자는 클라우드를 싸다고 평가합니다. 온프레미스에서는 최대 리소스 요구치에 맞추어 인프라에 대한 투자를 해야만 했지만 클라우드에서는 필요가 없는 자원을 중지할 수 있어 그만큼 비용을 절약할 수 있습니다.

반대로 장기간 자원의 변동 없이 계속해서 사용할 필요가 있는 경우는 인프라에 드는 비용이 높아졌다고 평가하는 사람이 많습니다. 클라우드 자원을 중지한 시간이 별로 없기 때문입니다. 이 경우 인프라 비용만을 놓고 보자면 온프레미스보다 AWS가 더 비쌉니다.

하지만 자원의 변동 없이 장기간 사용하는 시스템에 AWS를 이용하면서도 싸졌다고 평가하는 사람도 있습니다. 인프라를 관리하는 인적 비용을 절약할 수 있기 때문입니다. AWS 관리형 서비스를 사용하면 인프라 관리의 작업량, 즉 인적 비용을 줄일 수 있습니다. 관리형 서비스를 얼마나 적극적으로 활용하느냐에 따라 TCO(총 소유 비용)가 크게 바뀌게 됩니다.

결국 AWS 활용으로 비용을 싸게 할 수 있는지 여부는 시스템을 클라우드에 적합한 형태로 구성할 수 있는지 여부에 따라 달라집니다. 또한 비즈니스 속도 향상에 얼마나 긍정적인 영향을 주는지 평가하는 것도 중요합니다. 온프레미스와 같은 구성을 AWS에 구축하는 데 얼마나 비용이 드는가와 같은 단순 비교는 점차 의미를 잃어가고 있습니다.

PART 3

데이터 분석 시스템

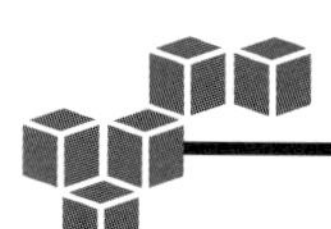

데이터 분석 빠르게 시작하기 도구를 활용하여 쉽게 연계하기

신규 사업에 사용하는 시스템이라면 신속하게 시작할 수 있고, 변화에 유연하게 대처할 수 있고, 작게 시작할 수 있어야 합니다. 데이터 분석 시스템이 그 대표적인 예입니다. 이번 패턴에서는 AWS 특유의 DB 서비스와 기능을 활용하여 시스템을 구축하는 방법을 소개합니다.

퍼블릭 클라우드 사용자로 스타트업이나 기존 기업의 신규 사업 부문이 많이 눈에 띕니다. 새로운 시스템을 구축하는 신생 기업과 기존 시스템에 대한 속박이 적은 신규 사업 부문은 빠르게 이용할 수 있으면서도 작게 시작된다는 특징이 일치합니다. 이러한 도입 사례는 클라우드만의 DB 서비스 및 기능을 활용하여 종래에는 실현이 어려웠던 시스템을 구축합니다.

이번 패턴에서는 AWS를 활용하여 데이터 분석 시스템을 신속하면서도 작게 시작한다는 주제로 자사의 설계 패턴을 설명합니다. AWS는 데이터 분석을 위한 DB 서비스를 제공하고 있으며 빠르게 시스템을 구축하기 위한 다양한 도구가 파트너로부터 제공됩니다. 앞으로 AWS에서 데이터 분석을 시작하려는 엔지니어는 이러한 DB 서비스 및 도구를 잘 결합하는 방법을 잘 알아두면 효율적으로 시스템을 설계할 수 있을 겁니다.

이번 패턴에서는 구조화된 데이터를 분석하는 시스템의 설계 패턴을 설명합니다. 구조화된 데이터는 관계형 DB에 저장된 데이터를 말합니다. 패턴 8에서는 로그 데이터 등 구조화되지 않은 데이터를 대상으로 하는 데이터 분석 시스템의 설계를 설명합니다.

7.1 브랜드 출시를 위한 데이터 분석

청소년층을 대상으로 여러 브랜드를 론칭한 중견 의류 기업 A 사는 백화점, 쇼핑센터, 인터넷에서 제품을 판매합니다. 지금까지는 마케팅 부서의 직감과 경험으로 타겟층이 다른 새로운 브랜드를 기획하고 성장했습니다. 그러나 최근 들어 기존 브랜드의 매출은 떨어지고 새로운 브랜드도 생각처럼 성장이 순조롭지 않습니다. 기존 고객이 나이가 증가함에 따라 브랜드에서 이탈하는 한편, 젊은 층 인구가 줄어 큰 폭의 성장은 기대하기 어렵다고 생각했습니다.

그래서 연령대가 높아진 기존 고객을 대상으로 새로운 브랜드를 기획하기로 했습니다. 우선 기존 브랜드보다 높은 연령층을 대상으로 하는 신상품을 몇몇 점포와 인터넷에서 시범적으로 판매해보고 이에 대한 데이터를 취득했습니다. 데이터를 분석하여 얻은 기존 고객 그룹과 판매 실적의 상관 관계를 기반으로 대상 고객에 맞는 브랜드 상품을 기획했습니다.

또한, 인구와 기상 데이터와의 관계도 분석해보기로 했습니다. 가설 검증뿐만 아니라 데이터를 분석해 지금까지 눈치채지 못했던 사실을 발견하는 것이 최근 데이터 분석의 추세입니다.

데이터 분석 시스템에 대한 요구는 다음과 같습니다. 의류 업계는 트렌드 변화가 심하기 때문에 1개월 정도 단기간에 방향성을 파악할 필요가 있습니다. 즉, 빠르게 분석을 시작할 필요가 있습니다. 만약 기대했던 성과를 분석해 얻을 수 없다면 즉시 다른 방법을 시도할 수 있도록 변경에 유연한 시스템을 구성해야 합니다. 따라서 초기 비용을 많이 들이지 않는 것이 바람직합니다.

A 사는 데이터 분석과 기획 사업 부문 마케팅 담당자 3명이 이 작업을 담당합니다. 마케터는 초보적인 데이터 분석 지식과 업무 시스템이나 업무용 소프트웨어를 사용하는 능력을 보유하고 있습니다. 데이터 분석용 고급 도구를 잘 다루지는 못합니다. 도구 사용법을 익히는 데 많은 시간을 할애할 상황이 아니라서 단기간에 사용법을 익힐 수 있는 도구가 필요합니다. 정보 시스템 담당자는 이러한 요구 사항을 충족하는 데이터 분석 시스템을 설계하기로 했습니다.

7.2 레드시프트 중심의 데이터 분석 시스템 설계하기

이러한 요구 사항을 정리한 데이터 분석 시스템의 개요 및 인프라 핵심 설계 사항은 [그림 7-1] 입니다.

그림 7-1 데이터 분석 시스템 개요와 핵심 설계 사항

데이터 분석 시스템 개요

· 마케팅 담당자가 데스크톱 환경에서 BI 도구로 분석한다.
· 고객 데이터와 매출 데이터는 업무 시스템에서, 인구나 기상과 같은 오픈 데이터는 외부에서 취득한다.
· 분석 대상 데이터를 분석용 DB에 집약한다.

인프라 핵심 설계 사항

❶ **고속 데이터 분석이 가능한 DB**
아마존 레드시프트에 분석 데이터를 저장한다.

❷ **단기간에 데이터 연계 구현**
AWS 파트너의 솔루션을 이용하여 시스템 간 연계를 구현한다.

❸ **오픈 데이터를 효과적으로 취득**
AWS 퍼블릭 데이터셋을 이용한다.

❹ **스킬 연습 기간 단축**
프로그래밍 없이 사용할 수 있는 BI 도구로 태블로를 도입한다.

A 사의 기존 업무 시스템은 가상 서버인 아마존 EC2와 RDS DB 서비스인 아마존 RDS (Amazon Relational Database Service)로 구축되어 있습니다. 고객 마스터 DB가 RDS에 구축되어 있습니다. RDS의 DB 엔진은 모두 MySQL(RDS for MySQL)을 사용합니다.

이번에는 분석 대상 데이터를 저장하는 DB로서 대용량 데이터 검색과 분석에 최적화된 DB 서비스인 아마존 레드시프트(Redshift)를 이용합니다(그림 7-2). 레드시프트는 고객 특성 데이터, 매출 기록 데이터, 제품 데이터 등을 저장합니다. 이러한 데이터를 활용해 고객 그룹별로 매출을 집계하는 작업을 실시합니다. 자세한 것은 뒤에 설명하겠지만 이러한 작업을 '열 방향 데이터 참조'라고 합니다. 레드시프트는 대용량 데이터를 열 방향으로 분석 및 집계하는 작업을 효율적으로 수행하도록 만들어진 DB입니다.

그림 7-2 구조화 데이터를 다루는 데이터 분석 시스템의 구성도

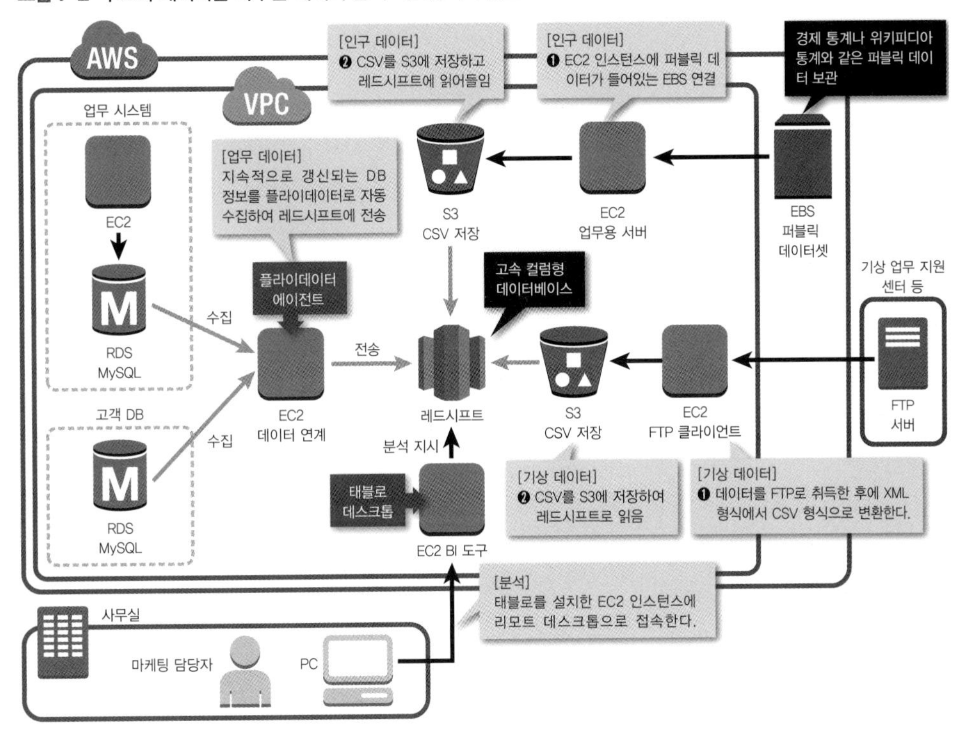

아마존 레드시프트 : 대량의 데이터를 검색하고 분석하는 데 최적화된 DW(데이터 웨어하우징) 서비스

업무 시스템의 매출 데이터, 고객 DB의 고객 데이터와 같은 일부 데이터만 분석 대상입니다. 기존 시스템에서 테이블을 선택하고 끄집어내어 데이터 연계 구조를 새로 만들면 구축과 운용에 시간이 걸립니다. 빠르게 시스템을 구축하고자 AWS 파트너인 미국 플라이데이터 사의 데이터 통합 도구 플라이데이터 싱크(Flydata Sync)[1]를 사용하기로 했습니다. 플라이데이터 싱크는 MySQL과 레드시프트 간의 데이터 연계를 쉽게 수행할 수 있는 도구입니다.

앞에서 말한 바와 같이 인구 데이터와 기상 데이터 등 외부 데이터도 분석 대상이 됩니다. 인구 데이터에서 각 지역의 인구와 회원수, 매출의 상관 관계 등을 살펴보고 제품의 매출과 지역 사이에 관련이 있는지 확인합니다. 기상 데이터를 이용하면 브랜드 출시 후의 매출과 기상과의

---

1 역자주_ 플라이데이터 싱크 대신 관리형 서비스인 AWS 데이터베이스 마이그레이션 서비스(Database Migration Service, DMS)를 이용하는 것도 가능합니다. AWS DMS는 이 책의 시나리오에서 제시된 MySQL에서 레드시프트로의 마이그레이션뿐만 아니라 S3, 다이나모디비, 엘라스틱서치 서비스, 키네시스, 도큐먼트DB와 같은 다양한 데이터 저장소로의 일괄 혹은 동기식 데이터 마이그레이션을 지원합니다. 자세한 내용은 aws.amazon.com/dms를 참고하시기 바랍니다.

상관 관계를 분석할 수 있습니다. 따라서 계절별 일기예보 데이터를 사용하면 생산과 판매 목표를 세우는 데 도움이 됩니다. 데이터를 외부로부터 취득하여 포맷을 변환하는 데는 시간이 듭니다. 그런 불편함을 줄이고자 AWS는 인구 데이터를 오픈 데이터로 제공하는 퍼블릭 데이터셋이라는 DB 서비스를 사용합니다. 퍼블릭 데이터셋에서 인구 조사 결과의 일부를 EBS 스냅샷 형태로 제공합니다. EBS 스냅샷은 작업용 EC2에 연결하여 아마존 S3(Amazon Simple Storage Service)에 일단 복사한 후 레드시프트에 저장합니다.

기상 데이터를 유료로 제공하는 DB 서비스가 여럿 있습니다. 이번에는 일반 재단 법인 기상 업무 지원 센터[2]를 사용하여 데이터를 FTP로 다운로드하고 이를 EC2 인스턴스로부터 레드시프트에 저장하겠습니다.

분석 도구로서는 태블로 소프트웨어(Tableau Software)의 태블로 데스크톱(Tableau Desktop)을 사용합니다. 레드시프트에 바로 연결 가능하기 때문에 연결을 위한 커넥터의 개발 없이 분석을 시작할 수 있습니다. 소규모인 경우 이용료가 저렴하고 별도의 프로그래밍 지식 없이도 사용할 수 있습니다.

7.3 DWH와 BI의 기반이 되는 레드시프트

데이터 분석 시스템의 핵심인 레드시프트의 특징을 간단히 알아보겠습니다. 레드시프트는 대용량 데이터 분석이 필요한 경우 자주 사용됩니다. 데이터 분석은 대부분 열 방향 데이터 조작을 의미합니다. 열 방향 데이터 조작의 전형적인 예는 대용량 데이터에서 조건에 맞는 항목을 골라 금액 합계와 평균을 계산하는 겁니다. A 사는 그룹화한 고객 특성별로 매출을 집계하고 싶어 합니다.

레드시프트는 이러한 열 방향 분석 및 집계를 빠르게 처리할 수 있는 DB입니다(표 7-1). 게다가 여러 서버에서 분산 처리하는 구조이기 때문에 분석할 데이터양이 늘어도 확장이 자유롭습니다. 반면, MySQL과 같은 일반적인 RDBMS에서는 열 방향 분석이나 집계를 고속으로 처리할 수 없습니다. 반드시 하나의 행 전체를 읽는 방식으로 동작하기 때문입니다. 따라서 레드시프트는 DWH(Data WareHouse) 및 BI(Business Intelligence)의 기본 DB로 적합합니다.

2 역자주_ 국내에서는 공공 데이터 포털(data.go.kr)이나 국가 통계 포털(kosis.kr)에서 필요한 데이터를 검색할 수 있습니다.

표 7-1 레드시프트의 컬럼형 참조를 통한 고속 처리

주문 ID	수주일	판매점	...	고객 ID	상품명	단가	수량
5001	2015/10/01	A 점포		20014621	셔츠 x	8000	1
5002	2015/10/01	B 스토어			셔츠 x	8000	1
5003	2015/10/02	A 점포			팬츠 y	12000	1
5003	2015/10/02	A 점포			셔츠 z	6000	1

행 방향 데이터 참조 '전표 인쇄하기' 등
→ MySQL이 잘 처리함

열 방향 데이터 참조 '고객별 매출 조회' 등
→ 레드시프트가 잘 처리함

레드시프트는 RDS와 마찬가지로 관리형 DB 서비스로 제공되기 때문에 사용자는 서버 구성 및 데이터 중복성과 같은 것들에 대해서 고민할 필요가 없습니다. RDBMS와 마찬가지로 스키마를 정의하고 데이터를 저장하여 애플리케이션에서 사용할 뿐입니다. 대용량 데이터를 다룰 때에는 설계 및 운영에 특별한 노하우가 필요하지만, 이번 경우에는 데이터양이 작기 때문에 활용 방법을 중심으로 알아보겠습니다.

레드시프트는 AWS 관리 콘솔에서 만듭니다. DB 이름, 클러스터 크기 정도만 지정해서 간단히 만들었습니다. A 사는 담당자 3명이 가끔 사용하는 정도이므로 최소 크기로도 문제가 되지 않습니다. 더 활발히 이용하는 경우 크기를 늘립니다. 크기는 클러스터를 구성하는 노드 수와 노드당 자원 크기를 지정하여 조정할 수 있습니다. 작게 시작하여 필요에 따라 더 큰 크기로 변경할 수 있습니다.

레드시프트를 만든 후에 관리 작업을 위한 클라이언트 환경을 만듭니다. EC2 인스턴스를 만들고 PostgreSQL 클라이언트를 설치합니다. 레드시프트는 PostgreSQL을 기반으로 만들어져 PostgreSQL의 JDBC, ODBC 드라이버로도 접속이 가능합니다. 접속된 다음에는 PostgreSQL과 마찬가지로 SQL을 사용하여 데이터를 처리합니다.

또한 PostgreSQL 클라이언트로 CLI 형식의 psql과 GUI 형식의 SQL Workbench, J, pgAdmin 등을 그대로 사용할 수 있습니다. 손에 익은 도구를 선택해 사용하기 바랍니다. 이번에는 인구 데이터 가져오기 작업에 EC2 인스턴스와 공유 방식을 사용합니다.

레드시프트에서 사용자 작성 테이블 생성, 데이터 작성, 변경 등의 작업도 PostgreSQL과 같은 방법으로 수행할 수 있습니다. 레드시프트에서 관리 역시 AWS 매니지먼트 콘솔(AWS

Management Console) 기능과 PostgreSQL 클라이언트 도구를 이용할 수 있습니다. 데이터에 대해서는 이 외에도 몇 가지 방법이 있습니다.

7.4 플라이데이터를 사용한 기존 시스템과 간단한 데이터 연계

A 사의 데이터 분석에는 ❶ 고객 데이터 ❷ 매출 데이터 ❸ 인구 데이터 ❹ 기상 데이터가 필요합니다. 각각의 데이터를 레드시프트에 넣는 방법을 순서대로 살펴보겠습니다.

먼저 기존 시스템에서 검색할 필요가 있는 고객 데이터와 판매 데이터에 대해 알아보겠습니다. 앞에서 말한 바와 같이 플라이데이터 싱크를 이용하여 레드시프트와 기존 시스템의 데이터를 연계시킵니다.

고객 데이터는 고객에 대한 다양한 정보가 들어 있는 데이터 묶음입니다. 분석에 사용하는 속성은 고객 ID, 주소, 나이, 성별만 필요할 뿐입니다. 불필요한 데이터까지 레드시프트에 저장하면 불필요한 비용이 발생하기 때문에 필요한 테이블만 선택하여 레드시프트에 넣겠습니다.

또한 레드시프트에 데이터를 넣었다고 끝나는 게 아닙니다. 고객 데이터는 가입, 이사, 탈퇴 등으로 변경될 수 있기 때문에 업데이트된 정보를 반영할 수 있어야 합니다. 그런데 고객 데이터가 저장되는 MySQL과 분석 데이터를 저장하는 레드시프트 간에 직접 데이터를 동기화하는 기능이 없습니다. 동기화 프로그램을 추가로 만들면 시스템을 구축하는 데 시간이 들고 맙니다.

플라이데이터 싱크는 이러한 과제를 한꺼번에 해결합니다(그림 7-3). MySQL로부터 레드시프트에 데이터 동기화를 처리하는 도구로, 필요한 테이블만을 선택하여 레드시프트에 전송할 수 있습니다.

원본인 MySQL 데이터의 추가, 변경, 삭제, 테이블의 스키마 변경 등을 자동적으로 아마존 레드시프트에 반영합니다. 동기화 프로그램을 개발할 필요가 없기 때문에 시스템 구축 기간을 단축할 수 있습니다.

플라이데이터 싱크를 사용하여 데이터를 통합하려면 먼저 연계 대상인 RDS for MySQL의 바이너리 로그를 사용합니다. 다음 EC2 인스턴스에 플라이데이터 에이전트(FlyData Agent)를 설치하여 오리지널 MySQL 테이블과 복제할 레드시프트의 대상 테이블 이름을 설정합니다.

바이너리 로그를 사용하는 이유는 바이너리 로그로부터 업데이트 정보를 수집, 변환하고 레드시프트에 전송하기 때문입니다.

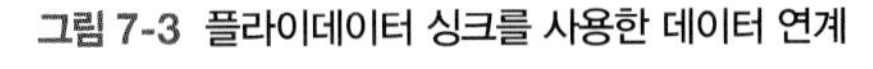

그림 7-3 플라이데이터 싱크를 사용한 데이터 연계

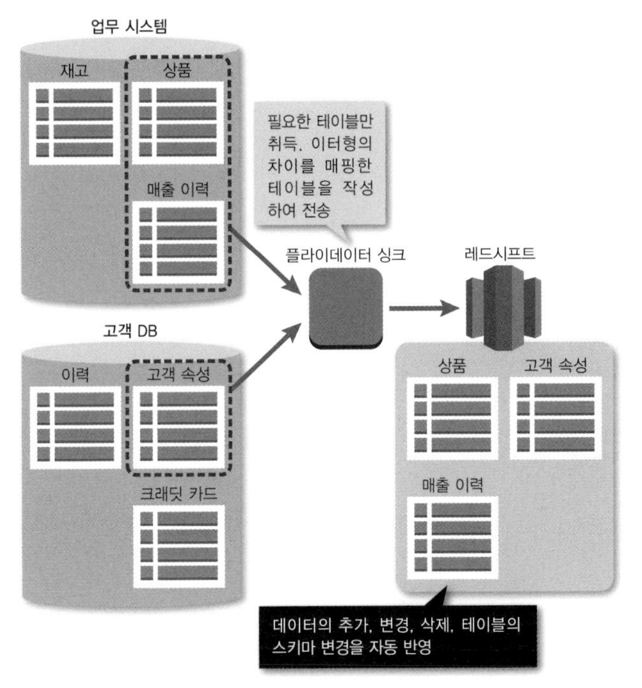

동기화를 시작하면, 플라이데이터는 MySQL과 레드시프트 간의 데이터 형식 차이에 대한 매핑 테이블을 생성하고 데이터를 전송합니다. 데이터 전송은 플라이데이터에 지정된 시간 간격으로 실행됩니다.

매출 데이터의 데이터 연계도 마찬가지로 매출 내역과 상품 테이블만 연계되도록 합니다. 또한 고객 데이터도 다루므로 AWS 데이터 센터 내에 마련하는 가상 폐쇄 네트워크인 VPC에서 데이터를 연계하는 방식을 사용합니다. 보안에 민감한 데이터를 포함하지 않는다면 클라우드 기반 데이터 통합 DB 서비스인 플라이데이터 다이렉트(FlyData Direct)를 선택할 수도 있습니다. 플라이데이터 클라우드에 MySQL과 레드시프트 포트를 열고 연결 설정과 데이터를 연계하는 테이블을 지정하면 플라이데이터 다이렉트가 데이터를 취득하여 레드시프트와 연계합니다. 플라이데이터 에이전트를 설치하는 수고를 하지 않아도 되므로 더욱 신속하게 데이터를 연계할 수 있습니다.

7.5 외부 데이터를 가져오는 두 가지 방법

다음은 외부 데이터인 인구 데이터와 기상 데이터에 대해 알아봅시다. 외부 데이터에는 크게 두 종류입니다. 하나는 AWS가 제공하는 퍼블릭 데이터셋이고, 다른 하나는 퍼블릭 데이터셋에 없는 외부 데이터입니다.

일본 인구 데이터는 AWS에서 제공하는 퍼블릭 데이터셋에서 찾을 수 있습니다. AWS 퍼블릭 데이터셋 프로그램(aws.amazon.com/opendata/public-datasets)은 공공의 이익을 위해 데이터를 공개하는 경우 AWS가 비용을 지불하는 프로그램입니다.[3] 경제 통계, 게놈, 웹 액세스 통계 등 분석 용도로 사용되는 데이터를 EBS 스냅샷이나 S3 버킷, MySQL에 저장된 데이터와 같은 형태로 공개합니다(표 7-2). 외부 데이터를 이용하는 방법은 매우 간단합니다. 사용자 자신이 오픈 데이터의 등록자가 되고자 신청할 수 있습니다. 다만 등록 여부는 AWS가 판단합니다.

스냅샷 ID를 지정하여 EBS 볼륨을 만들면 인구 조사 결과로 공개되는 행정구역별 통계 데이터가 들어간 EBS 볼륨이 만들어집니다. 이 EBS 볼륨을 작업용 EC2 인스턴스에 연결시키면 엑셀 형식과 CSV 형식으로 작성된 인구 데이터에 접근할 수 있습니다.

표 7-2 주요 AWS 퍼블릭 데이터셋

데이터 명	제공형식	내용
Google Books Ngrams	S3 버킷	Google Books에 기반한, 하둡에서 사용 가능한 형식의 Ngram 데이터
1000 Genomes Project	S3 버킷	2600명 이상의 인간 게놈 정보
U.S. Census ACS PUMS	S3 버킷	미국 인구조사국이 제공하는 익명화된 인구 데이터
Common Crawl Corpus	S3 버킷	50억 개의 웹페이지에서 수집한 말뭉치

인구 조사는 업데이트 주기가 몇 년에 1회로 길기 때문에 지속적으로 동기화할 필요가 없어 수작업으로 레드시프트에 데이터를 불러옵니다. 레드시프트는 S3에 저장된 CSV 파일을 불러오는 기능을 제공하므로 이 기능을 이용합시다.

우선 레드시프트에서 전송 대상 테이블을 정의합니다. 다음에는 인구 데이터를 수정하여 테이

3 역자주_ 대한민국의 인구 데이터는 국가통계포털(kosis.kr)에서 구할 수 있습니다.

블 정의의 열 순서대로 데이터가 정렬되도록 합니다. PostgreSQL 클라이언트를 설치한 작업 서버에서 레드시프트에 연결하여 CSV 파일 위치와 테이블 이름을 지정하여 COPY 명령을 실행합니다. 이것으로 데이터 가져오기 작업이 완료됩니다.

한편, 기상 데이터는 퍼블릭 데이터셋에 없습니다. 상업 용도로 사용할 수 있는 대표적인 기상 데이터 제공 업체는 일본 일반 재단법인 기상 업무 지원 센터입니다. 신청한 후, 데이터를 다운로드합니다. 데이터를 다운로드한 후에 레드시프트에 저장하기까지의 흐름은 다음과 같습니다.

먼저 FTP 서버로부터 데이터를 다운로드합니다. 다운로드용 EC2 인스턴스를 생성하고 FTP 클라이언트 소프트웨어를 설치합니다. 다운로드한 파일을 레드시프트에 저장할 수 있는 형식으로 변환합니다. 기상 업무 지원 센터가 배포한 데이터는 XML 형식입니다. 이를 CSV 형식으로 변환합니다. XML 형식 데이터를 CSV 형식으로 변환하는 기능을 엑셀에서 제공하므로 매크로 등을 이용하여 형식 변환을 실시합니다. CSV 형식의 데이터를 S3에 저장하고 COPY 명령으로 레드시프트에 저장합니다[4].

A 사의 분석 업무에서는 실시간성이 요구되지 않기 때문에, 기상 데이터는 1일 1회 정도 얻어오면 됩니다. 1일 4회 업데이트되는 데이터도 있으므로 새로운 기상 데이터가 더 자주 필요하다면 취득 간격을 짧게 설정하기 바랍니다.

7.6 태블로로 데이터 분석하기

여기까지의 작업이 완료되면 A 사가 분석해야 하는 데이터는 모두 레드시프트에 저장된 겁니다. A 사의 목표는 분석을 통해 새로운 브랜드를 기획하는 데 도움이 될 만한 정보를 찾는 겁니다. 그러려면 시행 착오를 거치며 다양한 분석을 해야 합니다. 새로운 관점으로 분석할 때마다 정보 시스템 담당자에게 프로그램이나 SQL을 만들어달라고 요청하는 방식은 업무 흐름에 너무 많은 시간이 소요됩니다. 그러나 분석 주체가 되는 마케팅 담당자는 프로그램을 개발하거나 SQL을 만드는 기술이 없으며 이러한 기술을 배울 시간도 없습니다.

그래서 레드시프트에 대응하면서도 프로그래밍 없이 사용할 수 있는 분석 소프트웨어인 태블

4 **역자주_** 국내 기상자료의 경우 기상청에서 제공하는 공공 데이터(web.kma.go.kr/info_open/public_data/request.jsp)를 통해 액셀 포멧으로 된 자료를 다운로드받을 수 있습니다. 액셀 포멧은 CSV 형식으로 내보내기가 쉽습니다.

로 데스크톱을 사용했습니다(사진 8-4). UI 화면에서 고객 데이터를 선택하여 클러스터 분석을 하거나, 매출 및 기타 데이터의 상관 관계 분석할 수 있습니다. 드래그앤드롭 등 직관적인 조작이 많기 때문에 사용법을 익히는 데 시간이 많이 걸리지 않습니다. 가격은 프로페셔널 에디션 경우 사용자당 월 70달러로 저렴합니다.

태블로 데스크톱은 윈도우 바탕화면에서 작동하므로 윈도우 EC2 인스턴스에 소프트웨어를 설치하고 사무실에서 원격 데스크톱을 연결하여 사용하는 것이 좋습니다.

사무실의 단말기가 아닌 EC2에 설치하는 이유는 응답 속도를 빠르게 하기 위해서입니다. 태블로 데스크톱은 데이터를 가져오기 위해 레드시프트에 자주 액세스합니다. 사무실의 단말기에 태블로 데스크톱을 설치하면 레드시프트로부터 인터넷을 거쳐 데이터를 가져오게 되므로 성능이 저하됩니다.

그림 7-4 태블로 데스크톱 화면 예

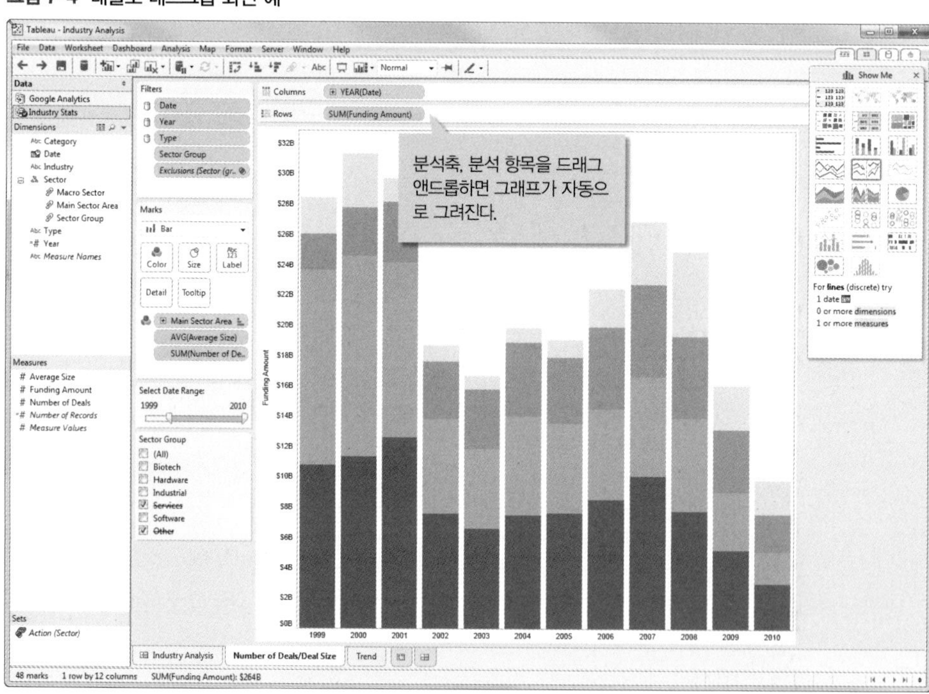

7.7 기존 시스템이 온프레미스에 있는 경우

지금까지는 A 사의 기존 시스템이 AWS에 있다고 가정했습니다. 하지만 기존 시스템이 온프레미스 환경에 있는 경우는 어떻게 될까요? 기본적인 시스템 구성은 크게 다르지 않습니다. 플라이데이터 싱크로 데이터를 동기화할 수 있습니다. 리눅스 서버에 플라이데이터 에이전트를 설치하고 AWS 환경과 마찬가지 요령으로 설정하면 됩니다.

그러나 반드시 고려해야 할 두 가지가 있습니다. 첫 번째는 플라이데이터 에이전트를 설치한 서버가 위치하는 네트워크입니다. 온프레미스 환경의 MySQL DB와 AWS 환경의 레드시프트 모두에 연결할 수 있는 네트워크 구성이어야 합니다. 두 번째는 AWS 환경에서 VPC 포트를 여는 겁니다. 레드시프트에 직접 연결할 수 있어야 합니다.

또한 네트워크 및 보안 측면에서 고려한 별도의 설계가 필요합니다. A 사는 분석 대상으로 고객 정보를 취급합니다. 플라이데이터 에이전트 서버와 레드시프트를 연결하는 네트워크 경로는 안전해야 합니다. 기존 시스템이 AWS 환경에 위치해 있다고 가정한 이번 사례에서는 VPC 내부에서 데이터 동기화가 모두 이루어지기 때문에 이러한 설계는 필요하지 않았습니다.

온프레미스 환경 시스템과의 연계에는 추가 작업이 필요하다는 사실을 명심합시다.

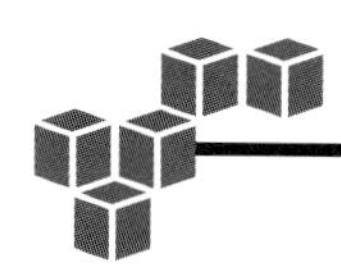

로그 데이터 분석하기
하둡을 손쉽게 활용하기

AWS에서 제공하는 서비스를 활용하면 온프레미스에서 다루기 어려웠던 분산 처리 기술인 하둡도 손쉽게 사용할 수 있습니다. 여기서는 패턴 7에서 다뤘던 고객 데이터와 판매 데이터를 분석하는 시스템에서 액세스 로그 및 애플리케이션 로그를 분석 대상으로 추가하는 디자인 패턴을 알아봅니다.

패턴 7에서는 가상 중견 의류기업 A 사가 추진하는 신규 사업의 초기 기획 단계에 필요한 데이터 분석 시스템을 AWS로 구축하는 방법을 알아보았습니다. 이번 패턴에서는 A 사 신규 사업의 성장 단계에 필요한 데이터 분석 시스템을 AWS에서 구축하는 방법을 알아보겠습니다.

A 사는 신규 브랜드 출시하여 웹과 실제 매장에서 판매했습니다. 본격적으로 판매를 하자 매출 데이터가 발생했습니다. 그런데 매출 데이터를 확인하니 테스트 마케팅에서 분석해 작성한 예측 모델과 달랐습니다. 예상만큼 팔리지 않거나 금세 팔려서 품절되는 상품이 나왔습니다. 사실 과거에 축적된 데이터가 적은 신규 사업에서 이런 일은 흔합니다.

이에 마케팅 담당자는 남은 상품의 판매 실적을 검토하고 예측 모델을 신속히 수정하려고 합니다. 신규 브랜드의 고객을 늘리는 방안도 마련하려 합니다. 데이터 분석을 통해 새로운 통찰력을 얻어야겠군요!

신규 브랜드 기획 단계에서 고객 데이터와 판매 데이터를 분석하는 시스템을 구축했습니다. 앞으로도 이 시스템을 사용할 겁니다. 신규 사업은 변화가 심합니다. 아울러 사업을 둘러싼 환경도 변하기 마련입니다. 따라서 마케팅 담당자가 담당하는 간이 분석은 유지할 필요가 있습니다. 기존 데이터 분석 시스템을 유지하면서 추가로 두 가지 강화를 모색하기로 하였습니다.

첫 번째는 EC 사이트와 정보 사이트의 액세스 및 애플리케이션 로그를 분석 대상에 추가하여 고객 행동 이력 및 웹 광고 출고 상황과 판매 실적간 상관관계를 분석하는 겁니다. 신규 브랜드가 본격적으로 판매되면서 고객 웹 활동을 분석하는 데 필요한 데이터를 확보할 수 있기 때문입니다.

두 번째는 분석 결과의 전사적 공유입니다. 분석 대상 데이터를 늘리면서 정확도를 더욱 높일 수 있습니다. 재고 위험을 줄일 수 있도록 판매량을 예측하거나, 품목별로 시간 단위 판매 추이를 예측할 수도 있습니다. 이런 일은 분석 결과가 전사적으로 공유되면 더욱 효과적입니다. 대시 보드를 만들어 매장에서는 판매 예측을 기초로 매장이나 상품 재배치를 검토하고, 본부에서는 구매 담당자가 구매할 품목을 참고하고, 경영진은 예측과 실적을 관리할 수 있게 하면 좋겠습니다.

8.1 구조화되지 않은 데이터 다루기

패턴 7에서는 고객 데이터와 판매 데이터의 상관관계를 임시로 분석하는 데이터 분석 시스템을 소개했습니다. 간단하게 복습해보자면 대량의 데이터 검색과 분석을 위한 DB 서비스인 아마존 레드시프트(Amazon Redshift)를 중심으로 하는 시스템입니다. 업무 시스템에 저장된 데이터와의 동기화에는 플라이데이터 사의 데이터 통합도구인 플라이데이터 싱크를 사용했습니다. 마케팅 담당자는 태블로 소프트웨어의 BI 도구인 태블로 데스크톱으로 레드시프트에 접근하여 분석합니다.

이번 패턴에서는 기존 시스템을 기반으로 비구조화 데이터를 다루는 시스템을 추가하는 시나리오를 다룹니다. A 사는 앞으로는 고객 데이터와 판매 데이터 이외에 웹 액세스 로그와 애플리케이션 로그 데이터도 분석하기로 했습니다. 웹 액세스 및 애플리케이션 로그도 레드시프트에 동기화하고 싶습니다만 분석하려면 전처리를 해야만 합니다. 로그 파일은 단순한 텍스트 파일로, RDBMS와는 달리 컬럼의 데이터형 및 자릿수와 같은 스키마 정의가 엄격하게 구조화되어 있지는 않습니다.

레드시프트에 넣을 수 있는 것은 구조화된 데이터뿐입니다. 그러므로 로그 파일을 레드시프트에 적합한 데이터 형식으로 변환해야 합니다.

사용자 행동 이력 분석에 불필요한 데이터가 로그 파일에 포함된 점도 문제입니다. 불필요한 데이터로는 애플리케이션의 기동이나 정지, 검색 엔진의 크롤링 로그 등이 있습니다. 이러한 데이터를 분석 대상에서 제외하지 않으면 분석 작업에 지장을 초래할 수 있습니다.

그림 8-1 데이터 분석 시스템의 개요와 핵심 설계 사항

데이터 분석 시스템의 개요

· EC 사이트와 정보 사이트로부터 액세스와 애플리케이션 로그를 수집하여 분석한다.

· 로그를 집약하여 분석할 형식으로 변환한다.

· 마케팅 담당자는 간이 분석을, 다른 부서에서는 일상적인 분석을 한다.

인프라 설계의 핵심 사항

❶ AWS 환경 내 로그 편집

플루언트디로 로그를 S3에 집약한다.

❷ 로그의 효율적인 정제와 변환

아마존 EMR과 하이브로 로그를 분석할 수 있게 형식을 변환한다.

❸ 전사적인 BI 이용

태블로 데스크톱으로 일상적인 분석 결과를 표시하는 대시보드를 작성하여 태블로 서버로 공개한다.

데이터 변환이 필요한 경우도 있을 겁니다. 로그 파일은 컴퓨터가 취급하기 쉬운 값으로 저장되어 있어 시스템에 익숙하지 않으면 알아보기 어렵습니다. 따라서 시스템 용어와 수치를 마케팅 담당자가 알기 쉬운 문자나 기호로 변환해야 합니다.

[그림 8-1]은 이러한 요구 사항을 정리한 데이터 분석 시스템의 개요 및 인프라 핵심 설계 사항입니다.

이번 웹 액세스 및 애플리케이션 로그의 정제 및 변환에 아마존 EMR(Amazon Elastic MapReduce)을 사용하겠습니다(그림 8-2). EMR은 분산 처리 기술인 하둡을 기반으로 한 관리형 서비스입니다. 구조화되지 않은(비정형) 데이터를 최소한의 스키마 정의만 있으면 처리할 수 있다는 특징이 있습니다. 로그 파일처럼 반 구조화된 데이터를 그대로 취급할 수 있어 데이터 변환 시스템을 별도로 구축할 때보다는 설계 비용이 덜 듭니다. 아울러 데이터를 변환할 때만 아마존 EMR을 사용하므로 운영 비용도 절감할 수 있습니다.

로그 파일은 오픈 소스 로그 수집 소프트웨어인 플루언트디(Fluentd)를 사용하고 각 서버에서 정기적으로 스토리지 서비스인 아마존 S3에 복사하여 집계합니다. 아마존 EMR은 S3에 저장된 로그 파일을 읽어 정제와 변환을 실시하고 가공 후 데이터를 S3에 저장합니다. 레드시프트에 저장하고 분석할 수 있는 구조화된 데이터로 가공한 겁니다.

그림 8-2 구조화되지 않은 데이터를 다루는 데이터 분석 시스템의 구성도

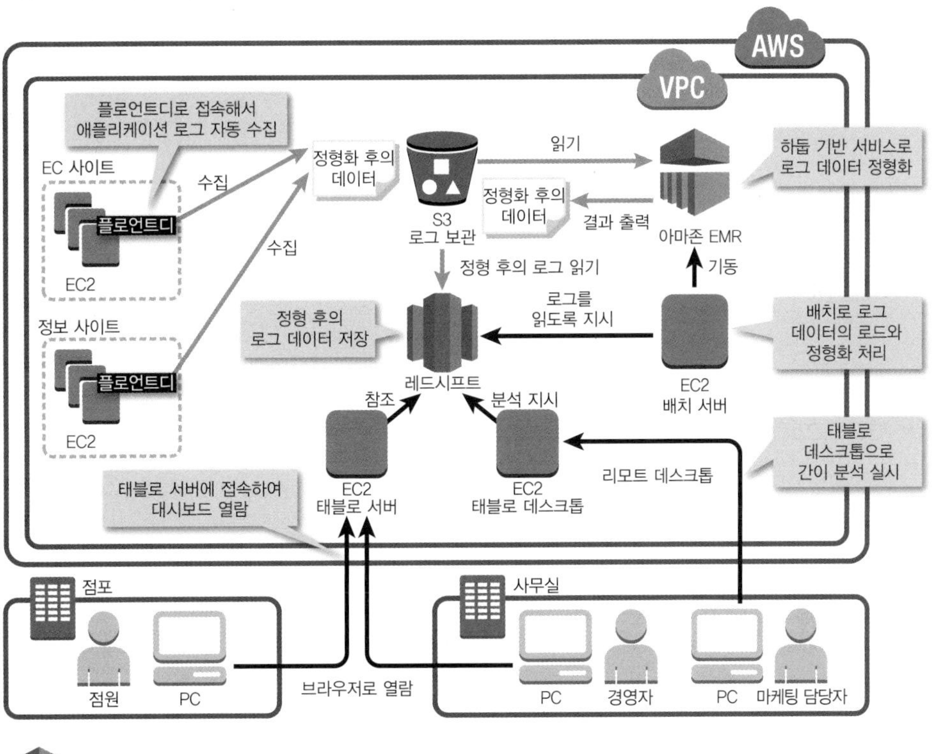

레드시프트를 중심으로 한 데이터 분석 시스템은 3.1절과 동일합니다. 아마존 EMR에서 가공된 로그 데이터를 레드시프트에서 가져와 태블로 데스크톱에서 간이 분석을 실시합니다.

이번에는 분석 결과의 전사적 공유도 과제입니다. 이를 해결하는 수단으로서 태블로 사의 태블로 서버(Tableau Server)를 도입하기로 했습니다. 태블로 서버는 사전에 뷰(축이나 항목을 정해둔 그래프나 표)를 작성해두면 최신 데이터에 근거한 분석 결과를 웹페이지로 보여주는 소프트웨어입니다. 마케팅 담당자가 다른 부서와 공유하고 싶은 정형적인 분석 내용을 대시보드(뷰의 모음)로 만들고 매장 직원, 본사 구매담당자, 경영진이 웹브라우저로 분석 결과를 볼 수 있습니다.

8.2 플루언트디를 사용한 효율적인 로그 수집

데이터의 흐름 순서대로 로그를 수집하는 방법을 알아보겠습니다. 제일 먼저 알아볼 사항은 서버 로그를 수집하는 방법입니다. 로그 형식은 사용하는 웹 서버 소프트웨어와 애플리케이션에 따라 달라집니다. 또한 분석 시스템이 처리할 데이터 형식도 시스템마다 다릅니다. 로그 수집 방식을 셸 스크립트 등으로 개별적으로 구현하고, 로그 수집 대상이 되는 서버 및 분석 시스템 조합의 수만큼 데이터 연계 프로그램도 만들어야 합니다. 이런 식이라면 구축뿐만 아니라 운용에도 큰 부담이 됩니다.

매출 규모가 크면 충분한 비용을 들일 수도 있습니다. 하지만 아직은 매출 규모가 작은 신규 사업임을 고려해야 합니다. 스몰 스타트로 운영의 번거로움을 최소화하면서 사업의 성장에 따라 시스템을 구축할 수 있어야 합니다. 플루언트디는 이러한 요구를 충족시켜 신생 기업과 기존 기업의 신규 사업을 중심으로 이용이 확대되는 도구입니다.

플루언트디는 로그 수집, 변환, 출력을 위한 오픈 소스 소프트웨어로 미국 트레저데이터 사가 개발을 주도하고 있습니다. 입력 플러그인과 출력 플러그인을 결합하여 다양한 형식의 로그를 다양한 대상으로 출력할 수 있습니다(표 8-1). 개발자 및 커미터로부터 많은 플러그인이 제공되어 시스템 구성이 복잡하더라도 유연하게 로그 데이터를 연계시킬 수 있습니다.

표 8-1 플루언트디의 주요 플러그인

▶ 입력 플러그인

플러그인명	내용
in_tail	로그 파일에 기록된 로그를 입력 데이터로 취득. CSV, syslog, apache2, JSON 등의 형식 지원
in_http	HTTP 통신의 POST로 전송된 데이터 취득
in_syslog	syslog 프로토콜으로 로그 취득

in_forward	다른 플루언트디의 out_forward 출력 플러그인으로부터 전송된 데이터 취득
in_exec	임의의 명령어의 실행 결과를 입력으로 취득
cloudwatch	아마존 클라우드워치 데이터 취득
dynamodb-streams	다이나모디비 스트림 출력을 입력으로 취득

▶ **출력 플러그인**

플러그인명	내용
out_file	파일에 데이터 출력
out_forward	다른 플루언트디로 데이터 출력
s3	아마존 S3에 데이터 출력
out_copy	1개 데이터를 복수 출력 플러그인에 복제
mongo	몽고디비에 데이터 출력
plugin-dynamodb	다이나모디비에 데이터 출력

A 사에서는 웹 서버인 아파치 액세스 로그와 애플리케이션 로그를 입력받아 로그 축적용 S3에 출력했습니다(그림 8-3).

그림 8-3 플루언트디를 이용한 아파치 로그 파일 수집

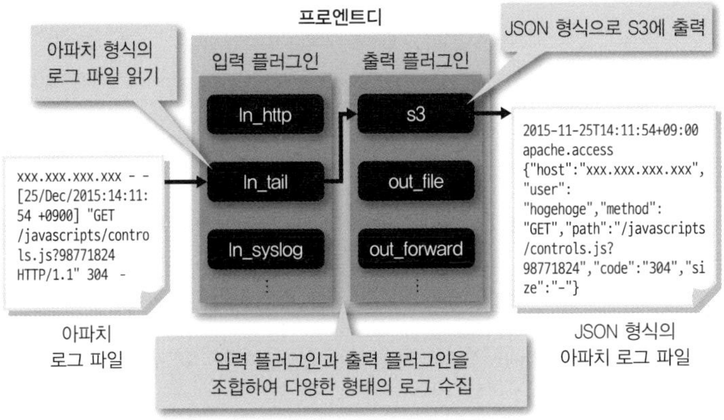

먼저 입력 플러그인을 선택합니다. 아파치 액세스 로그, 애플리케이션 로그에 모두 입력 플러그인 in_tail을 이용합니다. in_tail은 지정된 패스에 출력되는 로그를 지속적으로 읽어 들이는 플러그인입니다.

그다음은 로그 파일의 형식을 선택합니다. in_tail 플러그인은 아파치 및 CSV 형식을 지원합니다. 아파치 액세스 로그를 통합하려면 'Apache2'를, 애플리케이션의 로그를 캡처하려면 'csv'를 각각 플러그인의 설정 파일로 지정합니다.

S3에 출력해야 합니다. 그런데 플루언트디 기본 패키지는 S3 출력 기능을 제공하지 않으므로 별도로 fluent-plugin-s3를 설치하고 대상으로 설정합니다.

플루언트디는 로그 수집 대상 서버에 설치하며 설정 파일에서 플러그인 포멧과 대상 S3 버킷 정보 등을 설정하면 로그 수집을 시작할 수 있습니다.

위와 같은 설계를 사용하는 이유는 크게 두 가지입니다. 하나는 로그 수집 도구를 이용하여 단기간에 구현하기 위해서입니다. 다른 한 가지는 S3에 로그 데이터를 수집하여 향후 데이터 분석 시스템이 바뀌더라도 데이터 수집 장소를 변경할 필요가 없도록 하기 위함입니다.

8.3 아마존 EMR로 로그 데이터 정형하기

플루언트디로 수집한 로그는 JSON(JavaScript Object Notation) 형식으로 S3에 출력됩니다. 이 단계의 로그 파일에는 필요 없는 데이터나 변경이 필요한 데이터가 아직도 들어 있습니다. 로그 파일을 정형하는 데 아마존 EMR을 이용해보겠습니다. 아마존 EMR은 하둡 클러스터의 관리형 서비스입니다. 아마존 EMR은 대량의 데이터를 다루는 배치를 분산 처리해줍니다.

하둡은 대용량 로그 데이터 가공에 적합한 시스템입니다만, 구축 및 운영이 번거롭다는 단점이 있습니다. 반면 아마존 EMR은 관리 서비스이기 때문에 사용자는 노드 수 등을 설정하는 것만으로 사용할 수 있을 뿐만 아니라 운용에 드는 수고도 덜 수 있습니다. 클러스터는 RDB의 관리형 서비스인 아마존 RDS(Relational Database Service) 및 레드시프트와 마찬가지로 자동으로 관리됩니다.

아마존 EMR이 로그 파일에 액세스하고 가공 결과를 출력하기까지의 흐름은 다음과 같습니다(그림 8-4).

그림 8-4 아마존 EMR에 의한 데이터 정형화의 흐름

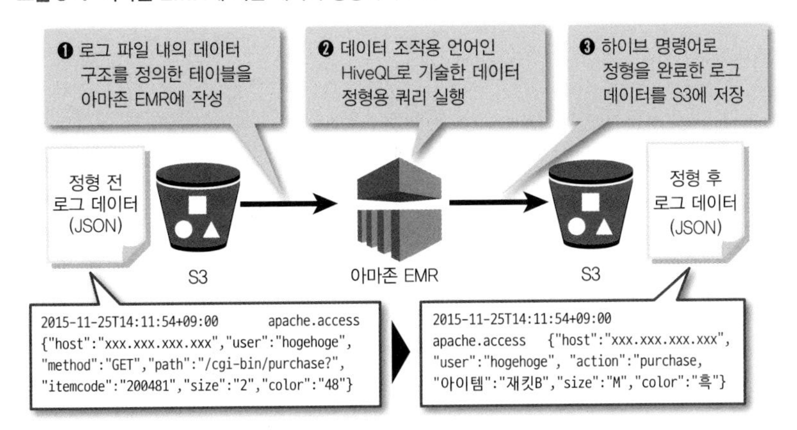

우선 S3에 집약시킨 로그 파일을 읽기 위해 아마존 EMR에 파일의 데이터 구조를 정의한 테이블을 만듭니다(아마존 EMR에서는 S3의 파일에 직접 액세스할 수 있습니다). 그다음에는 만들어진 테이블을 통해 데이터에 액세스합니다. EMR로 데이터 질의/분석 처리 환경인 아파치 하이브(Hive)를 사용할 수 있습니다.

하이브는 하이브QL이라는 SQL과 유사한 데이터 조작 언어로 데이터를 처리합니다. A 사의 경우 불필요한 로그를 Where절에서 제외시키고, 코드를 문자열로 변환하는 SELECT문을 실행하여 원하는 데이터를 얻을 수 있습니다.

A 사 경우보다 더 복잡한 여러 단계에 걸친 정형 처리를 하고 싶은 경우도 있을 겁니다. 하이브는 스크립트로도 작성할 수 있기 때문에 복잡한 데이터 조작과 정형에도 대응할 수 있습니다. 데이터 정형이 완료되면 S3에 결과를 출력합니다. 하이브 명령어를 이용하면 S3에 출력할 수 있습니다.

이로써 EMR을 사용한 대량의 로그 데이터 가공과 결과 출력을 할 수 있습니다. 하둡은 어렵다는 선입견이 있지만, 어려운 것은 클러스터 구축 및 운영 부분입니다. 준비된 환경을 잘 이용하면 절대 어렵지 않습니다.

8.4 스텝 기능으로 부팅 시 스크립트 자동 실행하기

아마존 EMR에서 하이브 스크립트를 개발하는 방법을 알아보겠습니다. 우선은 작업용 EC2 인스턴스를 준비합니다. 그리고 아마존 ERM의 두 모드를 사용하여 스크립트를 개발합니다.

아마존 EMR 모드는 하이브QL과 하이브 명령어의 실행 방법을 말합니다. 인터랙티브와 배치 모드가 있으며, 전자는 콘솔에서 대화형으로 실행하고, 후자는 배치 단위로 실행합니다. 스크립트를 개발하는 경우에는 우선 대화형 모드에서 실행합니다. 작업용 EC2 인스턴스로부터 SSH로 콘솔에 접속하여 하이브QL이나 하이브의 명령어를 시험해보면서 스크립트를 작성해 나갑니다.

스크립트가 완성되면 스크립트 파일을 S3에 업로드합니다. 아마존 EMR의 스텝(Step) 기능을 이용하기 위해서인데, 스텝은 클러스터 시작 시에 프로그램을 자동으로 실행하는 기능입니다. 실행시킬 프로그램은 S3 버킷에 있는 겁니다. A 사는 로그를 정형하는 하이브 스크립트를 스텝에 지정했습니다. 이로써 아마존 EMR을 기동하는 것만으로 배치가 실행되어 결과가 S3에 출력됩니다.

아마존 EMR에서는 이처럼 간단히 스크립트를 개발하고 실행할 수 있는 기능을 제공합니다. 스스로 하둡 클러스터를 구축할 경우 '시작 상태를 감시하다 완전히 기동되면 배치 처리를 실행한다'와 같은 번거로운 작업을 해줘야 합니다. 아마존 EMR을 사용하면 자동화할 수 있습니다.

A 사처럼 정기적으로 로그를 가공하려면 작업 관리 EC2 인스턴스를 사용할 수 있어야 합니다. EC2 인스턴스에서 작업 스케줄러(예 : 리눅스의 cron)를 사용하여 아마존 EMR을 시작하는 CLI 명령을 실행하게 해둡니다. 그러면 정기적으로 실행되어 로그를 가공해나갈 겁니다[1].

아마존 EMR은 스텝이 끝나면 자동으로 종료되게 할 수도 있습니다. 배치를 연속적으로 수행하는 경우가 아니라면 종료되도록 설정해 아마존 EMR을 관리하는 수고를 줄이기 바랍니다.

1 **역자주_** 이와 같이 가끔 발생하는 작업에 EC2 인스턴스를 띄우기보다 서버리스 컴퓨트 서비스인 AWS 람다를 사용하는 방법이 비용 효율적입니다. 람다 또한 클라우스와치의 룰(Rule) 기능을 사용해 스케줄러에 의한 실행을 제공합니다. 특히 실행 시간과 횟수에 대해서만 비용을 지불하면 되기 때문에 훨씬 저렴하게 이용할 수 있는데, 기간 제한 없이 월 100만 건의 프리 티어를 제공하기 때문에 관리 용도로만 사용한다면 사실상 비용이 들지 않습니다. http://bit.ly/scheduled-lambda 참조

8.5 로그가 늘어나면 아마존 EMR 튜닝하기

로그양이 많아지면 배치 처리 시간이 길어집니다. 아마존 EMR은 분산 처리 클러스터이기 때문에 노드를 추가하여 처리 능력을 높일 수 있습니다.

적절히 튜닝하려면 아마존 EMR의 아키텍처를 알아둘 필요가 있습니다(그림 8-5). 아마존 EMR은 마스터 노드, 코어 노드, 작업 노드로 구성됩니다. 마스터 노드는 처리를 접수하거나 다른 노드를 관리합니다. 코어 노드는 데이터를 보관하거나 처리를 실행합니다. 작업 노드는 데이터는 가지지 않고 처리만을 담당합니다.

그림 8-5 아마존 EMR의 아키텍처

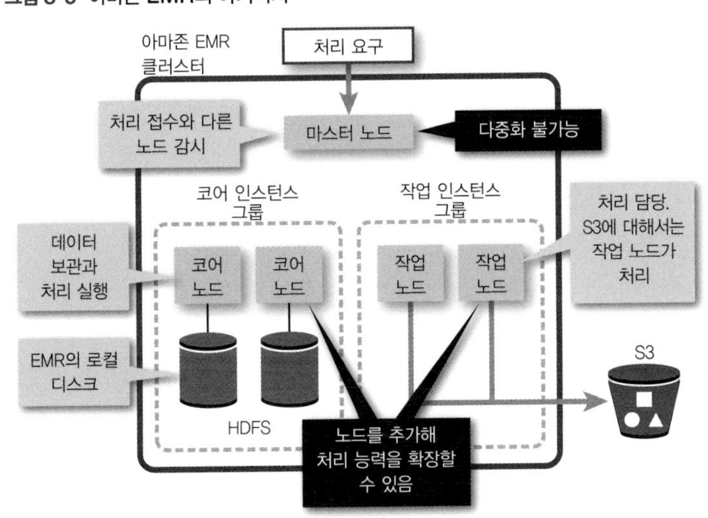

S3에서 데이터를 가져오는 경우에는 아마존 EMR의 로컬 디스크(Hadoop Distributed File System, HDFS)를 참조하지 않습니다. 즉, 코어 노드는 성능에 영향을 주지 않고 작업 노드만이 영향을 줍니다. 작업 노드를 늘리면 처리 능력을 확장할 수 있습니다. 노드가 증가했을 때의 처리 분산은 아마존 EMR이 자동으로 실행합니다.

이러한 노드의 추가는 가장 기본적이고 쉽게 수행할 수 있는 튜닝 방법입니다. 그러나 노드 간의 균등하게 처리가 분산되게 하는 스키마 정의 방법이나 하이브QL 작성 방법이 있기 때문에, 노드 추가만으로는 적절하게 분산되지 않을 수 있습니다.

아마존 EMR과 S3는 네트워크로 접속되어져 있어서 액세스할 때 지연시간이 생기게 되고, 로그양이 너무 많아지면 배치 처리 시간에 영향을 줍니다. 이러한 경우 로그 파일을 일단 HDFS로 읽은 후에 가공 처리를 합니다.

S3에서 아마존 EMR 데이터를 검색하는 데 S3DistCp를 이용합니다. S3DistCp는 파일 복사와 이동에 사용되는 오픈 소스 소프트웨어인 아파치 DistCp를 확장하여 S3에 최적화한 도구입니다. AWS 순정 도구가 아마존 EMR에 포함되어 있어 설정이나 설치 없이 사용할 수 있습니다.

데이터를 복사하려면 아마존 EMR에 연결하고 S3DispCp 명령을 실행한 후에 원본 S3 위치와 대상 HDFS를 인수로 지정합니다. S3에서 아마존 EMR으로의 복사 속도는 작업 노드 수를 늘리면 빨라집니다. 데이터를 읽는 속도는 코어 노드 수에 따라 달라집니다.

아마존 EMR의 마스터 노드는 다중화할 수 없어 오류가 발생하면 전체 클러스터가 종료됩니다. 장애가 발생하면 아마존 EMR을 재시작하여 배치를 다시 실행해야 합니다. 아마존 EMR 클러스터를 종료하면 HDFS의 데이터는 사라집니다. 그러니 지속성 데이터는 S3에 출력해둬야 합니다. HDFS는 어디까지나 중간 데이터의 저장 장소로 사용합시다. 아마존 EMR은 상시 동작하는 애플리케이션이 아닌 일시적으로 이용하는 배치성 처리에 적합합니다.

8.6 태블로 서버에서 분석 결과를 전사적으로 공유하기

지금까지의 처리로 로그 데이터가 가공되고 가공된 데이터가 S3에 저장되었습니다. 패턴 7에서 설명한 바와 같이 레드시프트는 S3 데이터를 COPY 명령어로 읽어올 수 있습니다. 이 기능을 사용하여 포맷된 로그 데이터를 레드시프트에 저장하면 분석 대상의 데이터가 모두 레드시프트에 올라가게 됩니다.

이번에는 데이터 분석 결과를 전사적으로 공유하겠습니다. 이 기능에는 태블로 서버를 사용합니다. 태블로 서버는 미리 정의된 뷰를 기반으로 웹 화면을 생성합니다. 데이터 소스인 레드시프트에 정기적으로 방문하여 분석 결과를 자동으로 업데이트하는 기능도 제공합니다. 일단 뷰를 생성해두면 일상적으로 분석을 공유하는 기반이 마련됩니다.

뷰는 마케팅 담당자가 임시 분석에 사용하는 태블로 데스크톱으로 작성할 수 있습니다. 태블로 서버로 분석 결과를 공유하는 과정은 다음과 같습니다(그림 8-6).

그림 8-6 태블로 서버를 이용한 분석 대시보드 구축

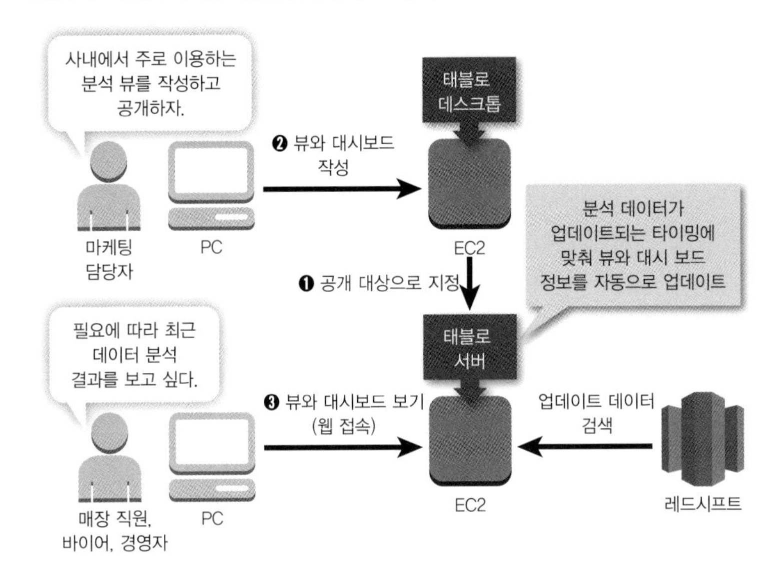

❶ 태블로 데스크톱에 공개 대상으로서 태블로 서버를 지정해둡니다. ❷ 마케팅 담당자가 공개하는 뷰나 대시보드를 태블로 데스크톱에 작성하여 공개되도록 설정합니다. ❸ 매장 직원, 본사 구매담당자, 경영진이 태블로 서버에 접속하면 뷰에 기반한 분석 결과를 볼 수 있습니다.

공개 설정 시에 분석 결과를 자동으로 업데이트하는 시점과 권한을 설정합니다. 레드시프트의 분석 대상 데이터가 업데이트되는 시점에 맞춰 뷰와 대시보드의 정보가 업데이트되어야 합니다. 권한 설정은 사용자에 따라 볼 수 있는 뷰 대시 보드를 제한합니다. 매장 직원, 본사 구매담당자, 경영자가 보고 싶은 분석 결과와 열람이 허용된 데이터가 다르기 때문에 각각의 계정에 적절한 권한을 설정합니다.

태블로 서버는 웹 브라우저를 통해 액세스합니다. 사용자는 자동으로 업데이트되는 분석 결과를 브라우저 화면에서 확인할 뿐이므로 도구의 사용 방법을 배울 필요 없이 빠르게 분석 결과를 활용할 수 있습니다.

패턴 9 AI와 IoT

효율적으로 AI를 학습하고 시행하기
에지와 IoT를 연계하기

AI(인공지능)를 활용한 시스템은 추론 모델 구현, 학습, 시행을 빠른 주기로 돌려야 개발 효율이 올라갑니다. 추론 모델 작성이나 트레이닝에는 AWS 세이지메이커(SageMaker)를 이용합니다. 그린그래스(Greengrass)로 에지와 클라우드의 연계 처리를 구현하고 AI와 IoT를 조합한 시스템을 구축합니다.

AI를 활용하는 움직임이 일반 기업 사이에서 확산되고 있습니다. 복잡해서 시도가 어려웠던 AI도 클라우드에서 관리형 서비스 형태로 AI 서비스가 제공되어 지능형 서비스를 더 쉽게 구현할 수 있게 되었습니다. 기존에 클라우드에서 제공하는 AI 관련 서비스는 인프라 구축이나 관리, 테스트, 배포가 중심이었습니다. 그런데 최근 몇 년 새 학습 방법의 선택이나 특징 추출과 같이 노하우가 많이 필요한 작업도 점차 자동화되고 있습니다.

AWS는 다음과 같은 완전 관리형 기계학습 서비스를 제공합니다.

- 아마존 리코그니션(Amazon Rekognition) : 사진이나 동영상 분석 서비스
- 아마존 컴프리핸드(Amazon Comprehend) : 자연어 처리 기능을 사용해 구조화되지 않은 텍스트에서 정보 및 관계 추출서비스
- 아마존 텍스트랙트(Amazon Textract) : 스캔한 문서에서 텍스트뿐만 아니라 서식까지 자동으로 추출하는 문서 분석 서비스
- 아마존 폴리(Amazon Polly) : 텍스트를 자연스러운 음성으로 전환하는 서비스
- 아마존 렉스(Amazon Lex) : 텍스트와 음성 기반 챗봇 구현을 제공하는 서비스
- 아마존 트랜스레이트(Amazon Translate) : 한국어를 포함한 다양한 언어로 기계 번역을 제공하는 서비스
- 아마존 트랜스크라이브(Amazon Transcribe) : 음성을 텍스트로 전환해주는 서비스

- 아마존 포어캐스트(Amazon Forecast) : Amazon.com에서 사용하는 기계학습 기술을 사용한 시계열 예측 서비스
- 아마존 퍼스널라이즈(Amazon Personalize) : Amazon.com에서 사용하는 기계학습 기술을 사용한 개인별 맞춤화 및 추천 서비스
- AWS 딥레이서(DeepRacer) : 강화학습 기반으로 1/18 스케일의 자율 주행차 경주를 즐기는 서비스

이러한 완전 관리형 기계학습 서비스를 이용하면 AI에 구현에 들어가는 비용과 기간을 줄여줍니다(물론 AI 솔루션을 실제 비즈니스에 적용하려면 비즈니스 도메인 전문가가 필요합니다).

클라우드에서 AI 추론 모델을 작성한 후 실행하려면 데이터가 필요합니다. 데이터를 기기에서 수집하여 클라우드에 축적하고, AI 서비스에 전달하는 IoT(Internet of Things, 사물 인터넷) 구조도 필요합니다.

AWS에는 AI 추론 모델 작성과 테스트, 배포 기능을 갖춘 End-to-End 기계학습 플랫폼인 세이지메이커와 디바이스와 클라우드 서비스 간 인터페이스가 되는 아마존 IoT 서비스를 제공해 효율적으로 시스템을 개발할 수 있습니다. 이번 패턴에서는 부품 제조업을 하는 E 사를 예로 들어 AI와 IoT에 대응하는 아키텍처 구축 방법을 설명하겠습니다.

9.1 클라우드 AI로 불량품 검사 자동화하기

부품을 제조하는 E 사는 거래하는 국내 완제품 메이커가 해외로 조립공장을 이전해, 이에 맞춰 아시아, 북미, 유럽에도 부품제조 공장을 가동하고 있습니다. 실적은 상승세지만 전 지역에서 우수한 인재 고용이 어렵고 인건비 또한 상승세입니다. 게다가 요구되는 제품의 품질 수준도 지속적으로 오르고 있어 품질 추적 관리 요구도 받고 있습니다.

지금까지는 제조 번호(LOT) 추적을 기반으로 불량률 관리와 불량품 추적 관리를 실시했습니다. 하지만 지금은 전수검사 및 개별 부품의 불량률 관리가 경쟁력 차이를 낳는 요인이 됩니다. 각 공장마다 차이 나는 품질 수준을 안정적으로 높이면서 자동화를 진행시켜 인건비 급등과 채용난에 대응하는 수단으로서 AI 활용을 검토하기로 했습니다.

지금까지는 센서로 계측한 값을 미리 설정해둔 조건에 대한 역치로 판정하는 공정과 숙련공의 눈으로 판정하는 공정을 조합하고 있습니다. AI라면 더 복잡한 특징을 바탕으로 숙련공과 같거

나 그 이상의 정밀도로 판정할 수 있을 거라 생각했습니다.

여기에 IoT를 동시에 이용하면 불량품에 대한 추적 관리도 실현될 수 있을 것 같습니다. AI로 전수 검사를 수행하면서 부품 제조 번호와 판정 결과, 화상 등을 클라우드 데이터베이스에 기록하면 불량품 발견과 동시에 불량 원인 추적도 가능해져 검사 데이터를 활용해 품질 관리 피드백이 가능하다는 이점도 있습니다.

하지만 각 공장에 AI나 IoT 활용이 가능한 기술자가 있는 것이 아니므로 반드시 현장에 있어야만 하는 것 외 나머지 품질 관리 시스템 모두를 클라우드에 두고자 합니다. 무엇보다 AI를 제대로 학습하려면 데이터를 한 곳에 집약해서 학습시킬 필요가 있습니다. AI 관련 서비스가 준비되어 있다는 것도 클라우드를 택한 중요한 이유입니다.

AI는 통상 업무 시스템 개발과는 달리 계획적으로 설계, 개발하기가 어렵습니다. 어떻게 학습시켜야 성과로 이어질지 다양한 방법을 시도해본다 해도 원하는 결과가 나온다는 확신을 하기가 어렵기 때문입니다. 그때문에 학습과 시행을 빠른 주기로 돌리는 것이 더 단기간에 AI 시스템을 완성시키는 길입니다. 이러한 빠른 실행 주기를 구현하는 데 클라우드에서 제공하는 관리형 AI 서비스가 도움이 된다고 생각했습니다.

공장에서 클라우드에 있는 AI 서비스 관련 데이터를 전달하는 가교 역할을 하는 IoT 서비스의 필요성도 느끼고 있습니다. 대량으로 발생하는 데이터를 클라우드에 낮은 비용으로 안전하게 전송하고 싶습니다. 클라우드와의 통신, 인증, 추론 모델의 배포와 같은 것을 수행하려면 시간과 비용이 듭니다. 센서 데이터는 생성된 상태로는 축적이나 학습에 적합하지 않기 때문에 정보의 부가나 변환 등의 전처리를 거친 후에 데이터베이스에 저장하는 것도 과제입니다. 데이터 건수마다 이벤트 처리를 하는 구조를 자사 온프레미스에 구축하는 건 어렵습니다. 이러한 과제를 클라우드 서비스로 해결할 수 있다고 판단했습니다. E 사가 설계한 AI와 IoT 시스템의 개요 및 인프라 핵심 설계 사항을 [그림 9-1]에서 살펴볼 수 있습니다.

그림 9-1 IoT와 AI의 개요와 인프라 핵심 설계 사항

IoT와 AI의 개요

- 에지와 클라우드 간의 연계 처리를 수행한다.
- 클라우드에서 효율적으로 학습 데이터의 사전 처리와 추론 모델 작성을 실행한다.
- 세계 각지에 있는 복수 거점에서 이용할 수 있는 아키텍처로 한다.

인프라 핵심 설계 사항

❶ 에지에서의 AWS 서비스 이용과 AI 처리

AWS 그린그래스로 단말에서 AI와 람다(Lambda) 이용하기

❷ 기계학습 서비스를 이용한 효율적 개발

아마존 세이지메이커로 기계학습 인프라 관리를 효율화한다.

❸ 글로벌 배포

새로운 서비스를 메인 리전에 빠르게 릴리스하면서, 나머지 리전들은 다이렉트 커넥트 게이트웨이(Direct Connect Gateway)를 이용해 지연시간을 최소화하해 연동한다.

9.2 에지와 클라우드를 연계해서 처리하는 아키텍처

E 사가 공장에 AI를 도입하는 데 있어서 에지(Edge)와 클라우드의 역할 분담을 고려해야 했습니다.

에지란 단말이나 단말에 가까운 곳이라는 의미입니다. E 사 공장에서는 대량 부품을 검사 장치가 촬영하여 얻은 화상 데이터를 이용해 AI로 불량품 판정을 고속으로 수행해야 합니다. 화상 데이터를 클라우드에 송신하여 판정 결과를 돌려받는 방식으로는 네트워크 지연시간 등의 영향으로 생산라인에 적합한 응답 속도를 맞출 가능성이 낮습니다.

시스템은 가급적 클라우드에 두어 집중 관리하고 공장에 운용 부담을 지우지 않는 것이 기본 방침이지만, 검사 판정에 한해서 에지에서 처리하고 판정 기능을 내장한 검사 장치를 개발하기로 했습니다(그림 9-2).

AWS 그린그래스는 에지와 클라우드를 연동해 처리하는 아키텍처를 실현할 수 있는 서비스입니다. 그린그래스는 에지와 클라우드 사이에서의 통신을 담당하는 부분과 메시지 처리를 담당하는 IoT 서비스로 구성되는데, 이에 그치지 않고 AWS에서 트레이닝한 추론 모델을 실행하거나 취득한 데이터를 람다(Lambda)로 처리할 수도 있습니다. 이는 실행 컴포넌트가 포함된 컨테이너를 단말에 배포하는 방식입니다. 검사 장치에는 그린그래스의 실행 환경인 그린그래스 코어를 설치하고 클라우드에서 개발한 프로그램과 추론 모델을 배포합니다. 그린그래스 코

어에는 람다의 론타임, 기계학습 라이브러리 등이 들어 있어 동작 조건을 충족시키는 디바이스에 설치하면 클라우드에서 개발한 람다 함수나 추론 모델을 동작시킬 수 있습니다.

AWS IoT는 디바이스 인증, 통신, 상태관리 기능 등을 갖추고 있습니다. 그린그래스 코어를 인스톨한 디바이스는 AWS IoT에 등록하여 관리합니다.

E 사에서는 에지에서 데이터 전처리를 한 다음 AWS에 있는 S3에 축적하기로 했습니다. 데이터 전처리에서는 검사 장치 ID 등을 추가하고 무의미한 데이터를 제외하는 등의 단일 데이터만으로 가능한 클랜징을 검토하고 있습니다.

이러한 전처리를 실행하는 구조를 그린그래스 코어의 람다를 사용하여 구현합니다. 공장에서는 네트워크 지연으로 발생하는 비용을 줄이기 위해 지리적으로 가까운 리전에 접속합니다. 일반적으로 다이렉트 커넥트의 물리회선 연결은 접속처까지의 거리가 멀수록 비용이 올라갑니다. 검사 장치에 저장된 화상과 검사 결과는 비동기로 오리곤 리전에 전송됩니다.

그림 9-2 IoT와 AI의 구성도

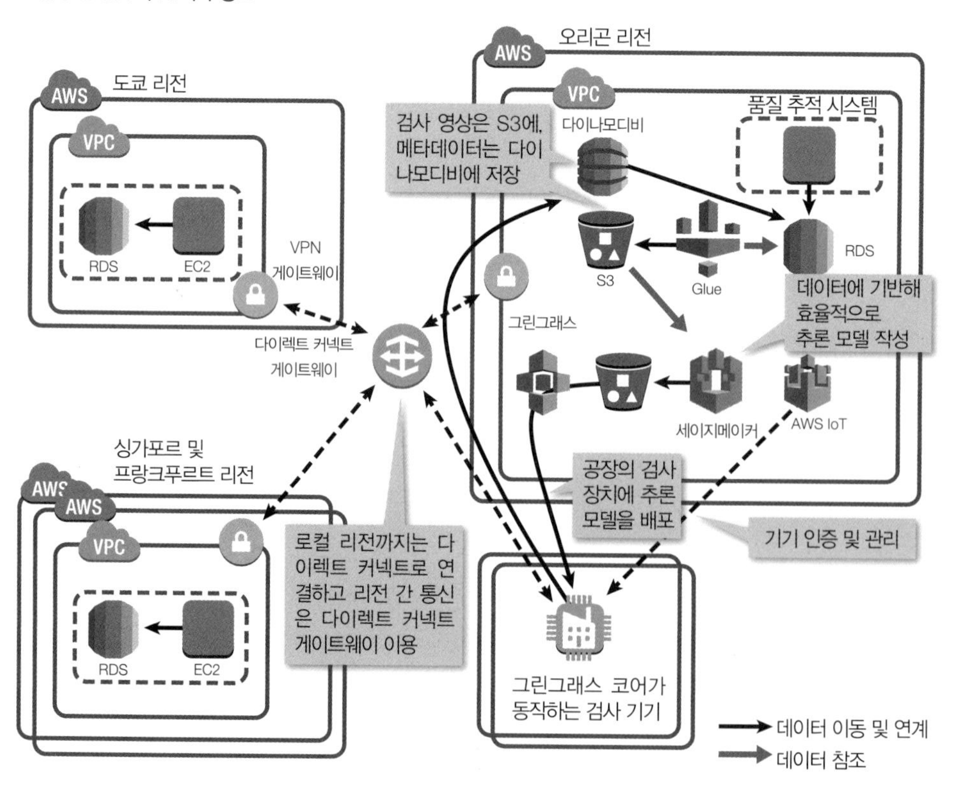

오리곤 리전에서는 구조화 가능한 데이터를 RDS를 이용해 품질 관리 데이터베이스로 작성했습니다. 품질 추적 시스템은 판매 이후에 불량품으로 판정된 결과도 포함되기 때문에 부품 수명주기 전체를 포괄하는 형태로 품질 데이터가 갖추어지게 됩니다.

다음 살펴볼 것은 품질 관리 데이터베이스의 데이터를 다시 S3에 저장하고 화상 데이터와 함께 AI의 훈련에 이용하는 흐름입니다. 앞서 언급된 데이터로 반복적으로 AI를 훈련시켜 모델 성능을 높여갑니다. 이렇게 학습된 모델은 에지에 배포하여 공장의 검사 정밀도를 계속 높여갑니다. 추론 모델의 작성이나 트레이닝에는 기계학습 플랫폼을 제공하는 아마존 세이지메이커를 이용합니다.

오리곤 리전을 선택한 것은 버지니아 리전과 함께 신기능이 가장 빨리 출시되기 때문입니다. AI, IoT와 같이 신기능이 빠르게 등장하는 분야에서는 리전별로 지원되는 서비스들이 다릅니다. E 사는 오리건 리전을 이용함으로써 AWS가 내놓는 새로운 AI 서비스를 재빨리 도입해 품질 향상에 따른 경쟁력의 차이를 벌리고자 합니다. 버지니아 리전이 아닌 오리건 리전을 선택한 것은 IT 관리 거점이 있는 일본으로부터의 네트워크 응답시간이 비교적 짧기 때문입니다.

각 리전에는 다이렉트 커넥트 게이트웨이를 설정해서 리전 간 통신은 AWS가 지니고 있는 글로벌 백본망을 이용한 고속 프라이빗 네트워크를 사용하도록 했습니다. 다이렉트 커넥트 게이트웨이란 VPC에 연결시킬 수 있는 게이트웨이로, 로컬 리전의 VPC나 다른 리전의 VPC에 논리적으로 프라이빗한 네트워크를 구성할 수 있게 해주는 다이렉트 커넥트 기능입니다. 이 기능을 이용하여 E 사는 세계 도처에 위치한 공장에서 가까운 리전으로 다이렉트 커넥트를 통해 연결하고 로컬 리전부터 오리건 리전까지는 안정적인 통신이 가능합니다.

품질 추적 시스템은 북미 이외의 지역에서 접근하면 네트워크 지연의 영향을 받지만, 다이렉트 커넥트 게이트웨이를 통해 접근하면 AWS의 글로벌 백본망을 기반으로 한 프라이빗 네트워크를 이용할 수 있습니다. 이를 통해 북미 이외의 이용자가 느끼는 네트워크 지연을 최소화할 수 있게 됩니다.

다만, 리전 간의 통신에는 AWS의 통신료가 부과되는 것에 주의해야 합니다. 통신 비용이 허용할 수 없을 정도로 비싸지는 경우에는 인터넷을 이용하거나 각 리전에 시스템을 두는 분산시스템을 고려할 필요가 있습니다.

E 사의 공장처럼 거점이 각지로 분산되어 있는 경우에는 네트워크 지연시간과 통신요금도 고려하여 어느 리전에 어떤 시스템의 컴포넌트를 배치할지를 생각하는 것이 좋습니다.

9.3 왜 세이지메이커를 써야 하는가?

몇 가지 기계학습 용어를 정리해봅시다. 기계학습이란 데이터를 기반으로 학습하여 추론 모델을 작성하는 AI 분야입니다. 추론 모델을 새로운 데이터에 적용시켜 화상을 판정하거나 데이터를 분류할 수 있습니다. 요즘 급속도로 발달하는 딥러닝은 기계학습의 한 분야로서 생물의 신경계를 모델화한 신경망(neural network)을 이용해 추론 모델을 작성하는 방식입니다. 세이지메이커에서는 딥러닝을 포함한 다양한 기계학습을 지원합니다.

기계학습에서는 알고리즘을 사용해 추론 모델을 작성합니다. 수많은 알고리즘이 개발되어 어떤 방법을 사용하느냐에 따라 추론 모델이 갖는 특징도 달라집니다. 기계학습 개발에 있어 여러 알고리즘을 시험하면서 시행착오를 거쳐 정확도를 높여나가는 과정은 피할 수 없습니다.

알고리즘을 사용하여 추론 모델을 작성하는 데 파이썬과 R이 주로 이용됩니다. 이러한 언어를 사용하여 개발할 때는 기계학습 학습용 라이브러리가 잘 갖추어져 있는 프레임워크를 이용하는 것이 일반적입니다.

기계학습 프레임워크는 기계학습 특유의 알고리즘을 복잡한 코딩 없이 구현하거나 딥러닝에서 자주 실행하는 행렬 계산을 간단하게 실행하여 개발 효율을 높이는 라이브러리나 도구를 제공합니다.

즉, 기계학습에서는 프레임워크를 사용해 추론 모델을 생성하는 프로그램을 개발하고 추론 모델의 생성 과정에서 다양한 알고리즘이 사용됩니다. 프레임워크에는 다양한 종류가 있으며, 대표적인 프레임워크로는 텐서플로(TensorFlow), 파이토치(PyTorch), 엠엑스넷(MXNet), 체이너(Chainer)가 있습니다.

세이지메이커는 이러한 대표적인 프레임워크나 AWS에서 최적화한 내장 알고리즘을 사용하여 모델을 생성, 학습, 배포하는 데 들어가는 인프라 관리를 대폭 간편화한 기계학습 플랫폼 서비스입니다.

기계학습 개발과 실행 환경을 준비에는 손이 많이 갑니다. 기계학습에서는 목적에 맞는 프레임워크나 알고리즘이 무엇인지 사전에 알 수 없는 경우가 많습니다. 일반적인 업무 시스템의 개발과는 달리 기계학습 개발은 개발 언어나 프레임워크를 미리 결정하는 것이 아니라 여러 방법을 시험하면서 만들어 갑니다.

프레임워크가 바뀌면 새롭게 실행환경을 셋업할 필요가 있습니다. 또 알고리즘이 바뀌면, 실행에 적합한 인프라 구성이 바뀌는 경우도 있습니다. 이러한 환경의 셋업이나 인프라 구성 변경 작업을 일일이 수작업으로 하다 보면 개발 효율이 오르지 않습니다. 세이지메이커는 몇 가지 프레임워크가 사전에 셋업된 환경을 제공하고 있으며, 웹에서 바로 사용할 수 있는 상태로 제공됩니다. 실행 환경도 마찬가지로 선택한 알고리즘에 적합한 실행환경을 자동으로 구성하고 실행 후에 삭제합니다.

이러한 특징은 기계학습 개발이 숙련도가 있으면서 창조적인 작업에만 집중하고 싶은 데이터 과학자에게 있어서 특히 메리트가 크다고 할 수 있습니다. 인프라 엔지니어가 환경을 셋업하는 것을 기다릴 필요 없이 개발 속도를 올릴 수 있기 때문입니다.

비용적인 메리트도 커집니다. 기계학습에서는 다양한 타입의 인스턴스를 용도에 따라 선택적으로 사용합니다. 때로는 GPU인스턴스를 이용해야 할 수도 있습니다. 온프레미스에서 여러 타입의 하드웨어를 미리 준비해놓는 것은 매우 비현실적입니다. 하지만 세이지메이커라면, 사용한 만큼만 과금되는 구조이므로 인프라의 초기화 비용을 신경 쓸 필요가 없습니다. 기계학습은 클라우드와의 궁합이 매우 좋은 영역이라고 할 수 있습니다.

세이지메이커가 지원하는 프레임워크는 텐서플로, 파이토치, 엠엑스넷, 체이너입니다. 인기 알고리즘들을 최적화시켜 준비해놓은 내장 알고리즘(표 9-1)도 이용할 수 있습니다. 내장 프레임워크나 알고리즘을 이용하지 않는 경우는 컨테이너 형태로 환경을 직접 구축한 다음 세이지메이커에 관리시킬 수도 있습니다. 빌트인된 프레임워크나 알고리즘을 사용할 경우에는 개발 효율이 특히 높아집니다.

표 9-1 세이지메이커 내장 알고리즘(출처 : AWS 공식 홈페이지)

알고리즘	설명
BlazingText Word2Vec	수많은 문서에서 워드임베딩 생성을 가속화 및 확장하는 용도로 Word2Vec 알고리즘의 BlazingText 구현
DeepAR	RNN(순환 신경망)을 사용해 다수의 관련 시계열에서 패턴을 학습하여 정확한 예측을 생성하는 알고리즘
Factorization Machines	아주 적은 양의 데이터로도 기능 사이의 모든 상호작용을 예측할 수 있는 기능을 갖춘 모델
Gradient Boosted Trees(XGBoost)	최적화된 분산형 경사 부스팅 라이브러리. XGBoost는 'Extreme Gradient Boosting' 약어
이미지 분류(ResNet)	이미지 분류 시스템 개발에서 인기 있는 신경망

IP Insights	악의적인 사용자를 탐지하거나 IP 주소의 사용 패턴을 학습하는 알고리즘
K-Means Clustering	레이블이 지정되지 않은 데이터 내 그룹을 찾는 데 사용되는 머신러닝 알고리즘
k-NN(K-Nearest Neighbor)	분류 및 회귀 기반 문제를 해결하는 인덱스 기반 알고리즘
LDA(Latest Dirichlet Allocation)	텍스트 파일 세트에 존재하는 기본 주제를 자동으로 발견하는 데 적합한 모델
Linear Learner(분류)	객체의 특징을 사용해 객체가 속하는 적절한 그룹 식별
Linear Learner(회귀)	두 변수 사이의 선형 관계를 예측하는 데 사용
NTM(Neural Topic Modeling)	텍스트 및 이미지 데이터셋에서 주제를 정하는 신경망 기반 접근 방식
Object2Vec	가장 인접한 이웃을 계산하고 자연 클러스터를 시각화하는 신경 임베딩 알고리즘
객체 탐지	이미지의 여러 개체를 탐지 및 분류하고 경계 상자를 배치
PCA(Principal Component Analysis)	흔히 데이터 사전 처리에 사용되는 알고리즘. 많은 기능의 테이블 또는 매트릭스를 가져와 더 적은 수의 대표적 기능으로 줄임
Random Cut Forest	이상 탐지를 하는 비지도형 기계학습 알고리즘
의미 체계 분할 (Semantic Segmentation)	이미지의 개별 픽셀에 레이블을 할당하여 관심 위치를 식별하도록 이미지에 파티션 지정
Sequence2Sequence	기계 번역, 텍스트 요약 등에서 자주 사용되는 텍스트용 범용 인코더-디코더

세이지메이커는 프레임워크를 이용해 개발된 코드를 실행할 때도 효과를 발휘합니다. 예를 들어 추론 모델의 실행 환경에 오토 스케일을 지정할 수도 있습니다.

기계학습은 이용하는 컴퓨팅 파워가 매우 커져 시간이 많이 걸리는 경우가 있습니다. 실행 노드를 여러 개 준비해서 분산 처리할 수도 있지만 적절히 처리를 분산시키려면 병렬 처리와 인프라 구성에 대한 지식이 필요해 난도가 높습니다. 프레임워크나 알고리즘에 특화된 지식도 포함되어 학습에 시간과 노력이 들어갑니다. 세이지메이커의 오토스케일에 맡기는 것으로 처리 기반의 조정에 들어가는 노력을 줄일 수 있습니다. 단, 세이지메이커가 필요한 리소스와 인스턴스 수를 정확하게 예측할 수 있는 것은 아닙니다. 그래서 아마존 클라우드워치(Amazon CloudWatch)가 제공하는 로그와 모니터링 기능으로 실행 상황을 확인해서 사용되는 인스턴스 타입을 조정해야 합니다.

9.4 기계학습 개발 환경 - 주피터 노트북

세이지메이커에서는 주피터 노트북(JupyterNotebook)을 사용해 개발합니다. 주피터 노트북은 기계학습 개발 환경으로 널리 이용되는 오픈 소스 소프트웨어입니다. 웹 기반 인터페이스를 이용해 프로그래밍이 가능하기 때문에 웹브라우저에서 코드 작성과 실행 결과 확인이 모두 가능합니다. 코드와 문서, 출력 결과를 합쳐서 노트북(notebook)으로 저장할 수도 있습니다. 세이지메이커는 구성이 끝난 주피터 노트북을 바로 사용할 수 있는 환경을 제공합니다.

주피터 노트북은 애저(Azure)나 GCP에서도 지원되고 있어 사실상 기계학습 개발 환경의 표준으로 자리잡은 소프트웨어입니다. 개발한 노트북은 AWS뿐만 아니라 다른 클라우드 서비스 혹은 온프레미스로도 마이그레이션이 가능하기 때문에 워크로드가 특정 업체에 종속될 걱정 없이 사용할 수 있습니다. 따라서 기계학습을 수행할 때, 세이지메이커 등의 클라우드 서비스로 주피터 노트북을 이용해 효율적으로 개발을 진행해나가면 됩니다. 또는 주피터 노트북이 아닌 다른 개발환경이 필요할 경우에는 개별 클라우드나 온프레미스에 셋업하는 것도 좋습니다.

주피터 노트북은 주피터 랩(JupyterLab)이라는 차세대 버전으로 통합개발환경이 확장되어 더 많은 개발 지원 기능이 추가될 예정입니다. 세이지메이커에서도 주피터 랩을 지원합니다.

9.5 세이지메이커로 지속적 학습 환경 구축하기

E 사에서 준비하는 기계학습의 추론 모델 작성 환경은 [그림 9-3]과 같습니다.

각 리전에서 전송된 검사 데이터는 오리건 리전의 S3에 저장됩니다. 이 중 품질 추적 시스템에서 불량품으로 등록된 부품의 검사 데이터를 ETL(추출, 변환, 로드) 서비스인 AWS 글루(Glue)가 취득하여 이미 판매된 제품을 관리하는 테이블에 불량품 플래그를 추가합니다(AWS 글루의 상세 내용은 패턴 13 참조). 글루는 정기적으로 실행되어 지속적으로 데이터를 갱신해갑니다.

공장에서는 검사 장치로 판정된 부품을 샘플링하여 숙련공이 재검사하여 검사 장치가 오판정한 것이 없는지를 확인합니다. 품질 추적 시스템은 오판정된 부품의 검사 데이터에 공장에서 오판정되었음을 나타내는 플래그를 부여합니다. 기계학습에서 성과를 내려면 데이터 질과 양이 매우 중요합니다. 원래 검사 데이터에는 오판정이 포함되어 있습니다. 품질 추적 시스템이나 공장으로부터의 피드백과 같이 정확성이 보강된 데이터일수록 신뢰성이 높고 이로부터 작성되는 추론 모델 또한 정밀도가 높습니다.

그림 9-3 E 사의 추론 모델 작성 환경

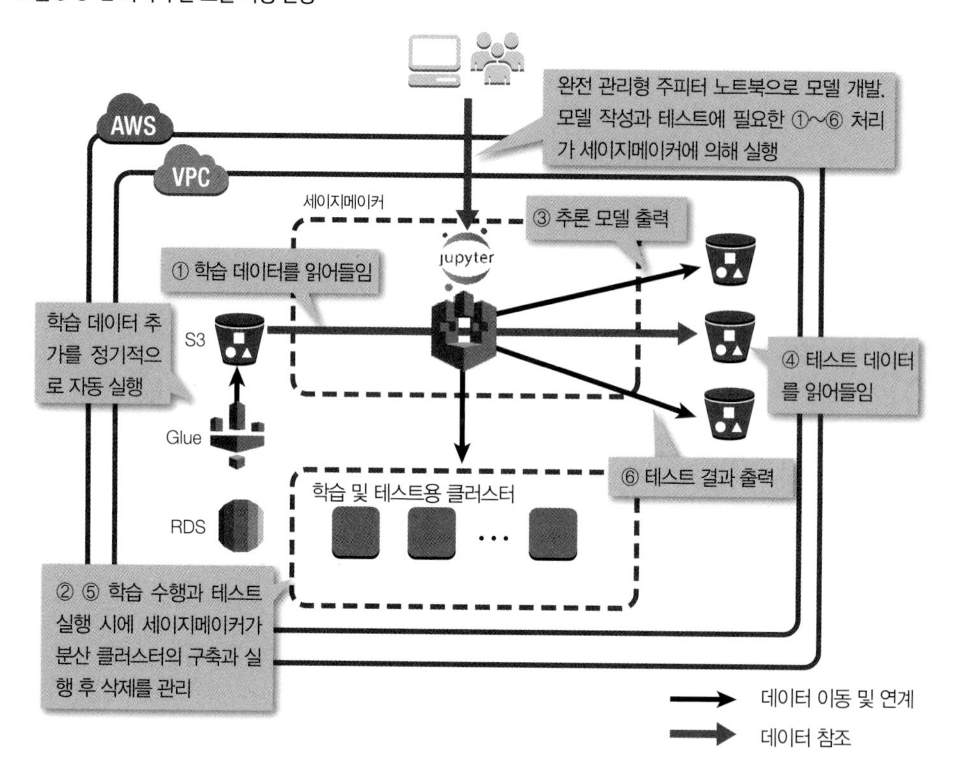

기계학습에서는 데이터 신뢰성을 높이는 데이터 전처리(정보의 추가, 변환, 클랜징 등)가 노력의 대부분을 차지한다고 알려져 있습니다.

효율적으로 기계학습을 진행하려면 주변 시스템과의 데이터 연계와 데이터 처리의 자동화가 중요합니다. 글루 이외에도 아테나, RDS, 레드시프트, EMR 등이 S3에 데이터 입출력을 할 수 있습니다. 처리 내용에 따라 적합한 서비스를 이용하면 됩니다. 이렇게 축적된 검사 데이터를 사용해 세이지메이커의 주피터 노트북에서 시행착오를 거쳐가며 추론 모델을 작성합니다.

세이지메이커는 테스트 기능도 갖추고 있습니다. 주피터 노트북에서 테스트코드를 작성하면 지정한 방식으로 테스트를 자동 실행합니다. 검증 데이터는 S3에 있는 검사 데이터 중 추론 모델의 학습에 이용된 데이터를 제외한 데이터를 사용합니다. 세이지메이커는 테스트에서도 S3로부터 데이터를 읽어들여 테스트하고, 결과를 다시 S3에 저장합니다. 반복 실행하는 데 들어가는 수고를 덜려면 이러한 일련의 과정을 자동화해야 합니다.

세이지메이커는 기계학습 인프라 관리를 크게 효율화해 개발 생산성을 높여주는 서비스입니다. 경험이 많지 않은 데이터 과학자도 이 서비스를 사용하면 시행착오 주기를 줄일 수 있어 습득 기간을 단축시킬 수 있습니다. 다만, 세이지메이커가 기계학습 그 자체를 자동화해주지는 않습니다. 기계학습 이론과 수학, 코딩 지식은 세이지메이커를 이용하기 전과 마찬가지로 필요합니다.

9.6 그린그래스에서의 에지 컴퓨팅

그린그래스에서 디바이스를 관리하는 구조는 [그림 9-4]와 같습니다.

그림 9-4 그린그래스 구성도

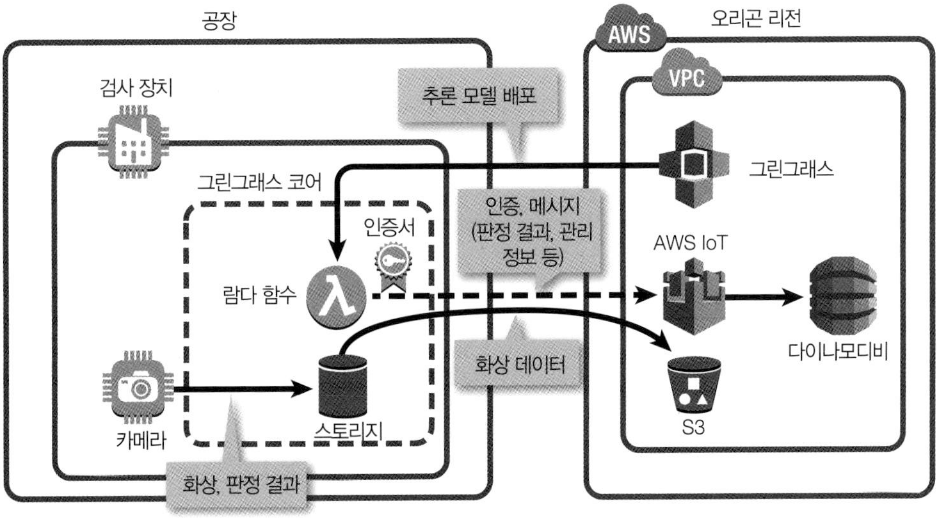

세이지메이커에서 트레이닝한 추론 모델을 동작 시키려면 그린그래스 코어가 필요합니다.

그린그래스 코어 동작에 필요 조건은 [표 9-2]와 같습니다. E 사와 같이 현장 기기에서 추론을 동작시키면 자원 소비가 많아집니다. 몇 가지 추론 모델을 검증한 다음 이에 맞춰 필요한 자원을 정의하는 것이 좋습니다. 그린그래스 코어에는 클라우드에서 개발한 AWS 람다와 추론 모델 동작에 필요한 런타임 라이브러리가 포함되어 있으며, 언어 런타임은 파이썬 3.7과 2.7 버전, Node.JS 8.10과 6.10 버전, 자바 8 버전을 지원합니다. 시판되는 검사용 장치가 그린그래스 코어 동작 요구조건을 만족시킨다면 설치해 사용할 수 있습니다. 아니면 그린그래스 코어가 동작하는 서버로부터 카메라나 센서에 접속해 사용하는 방법도 있습니다.

그린그래스에서는 기기와 그린그래스 코어를 그룹화하여 그린그래스 그룹이라고 부릅니다. 추론 모델 갱신 시에는 클라우드로부터 그린그래스 그룹을 대상으로 배포를 진행합니다. E 사에서는 작성한 모델을 검사 장치의 유지보수 시간 중에 그린그래스 서비스를 이용해서 배포하기로 했습니다.

표 9-2 그린그래스 코어 동작 요구조건

리소스

종류	내용
CPU	1GHz 이상
CPU 아키텍처	ARM 또는 x86
RAM	128MB 이상

OS

CPU 아키텍처	디스트리뷰션
ARMv7l	Raspian
x86_64	아마존 리눅스
x86_64	Ubuntu 14.04~16.04
ARMv8 (AArch64)	Ubuntu 14.04~16.04

그린그래스 코어에는 S3 등의 클라우드 자원에 액세스할 수 있어 AWS IoT와 메시지를 교환하는 기능도 제공합니다. 디바이스에 데이터를 저장할 수도 있습니다. E 사의 공장이 있는 아시아 개발 도상국에서는 통신 품질이 국내보다는 좋지 않고 클라우드와 접속이 끊기는 경우도 종종 있습니다. 데이터를 실시간으로 송신할 수 없을 수도 있어, 검사 장치에서 검사 결과와 영상을

저장해놓았다가 클라우드에 접속이 가능해지면 백그라운드에서 송신하는 것으로 했습니다.

AWS IoT에는 장치로부터 받은 메시지를 이벤트 규칙에 기반해 처리하는 엔진이 갖추어져 있습니다. E 사에서는 검사 결과 데이터를 클라우드에 저장하고 싶기 때문에 다이나모디비(DynamoDB)에 등록하는 규칙을 사용하기로 했습니다. 다이나모디비를 저장소로 선택한 이유는 AWS에서 제공하는 데이터베이스 서비스 중에서 가벼운 편에 속하며 접속 처리에 시간이 걸리지 않기 때문입니다. RDS도 비슷한 용도로 사용이 가능하지만 접속하는 데 1초 가량 걸리기 때문에 연결을 풀링할 수 없는 환경이거나 처리량이 일정치 않고 들쑥날쑥한 경우에는 적합하지 않습니다. 따라서 다이나모디비에 일단 메시지를 저장해놓고 이후 처리 특성에 따라 적절한 데이터베이스를 선택하는 것이 좋습니다.

화상 데이터는 그린그래스 코어로부터 S3에 전송합니다. 전송 목적지인 S3의 URI 설정은 미리 배포할 파일에 포함시키거나 AWS IoT 메시지에서 취득하는 것이 좋겠습니다.

AWS IoT의 메시지 기능을 사용하여 장치 관리를 효율적으로 할 수도 있습니다. 디바이스의 상태가 변경될 때 클라우드로 메시지가 송신되도록 해두면 고장이나 기기 이상 등의 상태 변화를 빠르게 알아차릴 수 있어 장치 관리의 대부분을 클라우드에 집중시킬 수 있습니다.

PART 4

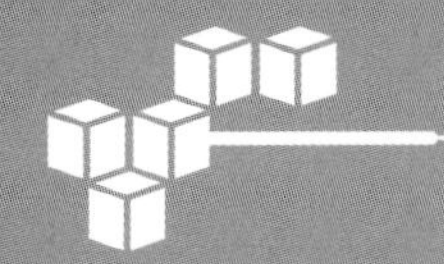

애플리케이션 쾌속 개발

패턴 10 서버 애플리케이션 쾌속 개발

완전 관리형 CI 서비스 이용하기
컨테이너로 무중단 릴리스하기

4부에서는 AWS 서비스를 활용하여 애플리케이션 쾌속 개발이 가능한 환경을 구축하는 방법을 살펴봅니다. 패턴 10에서는 서버 애플리케이션, 패턴 11에서는 모바일 앱 개발 환경 구축 방법을 살펴봅니다.

변화가 빠른 산업 분야를 중심으로 서버 애플리케이션을 빠르게 개발하는 환경 구축 방법이 도입됩니다. 구체적으로는 테스트 및 배포와 같은 단순 반복 작업을 자동화하고 간소화하여 서비스 기획, 프로그래밍처럼 경쟁력에 직결되는 핵심 업무에 집중할 수 있게 합니다.

AWS에는 쾌속 개발을 지원하는 다양한 서비스가 있습니다. 이번 패턴에서는 가상의 게임개발사 C를 예로 들어 AWS 서비스로 서버 애플리케이션을 빠르게 개발하는 환경을 구축하는 방법을 살펴봅니다.

C 사는 몇몇 창업 멤버가 설립한 게임 개발 스타트업입니다. 시장에는 해마다 많은 게임이 쏟아지는데, 그중 히트작은 극히 일부입니다. 수익 창출 가능성을 높이려면 단기간에 여러 게임을 출시해야만 합니다. 쾌속 개발이 가능한지 여부가 이 사업의 운명을 쥐고 있습니다.

쾌속 개발 환경에는 다음과 같은 항목이 요구됩니다.

개발할 때 반복되는 단순 작업을 자동화해야 합니다. C 사는 사용자 반응을 보면서 빈번하게 수정과 릴리스를 반복할 예정입니다. 그래서 개발자가 프로그래밍에 집중할 수 있는 테스트 환경 및 배포 자동화 시스템이 필요합니다.

자주 릴리스를 하지만 그때마다 서비스를 중지할 수는 없습니다. 그렇게 되면 사용자가 줄어들 테니까요. 따라서 무중단 릴리스도 필수입니다.

스타트업이라서 적은 인원과 자원으로 사업을 운영해야 합니다. 창업 멤버는 게임을 기획하는 디렉터, UI를 디자인하는 디자이너, 코드를 작성하는 개발자로 구성되어 있습니다. 당장은 인프라 전담 엔지니어를 둘 여유가 없습니다. 인프라 관리에 시간을 많이 들지 않았으면 좋겠습니다.

인프라 구축에 드는 초기 비용을 낮추는 것도 중요합니다. 또한, 서비스 종료 시에 철수 비용도 적어야 합니다. 일정 기간이 지나도 인기가 없는 경우 게임은 서비스를 종료해야 하기 때문입니다.

이러한 요구 사항을 정리한 서버 애플리케이션의 쾌속 개발을 지원하는 시스템 개요 및 인프라 핵심 설계 사항은 [그림 10-1]과 같습니다.

그림 10-1 서버 애플리케이션 쾌속 개발 환경의 개요와 인프라 핵심 설계 사항

쾌속 개발 환경의 개요

· 애플리케이션 개발 속도가 서비스 경쟁력을 좌우하기 때문에 쾌속 개발에 적합한 개발 환경을 마련하고 싶다.
· 릴리스가 빈번히 이루어지기 때문에 작업을 자동화하고 싶다.
· 무중단 릴리스하고 싶다.
· 인력과 자금이 한정되어 있으므로 시간과 비용을 아끼고 싶다.

인프라 핵심 설계 사항

❶ CI(지속적 통합) 서비스 이용
관리형 CI 서비스인 코드파이프라인(CodePipeline)을 사용하여 빌드와 테스트를 자동화한다.

❷ 실행 환경의 컨테이너화
애플리케이션 실행 환경을 컨테이터로 작성하여 관리형 컨테이너 관리 서비스인 ECS에 디플로이한다.

❸ 컨테이너 교체를 이용한 무중단 릴리스
ECS를 사용하여 블루그린(Blue-Green) 배포를 수행한다.

❹ 예약 인스턴스(RI)의 이용
지속적으로 이용하는 EC2 인스턴스에 대해서는 예약 인스턴스로 계약한다.

10.1 코드파이프라인으로 빌드, 테스트, 배포 자동화하기

빌드, 테스트, 배포를 자동화하는 방법을 AWS 코드파이프라인을 중심으로 살펴보겠습니다. 코드파이프라인은 자주 빌드와 테스트를 반복하여 개발 기간을 단축시켜주는 관리형 CI(Continuous Integration, 지속적인 통합) 서비스입니다(그림 10-2).

그림 10-2 고속으로 서버 애플리케이션을 개발하는 환경 구성도

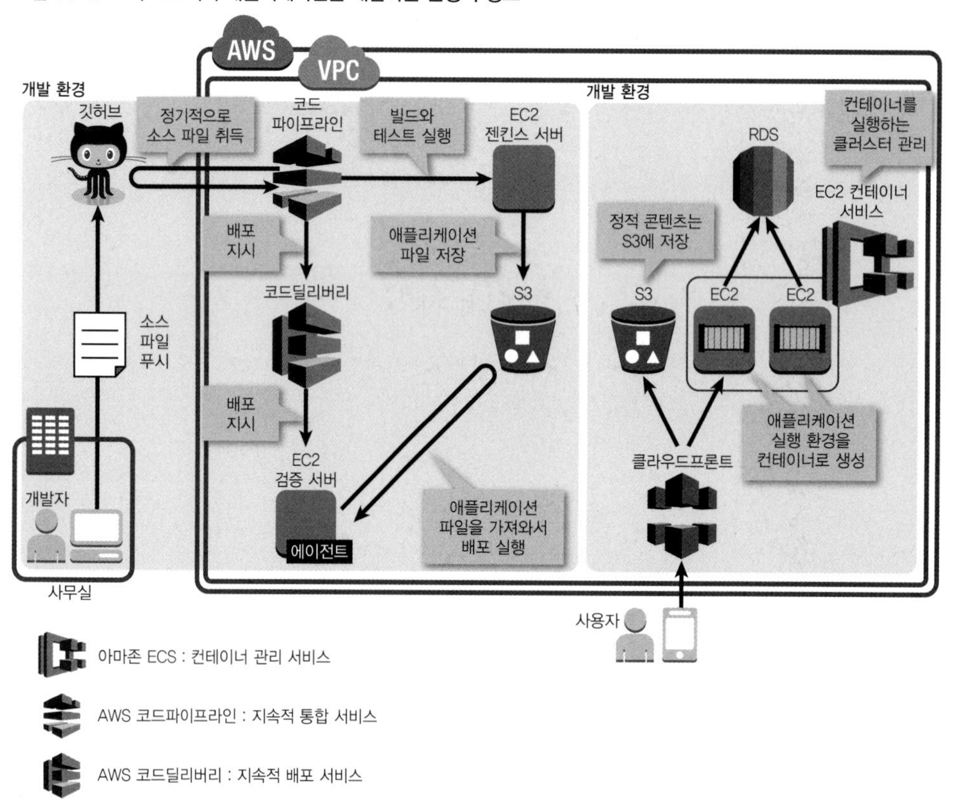

개발자가 애플리케이션의 소스 코드를 작성하여 클라우드형 코드 관리 도구인 깃허브(GitHub)에 등록(push)합니다. 코드파이프라인은 깃허브 소스 변경을 트리거로 작동하며 빌드와 테스트를 실행합니다.

빌드 및 테스트 실행에는 CI 도구인 젠킨스를 사용합니다. 젠킨스 서버는 가상 서버인 아마존 EC2 인스턴스에 설치하고 구축합니다. 코드파이프라인은 젠킨스와 연계하여 빌드와 테스트를

실행합니다. 빌드 및 테스트가 완료되면 오브젝트 스토리지 서비스인 아마존 S3에 배포할 파일을 출력합니다.

여기에 배포 자동화 서비스인 AWS 코드디폴로이(CodeDeploy)를 이용합니다. 코드디폴로이는 S3에 있는 빌드된 애플리케이션 파일을 검색하여 자동으로 EC2 인스턴스의 유효성 검사 서버에 배포합니다.

개발자는 빌드 및 테스트 결과를 확인하여 문제가 있으면 소스를 수정하고 깃허브에 다시 등록합니다. 디자이너는 스테이징 서버에 배포된 애플리케이션을 실행하여 UI를 확인합니다.

이러한 개발 환경을 구축해놓으면 개발자는 빌드나 자동화 테스트와 같은 단순 반복 작업에서 벗어나게 됩니다. 유닛 테스트를 포함한 테스트 코드 구현 작업이 쉽지는 않지만 그밖의 작업은 코드파이프라인을 중심으로 한 개발 환경이 자동으로 수행해줍니다. 덕분에 개발자는 본연의 업무인 애플리케이션 설계 및 프로그래밍에 집중할 수 있습니다.

개발 작업이 빠르게 진행되기 때문에 디자이너는 UI를 짧은 주기로 빈번하게 확인할 수 있습니다.

10.2 프로덕션 환경에 컨테이너를 이용하여 효율화하기

검증이 완료되면 애플리케이션을 프로덕션 환경에 배포합니다. 배포는 비즈니스의 세 가지 요구 사항을 충족해야 합니다.

첫째는 자동화입니다. 빈번한 애플리케이션 배포가 예상되기 때문에 작업 시간을 줄일 수 있는 있었으면 합니다. 둘째는 자원 공유입니다. 많은 수의 게임을 릴리스하다 보면 인기가 많아 자원 소비가 큰 몇몇 게임과 자원 소비가 적은 다수의 게임이 혼재하는 상황이 될 겁니다. 자원 소비가 적은 게임에 고정적으로 EC2 인스턴스를 할당하는 것은 비용 낭비입니다. 사용자가 적은 여러 게임을 EC2 인스턴스에 동거시켜 자원을 효율적으로 이용하도록 하고 싶습니다. 셋째는 무중단 배포입니다. 게임은 수시로 업데이트를 합니다. 배포 시에 사용자가 게임을 중단하는 일이 없도록 무중단 릴리스를 원합니다.

이러한 요구에 부응하기 위해 애플리케이션과 실행 환경을 컨테이너로 작성하여 운영 환경에 설치와 배포를 수행하기로 했습니다. 구체적으로는 컨테이너 관리 서비스 아마존 ECS(Elastic Container Service)를 이용합니다.

컨테이너는 리눅스 커널의 기능을 이용한 OS 내 가상화 애플리케이션 실행 환경입니다. 컨테이너를 만들고 실행을 체계화한 도구로는 도커(Docker)가 잘 알려져 있습니다. 컨테이너는 애플리케이션 실행 기반을 구성하는 라이브러리와 애플리케이션을 포함합니다.

ECS는 EC2 인스턴스에서 컨테이너 실행을 관리하는 관리형 서비스입니다. 컨테이너 생성, EC2 인스턴스에서 배포 시작 등의 배포 작업을 자동화합니다. 컨테이너를 만드는 단계에서는 도커에서 다루는 형식으로 빌드한 이미지 파일을 ECS에 등록하면 됩니다.

ECS를 이용하려면 컨테이너를 실행하는 EC2 인스턴스를 생성하고 ECS에 등록합니다. ECS의 관리 콘솔에서 컨테이너의 필요 자원 및 실행 수를 설정하고 애플리케이션의 이미지 파일을 등록합니다. 이제 프로덕션 환경에서 배포할 준비가 완료되었습니다. 어떤 EC2 인스턴스에서 컨테이너가 시작되는지는 ECS가 관리합니다.

데이터는 아마존 RDS에 유지하여 애플리케이션과 독립시킵니다. 애플리케이션의 빈번한 배포에 의해 영향을 받지 않도록 하기 위해서입니다. 정적 콘텐츠는 아마존 클라우드프론트와 S3의 조합으로 배포합니다.

10.3 GUI를 통해 빌드 및 배포 워크플로 만들기

C 사가 이용하는 코드파이프라인은 빌드, 테스트, 배포와 같은 일련의 흐름을 정의하고 실행하는 관리형 서비스입니다. 코드파이프라인은 빌드 검증 환경 각 스테이지를 GUI 조작만으로 설정할 수 있습니다(그림 10-3).

코드파이프라인에서는 릴리스 프로세스에 실행되는 각각의 처리를 스테이지라고 부릅니다. 스테이지로는 Source, Build, Beta 등이 있습니다. Source는 소스 코드의 변경을 트리거로 하여 소스 파일을 가져오는데, 소스 코드를 포함하는 저장소를 폴링하여 변경 사항을 감지하는 방식으로 동작합니다. 이번에는 깃허브를 코드파이프라인의 소스 저장소로 사용했습니다. 개발자가 깃허브에 소스 코드를 등록하면 코드파이프라인이 자동적으로 이를 검출하여 Source 이하의 파이프라인을 실행합니다.

Source(소스 코드의 취득)가 성공하면 자동으로 다음 스테이지가 실행됩니다. 실패하면 거기서 중단되고 다음 스테이지는 실행되지 않습니다.

Build에서는 빌드와 테스트를 실행하는 방법을 지정합니다. 서드파티 빌드, 테스트 도구도 지원됩니다. 여기에서는 젠킨스와 연계해보겠습니다. 연계 대상으로 젠킨스를 선택하여 젠킨스 서버의 URL과 작업(Job)을 지정합니다. 젠킨스 서버에서는 코드파이프라인 플러그인을 AWS에서 검색하여 설치해야 합니다. 젠킨스는 파일 배포 대상으로 S3를 지정합니다.

그림 10-3 코드파이프라인의 파이프라인 정의 화면

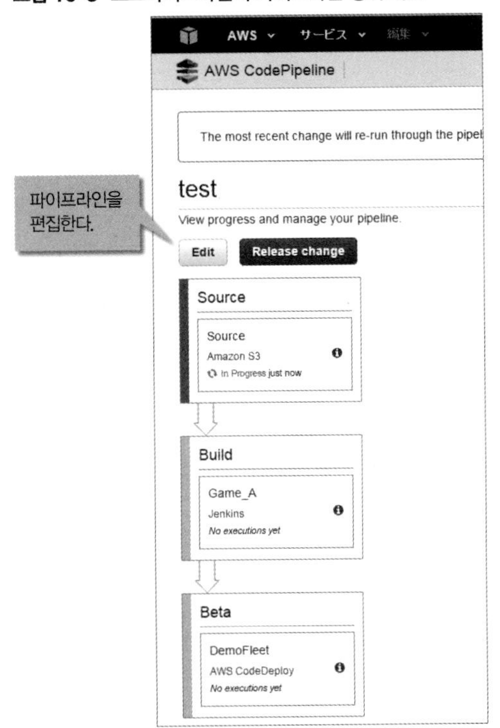

Build가 성공하면 Beta가 실행됩니다. Beta에서는 배포 방법을 선택합니다. 이번에는 코드디폴로이를 이용합니다.

코드디폴로이는 배포에 특화된 서비스로서 코드파이프라인의 Beta 스테이지와 연계하여 작동합니다. 배포 소스 및 배포 대상, 배포 방법을 설정합니다.

C 사는 젠킨스로 빌드한 애플리케이션 파일을 S3에 출력하여 검증 환경의 EC2 인스턴스에 배

포합니다. 검증 환경의 EC2 인스턴스를 미리 준비해둡시다. EC2 인스턴스에는 코드디플로이 에이전트를 설치해야 합니다. 배포 대상 애플리케이션 설치 방법을 앱펙(AppSpec)이라는 파일에 작성하여 코드디플로이에 등록합니다. 앱펙 파일의 작성법은 AWS가 정의했으며 YAML 형식으로 작성합니다.

코드파이프라인으로 파이프라인을 작성해두면, 소스 코드가 변경될 때마다 파이프라인이 자동으로 실행됩니다. 파이프라인은 Build를 반복하거나 분산하여 스테이지를 병렬로 실행할 수 있습니다.

코드파이프라인의 요금은 활성 파이프라인당 월 1달러입니다. 활성 파이프라인이란 1개월간 사용하면서 코드를 1회 이상 변경한 파이프라인을 말합니다. 새로운 코드 변경이 없는 파이프라인에 대해서는 요금이 청구되지 않습니다.

10.4 AWS가 제공하는 컨테이너 관리 서비스

컨테이너가 동작하는 프로덕션 환경인 ECS(Elastic Container Service)에 대해 살펴봅니다. ECS에서 다루는 개념은 다소 복잡합니다. [그림 10-4]를 보면서 그 구조를 살펴보겠습니다.

❶ EC2 인스턴스 등록

애플리케이션이 실행되는 EC2 인스턴스를 ECS에 등록합니다. 이 EC2 인스턴스를 컨테이너 인스턴스라고 합니다. ECS에서 사용할 수 있게 EC2 인스턴스 위에 도커 에이전트와 (AWS가 제공하는 에이전트인) ECS 에이전트가 작동해야 합니다. AWS에는 ECS에서 동작하는 환경이 설치된 AMI인 ECS-optimized AMI가 준비되어 있습니다. 이 AMI에서 시작된 EC2 인스턴스는 즉시 ECS에서 사용할 수 있습니다.

❷ 클러스터 만들기

컨테이너 인스턴스를 그룹화하여 가상화된 클러스터를 만듭니다. 애플리케이션(컨테이너) 배포는 클러스터에 대해 실행됩니다. 어떤 컨테이너 인스턴스에 컨테이너를 배치할지는 ECS가 정해서 관리합니다.

그림 10-4 ECS의 개요

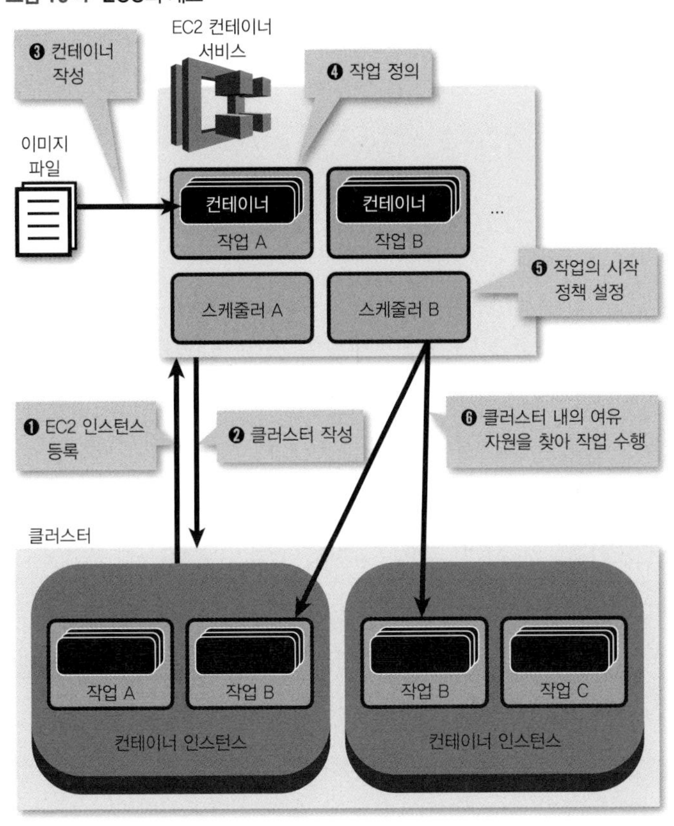

❸ 컨테이너 만들기

컨테이너를 만듭니다. 컨테이너 실체는 도커용으로 빌드된 이미지 파일입니다. 애플리케이션의 코드와 실행 환경 라이브러리로부터 이미지 파일을 빌드하여 ECS에 컨테이너로 등록합니다.

❹ 작업의 정의

여러 컨테이너를 그룹화하여 배포와 실행의 최소 단위가 되는 작업을 정의합니다. 여러 컨테이너를 항상 같은 컨테이너 인스턴스에서 실행하려면 작업 하나에 등록하면 됩니다. 애플리케이션 하나가 여러 컨테이너로 구성되는 경우가 이에 해당합니다.

작업 정의에는 필요한 자원을 설정합니다. 작업이 실행되는 컨테이너 인스턴스에서 얼마나 자원을 확보하는지를 설정합니다. 예를 들어 애플리케이션을 실행하는 데 필요한 리소스로 CPU 2000, 메모리 10000을 설정하면 ECS는 필요 리소스를 확보할 수 있는 컨테이너 인스턴스를 찾아 작업을 수행합니다. CPU는 CPU 유닛이라는 AWS의 고유 단위를, 메모리는 메가바이트 단위를 사용합니다.

❺ 작업의 시작 정책 설정

작업 시작 정책을 스케줄러로 설정합니다. 작업 정책에는 작업 시작(Run Task)과 서비스(Service)가 있으며, 실행 시 동작이 다릅니다. 작업 시작은 배치와 같이 수동으로 한 번 실행합니다. 서비스는 설정된 작업의 시작 수를 상시 유지하도록 작동이 중지된 경우 자동으로 복구합니다. C 사에서는 항상 애플리케이션을 실행하고 있기 때문에 서비스를 선택했습니다.

그다음은 시작 작업의 수를 설정합니다. 리소스가 많이 드는 인기 게임이라면 작업 수를 크게 설정하고 그렇지 않으면 작업 수를 적게 합니다.

❻ 작업 실행

작업을 실행합니다. 이때 ECS는 클러스터의 여유 자원을 자동으로 찾고, 실제로 작업을 동작시키는 컨테이너 인스턴스를 결정합니다. (스케줄러로 설정한) 작업에 필요한 자원을 빈 컨테이너 인스턴스로부터 찾아 확보하여 작업을 시작합니다.

❶과 ❷는 사전 준비에 해당합니다. 인프라에 자신 있는 팀원이 설정을 담당하면 좋을 겁니다. ❸~❻은 프로덕션 환경에 배포할 때 개발자가 할 일입니다. 관리 콘솔에서 설정하며, 배포용 스크립트를 만들 필요가 없습니다.

또한 ECS의 핵심 컨테이너 기술인 도커는 리눅스 커널을 사용하므로 컨테이너 인스턴스로 윈도우 계열을 사용할 수 없습니다. 여러 작업을 하나의 OS에서 실행하므로 포트 번호가 중복되지 않게 주의할 필요가 있습니다.

10.5 무중단 신 버전 배포하기

ECS를 사용하면 블루-그린 배포(Blue-Green Deployment)라는 방법으로 무중단 배포가 가능합니다(그림 10-5).

먼저 신 버전 애플리케이션을 작업으로 만들어 ECS에서 배포합니다. 이때 새로운 게임 서버에서 사용하는 포트 번호를 변경합니다(❶)).

다음으로 로드 밸런서인 ELB에서 연결 대상을 기존에 사용하던 포트에서 새로운 포트로 전환합니다(❷). 이전 애플리케이션에서 실행되는 트랜잭션이 완료될 때까지 기존 애플리케이션의 작업이 동작합니다. 처리할 트랜잭션이 없어지면 이전 애플리케이션의 작업을 제거합니다(❸).

그림 10-5 ECS를 이용한 무중단 배포

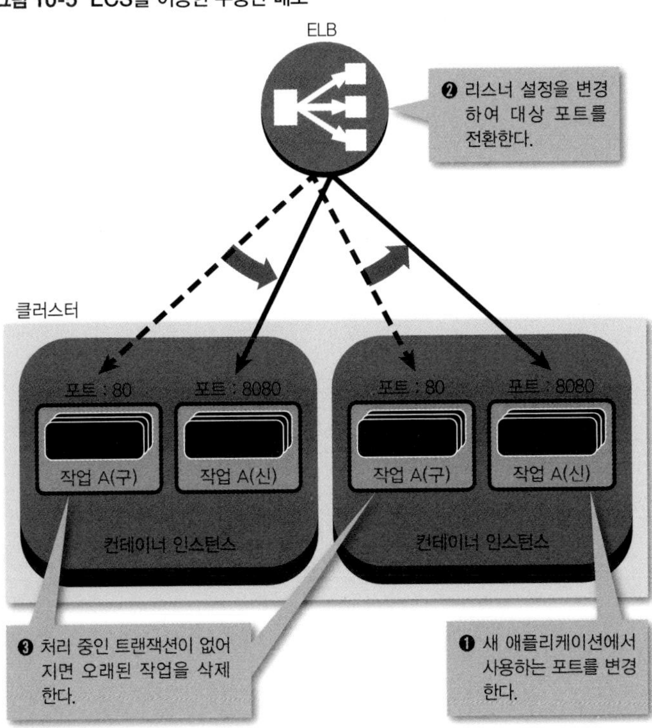

10.6 예약 인스턴스로 추가 비용 절감하기

ECS 이용 비용에 대해서 살펴보겠습니다. ECS 이용 자체에는 요금이 부과되지 않습니다만 EC2를 비롯한 서비스를 이용하면 비용이 발생합니다.

여러 EC2 인스턴스를 사용하는 환경에서 ECS를 이용하면 비용 최적화에 도움이 됩니다. EC2 인스턴스(컨테이너 인스턴스) 하나로 여러 작업을 수행할 수 있기 때문입니다. 애플리케이션 하나가 EC2 인스턴스 하나를 사용하면 자원 낭비가 많습니다. 대다수 AWS 이용 기업에 있어 EC2 인스턴스 요금은 비용 대부분을 차지합니다. 컨테이너화를 활용해 EC2 인스턴스 자원을 여러 작업에서 공유할 수 있다면, 불필요한 EC2 인스턴스 사용을 피할 수 있습니다.

EC2 인스턴스 구매 방식을 연구하면 추가로 비용을 줄일 수 있습니다. 1년 또는 3년간의 인스턴스 사용권을 구입하는 예약 인스턴스를 이용하는 겁니다(그림 10-6). 이러한 구매 방법은 ECS에서 클러스터를 구성하는 컨테이너 인스턴스 수가 장기적으로 일정 수 이상이 되는 경우에 효과적입니다.

그림 10-6 AWS 환경에서의 백업 구성도

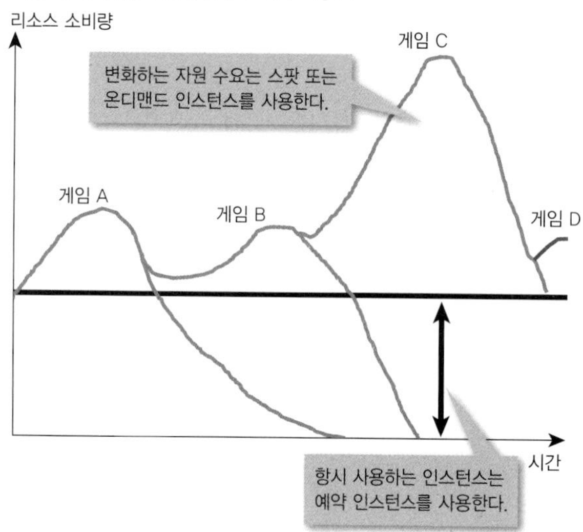

예약 인스턴스는 ECS와 특히 궁합이 좋으므로 적극적으로 사용을 고려해보기 바랍니다. 개별 애플리케이션을 컨테이너화하지 않고 개별 EC2 인스턴스에서 작동시킬 경우, 예약 인스턴스 이용은 기간이 짧아지거나 철회되는 경우 오히려 낭비 요인이 되고 맙니다. 그러나 ECS는 자원을 여러 애플리케이션에서 공유합니다. 게임 하나가 서비스를 중지해도 다른 게임이 히트하고 있다면 예약 인스턴스가 낭비되지 않습니다.

운용할 때는 전체 리소스가 부족한지 여부를 확인하고 부족할 경우 온디맨드 인스턴스 또는 스팟 인스턴스를 추가합니다. 온디멘드 인스턴스는 일반적인 구매 방식으로 사용한 만큼만 과금됩니다. 스팟 인스턴스는 AWS의 유휴 자원을 경매 형식으로 구매하는 것으로서, 사용자가 설정한 입찰 금액이 수급 상황의 변화에 따라 변화하는 시장 가격보다 높으면 인스턴스를 시작할 수 있습니다.

3가지 방법을 적절하게 사용하기 저렴한 글레이셔로 장기 보관하기

AWS 서비스를 사용하면 스마트폰 네이티브 앱도 빠르게 개발할 수 있습니다. 모바일 앱에서 S3 등의 AWS 서비스로의 액세스를 제공하는 SDK를 사용하면 서버 애플리케이션을 구축하고 유지보수할 필요가 없습니다. 또한 실제 단말기를 사용한 테스트 자동화 서비스도 제공합니다.

10장에서는 서버 애플리케이션의 개발을 가속하는 방법으로 관리형 CI(지속적인 통합) 서비스 이용 및 관리형 컨테이너 서비스를 활용한 배포를 소개했습니다. 이러한 방법을 사용함으로써 서버 애플리케이션 빌드, 테스트, 배포 작업을 자동화하여 업데이트 시에도 중단 없이 신속하게 서비스를 출시할 수 있습니다.

이번 패턴에서는 스마트폰이나 태블릿의 네이티브 앱(모바일 앱)을 신속하게 개발하는 경우 유용한 서비스와 패턴화된 서버 환경을 신속하게 만드는 방법을 설명합니다. 모바일 앱을 사용해 교육 서비스를 제공하는 가상 온라인 교육회사 D 사를 예로 들어 AWS를 사용해 쾌속 개발 환경을 만드는 방법을 살펴봅니다.

D 사는 iOS 및 안드로이드 모바일 앱을 사용하여 영어나 자격 테스트 준비와 같은 사회인을 위한 교육을 제공하는 새로운 서비스를 3년 전부터 개발했습니다. 서비스는 안정적인 수익을 낳을 수 있는 성장 단계에 들어서고 있습니다.

여기에 몇 가지 과제가 등장했습니다. 사업 확대를 위해 추가로 앱을 늘려가고 싶지만 한편으로는 경쟁사의 추격을 받고 있기 때문에 기존 앱의 업데이트에 손을 놓을 수 없습니다. 모바일 앱을 더 빠르게 개발해야 하는 상황에 닥친 겁니다. 게다가 일부 앱은 해외에서도 통할 듯합니다. D 사는 국내뿐만 아니라 해외에도 진출하고 싶기 때문에 해외에서의 서비스 개시도 가능한 한 빨리 진행하고 싶습니다.

11.1 모바일 앱 개발에 집중하기

앱 개발을 빠른 속도로 진행하려면 엔지니어가 모바일 앱 개발에 집중할 수 있는 환경을 구축해야 합니다. 또한, 개발 속도의 발목을 잡는 단말기 테스트도 효율적으로 실시할 수 있으면 좋겠습니다. 해외 진출은 개발과 서비스 제공에 사용되는 서버 인프라를 빠르게 준비하는 것이 성공의 열쇠입니다(그림 11-1).

그림 11-1 모바일 앱 쾌속 개발 환경의 개요와 인프라 핵심 설계 사항

쾌속 개발 환경의 개요

■ 스마트폰용 앱 개발의 효율을 올리고 싶다.
- 개발자 혼자서도 모바일 앱의 업데이트 작업을 진행할 수 있게 하고 싶다.
- 실제 단말기를 사용한 테스트 효율을 높이고 싶다.

■ 가급적 빨리 해외로 진출하고 싶다.
- 개발, 검증, 운영 환경을 빠르게 만들고 싶다.

인프라 핵심 설계 사항

❶ **AWS 모바일 SDK 이용**
모바일 앱으로부터 S3에 직접 접속하면 서버 애플리케이션을 개발할 필요가 없다.

❷ AWS 센터에 있는 실제 단말기를 사용한 테스트 서비스인 AWS 디바이스 팜(AWS Device Farm)을 이용하여 실제 단말기를 가지지 않고도 자동 테스트를 실행한다.

❸ **템플릿으로 인프라 구축**
아마존 클라우드포메이션(Amazon CloudFormation)을 사용하여 해외 거점에서 이용할 개발, 검증, 운영 환경을 단기간에 구축한다.

모바일 앱 개발에 집중하려면 선결 과제가 있습니다. 요즘 모바일 앱은 클라이언트와 서버가 함께 작동하지 않으면 기능을 수행할 수 없습니다. 모바일 앱과 서버 애플리케이션은 병행 개발되고 결합하여 테스트를 실시합니다. 여기에는 시간이 많이 소요되며 클라이언트와 서버에 각각 다른 개발 능력이 요구됩니다.

모바일 앱 개발은 실제 단말기 테스트에 시간과 비용이 많이 들어갑니다. 개발 환경인 에뮬레이터에서는 발생하지 않는 현상이 있어 실제 단말기 테스트는 필수입니다. 따라서 다양한 단말기를 구입해서 사내에서 테스트해야 합니다. 테스트를 대행하는 업체도 있지만, 사람 손으로 하는 일이기 때문에 시간이 걸린다는 점은 바뀌지 않습니다. 사내에서 테스트하는 경우에 비해 테스트 정확도가 떨어질 수도 있습니다.

서버 애플리케이션을 동시에 개발하는 문제와 단말기 테스트 문제를 해결한다면 모바일 앱 개발 속도가 크게 향상될 겁니다.

빠른 해외 진출에는 두 가지 문제가 있습니다. 첫 번째는 서비스 제공자와 가까운 위치에 개발 및 검증 서버가 필요하다는 점입니다. 지리적으로 멀리 떨어진 국내 데이터 센터에 접속하면 응답 속도가 늦어져 사용자 경험이 악화됩니다. 또 한 가지는 개발, 검증 환경의 빠른 구축입니다. D 사는 서비스 내용을 지역화하는 개발팀을 현지점에 두기로 했습니다. 해외 개발팀이 사용하는 개발, 검증 환경을 마련해야 합니다.

11.2 SDK, 테스트 서비스, 구성 관리 서비스 활용하기

이러한 과제 해결을 염두에 두어 구축한 시스템 구성도는 [그림 11-2]와 같습니다.

[그림 11-2]의 중간에 있는 회색 부분은 기존 환경입니다. 모바일 앱으로부터 받은 요청을 처리하는 웹 서버는 가상 서버인 아마존 EC2를 사용합니다. EC2는 로드밸런서인 ELB를 통해 이중으로 구성했습니다. DB 서버는 관리형 RDS 서비스 아마존 RDS를 이용했으며 멀티-AZ 기능으로 이중화했습니다.

정적 콘텐츠는 오브젝트 스토리지 서비스인 아마존 S3에 배치하고 콘텐츠 전송 네트워크(CDN) 서비스인 아마존 클라우드프론트를 사용하여 제공합니다. S3와 클라우드프론트의 조합은 지금까지도 몇 차례 등장한 정적 콘텐츠 유통 비용을 절감하는 설계 패턴입니다.

그림 11-2 고속으로 모바일 앱을 개발하는 환경 구성도

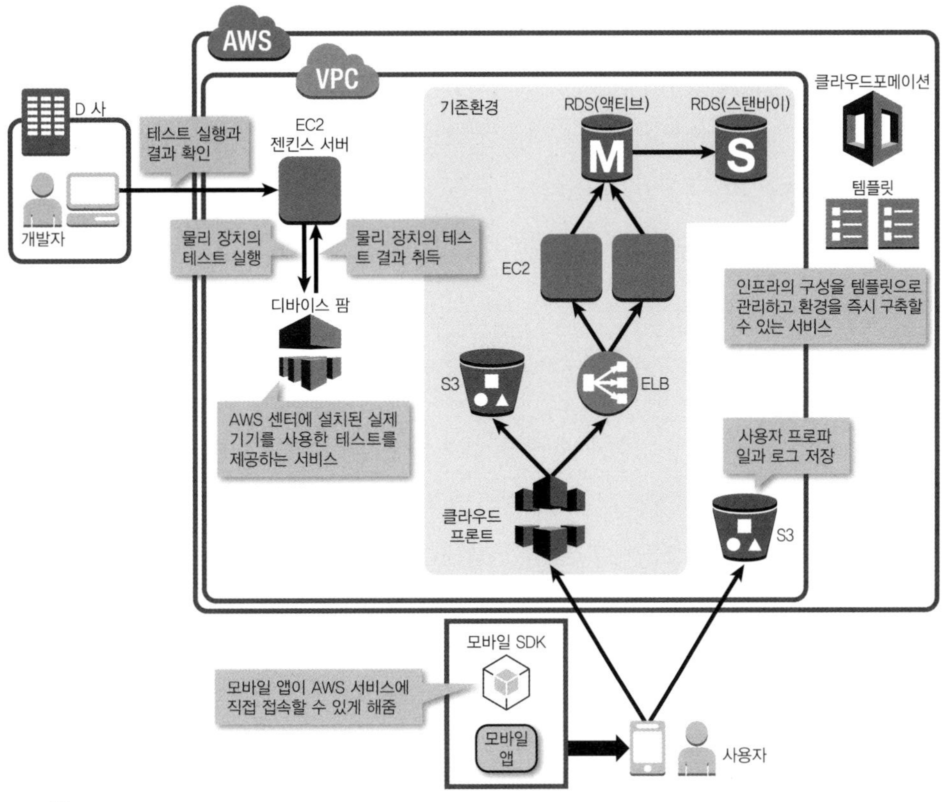

디바이스 팜 : 실제 기기를 사용한 모바일 앱 테스트를 제공하는 서비스

클라우드포메이션 : AWS 리소스 모음을 쉽게 관리하게 생성하는 서비스

새로 도입하는 서비스는 다음과 같이 세 가지입니다.

첫 번째는 모바일 앱 개발에 집중하는 환경을 만들고자 채택한 AWS 모바일 SDK(AWS Mobile SDK)입니다. 이것은 여러 모바일 앱용 라이브러리로 구성된 SDK(소프트웨어 개발 키트)입니다. D 사는 S3 직접 접속 기능을 제공하는 라이브러리를 사용하기로 했습니다. 기존에는 EC2 인스턴스에 구현한 서버 애플리케이션을 통해 S3에 액세스했기 때문에 서버 애플리케이션을 구축하고 유지보수하는 데 시간이 들었습니다. 하지만 직접 AWS 접속할 수 있게 되면 이러한 번거로움을 줄일 수 있습니다.

두 번째는 실제 단말기에서 테스트를 효율화하는 테스트 서비스인 AWS 디바이스 팜입니다.

디바이스 팜은 AWS 센터에 설치된 다양한 실제 단말기를 원격으로 조작하여 온라인 테스트 결과를 얻을 수 있는 서비스입니다. 디바이스 팜을 이용하면 테스트용 단말기를 준비할 필요가 없습니다.

또한 다수의 스마트 폰에서 동시에 테스트를 실행할 수 있습니다. 테스트 시에 실제 단말기를 반복적으로 조작할 필요가 없어 개발 기간도 단축할 수 있습니다. 테스트는 CI 도구인 젠킨스에서 실행합니다. 디바이스 팜은 젠킨스 서버에서 관리할 수 있습니다.

세 번째는 빠르게 AWS 환경 구축을 할 수 있는 서비스인 AWS 클라우드포메이션입니다. EC2를 비롯해 AWS 서비스로 구성된 환경을 템플릿으로 준비해두면 클라우드포메이션 기능을 사용하여 일체 환경을 즉시 구축할 수 있습니다. D 사가 제공하는 모바일 앱의 실행에 필요한 환경은 어떤 앱에서도 공통으로 사용되는 서비스들로 구성되어 있습니다. 따라서 일단 템플릿을 생성하면 다양한 앱 환경을 구축할 때 공통적으로 사용할 수 있습니다.

해외 진출 대상 현지 리전에 서버를 구축할 겁니다. 이는 개발, 검증, 운영 환경을 단기간에 구축하여 서비스 출시에 걸리는 기간을 최대한 단축하기 위해서입니다.

11.3 모바일 앱으로 직접 AWS 서비스에 접속하기

모바일 SDK는 AWS 사이트에서 다운로드할 수 있습니다. 압축 파일 안에는 라이브러리, 소스 코드, 문서가 들어 있습니다. 라이브러리는 개발 언어별로 준비되어 있습니다. 안드로이드는 자바, iOS는 오브젝티브-C와 스위프트로 제공합니다. 개발 환경에 맞는 라이브러리를 읽어 AWS 서비스에 접속하는 추가 프레임워크로 사용합니다.

모바일 SDK 라이브러리는 AWS 서비스에 접속하는 API를 랩핑한 인터페이스를 제공합니다. 랩핑한 인터페이스는 접속할 수 있는 서비스 플랫폼의 종류에 따라 다릅니다. 개발자가 이 인터페이스를 사용합니다. 주요 서비스는 이번에 사용한 S3 외에도 관리형 NoSQL DB 서비스인 아마존 다이나모디비(Amazon DynamoDB)와 계정 관리 서비스인 아마존 코니토(Amazon Cognito) 등이 있습니다. 모바일 SDK의 종류와 특징은 [표 11-1]과 같습니다.

표 11-1 모바일 SDK 종류

모바일 SDK	특징	주요 이용가능 서비스
Mobile SDK for iOS	iOS용 SDK. 오브젝티브-C, 스위프트 지원. S3로의 접속은 동기처리로 구현한다.	S3, 람다, EC2, 다이나모디비, 코니토, SNS, SQS, 클라우드워치, 모바일 애널리틱스
Mobile SDK for Android	안드로이드용 SDK. 자바 지원. S3로의 접속은 비동기처리로 구현한다.	S3, 람다, EC2, 다이나모디비, 코니토, SNS, SQS, 클라우드워치, 모바일 애널리틱스
Mobile SDK for Unity	플랫폼 공통의 게임 개발 환경인 유니티용 SDK. C# 지원.	S3, 람다, 다이나모디비, 코니토, 모바일 애널리틱스

모바일 앱에서는 로직만 수행하고, 서버에서는 사용자 정보나 로그만을 저장하면 도입 효과를 볼 겁니다. 모바일 SDK를 사용하지 않는 기존 개발 방법으로는 서버 애플리케이션을 개발하여 S3에서 데이터를 읽거나 저장하여 스마트 폰에서 오는 요청을 처리했습니다(그림 11-3).

그림 11-3 모바일 SDK를 사용해 AWS 서비스에 직접 접속하기

▶ 모바일 SDK를 사용하지 않음 : 서버 애플리케이션을 경유해서 AWS 서비스에 접속

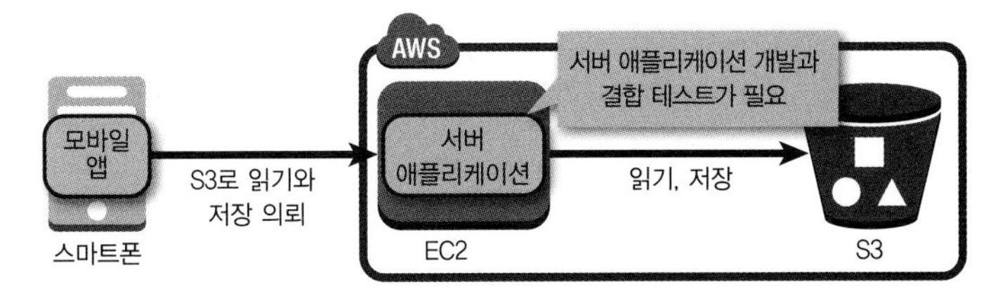

▶ 모바일 SDK를 사용함 : 직접 AWS 서비스에 접속

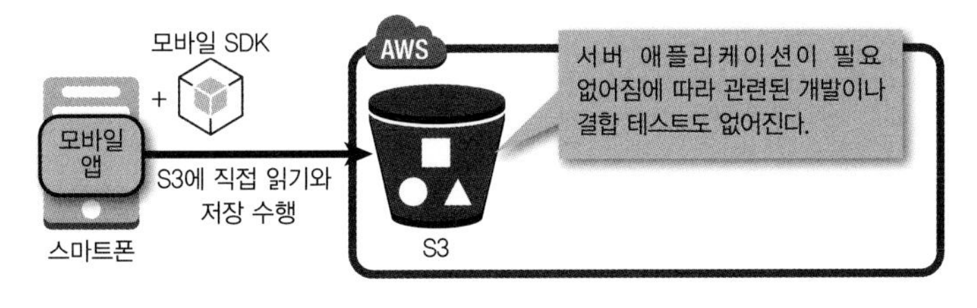

AWS 모바일 SDK를 사용하지 않으면 모바일 앱과 서버 애플리케이션을 각각 개발해야 합니다. 그러려면 iOS, 안드로이드 등의 모바일 앱에 개발자와 서버 애플리케이션 개발에 익숙한 개발자가 모두 개발팀에 속해 있어야 합니다. 게다가 모바일 앱과 서버 통합 테스트를 거쳐야 하고 EC2 인스턴스 운용이라는 수고도 들게 됩니다. 이 모두가 개발 속도를 저하시키는 원인입니다.

모바일 SDK를 사용하며 모바일 앱에서 직접 S3에 데이터를 읽고 쓸 수 있습니다. 모바일 SDK의 라이브러리가 모바일 앱의 내부에서 동작하여 S3 API에 접속하고 결과를 반환하기 때문에 서버 애플리케이션 개발, 모바일 앱과 서버의 통합 테스트, EC2 인스턴스 운영이 필요 없게 됩니다. 클라이언트 앱만 개발하면 되기 때문에 모바일 앱 개발자만 있어도 빠르게 새로운 앱을 개발하고 기존 앱을 업데이트할 수 있습니다.

또한 모바일 SDK를 이용한 AWS 서비스에 대한 직접 액세스와 EC2 인스턴스의 서버 애플리케이션에 대한 HTTP 접속은 같은 애플리케이션 내에서 공존하게 됩니다. 모바일 SDK는 어디까지나 부가적인 라이브러리에 불과하며 앱 제작을 제약하지는 않습니다.

서비스 특성에 따라 서버 애플리케이션이 필요한 경우도 있습니다. 서버 처리가 중심이 되어 많은 사용자가 클라이언트로 참여하는 서비스입니다. 이처럼 서버 처리가 중심이 되는 경우는 데이터 읽고 쓰기를 서버에서 처리하는 것이 자연스럽습니다. 앱의 특성에 따라 모바일 SDK를 사용해 클라이언트 측에서 처리하는 기능을 결정하면 됩니다.

모바일 SDK를 이용해서 개발하는 경우는 필요한 모듈만을 포함시켜 앱 크기를 줄일 수 있습니다. D 사 서비스는 S3를 사용자 정보와 로그만을 읽고 쓰는 용도로만 사용했기 때문에 S3 모듈을 포함시켜 배포합니다.

11.4 단말기를 구입할 필요가 없는 단말기 테스트

모바일 앱은 개발 환경 에뮬레이터에서 기능 장애나 화면 표시에 문제가 없는지 확인한 후에 실제 단말기에서 테스트합니다. 실제 단말기를 사용한 테스트가 필요한 이유는 Wi-Fi 연결 상태, CPU, 메모리 등에 따라서 동작이 달라질 수도 있기 때문입니다. 물리적 장치 종류, OS 버전, 통신 상태 조합으로 테스트하게 되는데, 시간이 많이 듭니다. 자주 앱을 업데이트하려면 더 효율적인 단말기 테스트 방법이 필요합니다.

디바이스 팜은 클라우드에서 실제 단말기 테스트를 실행하는 서비스입니다. 디바이스 팜은 다음과 같은 순서로 테스트합니다.

1 디바이스 팜 콘솔에서 프로젝트(Project)를 작성합니다. 프로젝트는 테스트 앱과 테스트 방법 등을 정의한 테스트 실행 단위입니다. 프로젝트를 통해 동일한 테스트를 반복해서 할 수 있습니다.

2 콘솔을 통해 앱의 실행 파일을 업로드합니다.

3 테스트 방법을 설정합니다. 앱피움(Appium)을 비롯한 대표적인 테스트 프레임워크를 지원합니다. 수행할 테스트 케이스에 대한 테스트 프레임워크에 따라 테스트 스크립트를 작성하여 업로드합니다. 임의로 화면 터치와 키 입력을 실행하는 퍼즈(Fuzz)라는 디바이스 팜에 내장된 테스트 스위트(테스트 케이스의 모음)도 있습니다.

4 테스트를 실행하는 물리적 장치 유형을 선택하는 디바이스 풀(Device Pool)로 등록합니다. 여기에서 선택한 물리적 장치를 테스트가 실행되는 동안 점유하고 이용하게 됩니다.

5 장치의 상태를 설정합니다. 테스트 실행 시의 Wi-Fi 연결 상태, 언어, 위치 정보, 설치된 다른 앱과 데이터 등을 설정할 수 있습니다.

설정을 완료하면 테스트를 실행하는데 테스트는 선택한 장치에서 병렬로 실행됩니다. 실행 후에는 테스트 결과의 요약 및 각 장치의 테스트 로그, 스크린 샷, 성능 데이터(CPU 사용량, 메모리 사용량, 스레드 수)가 표시됩니다(그림 11-4).

그림 11-4 디바이스 팜의 테스트 결과 화면

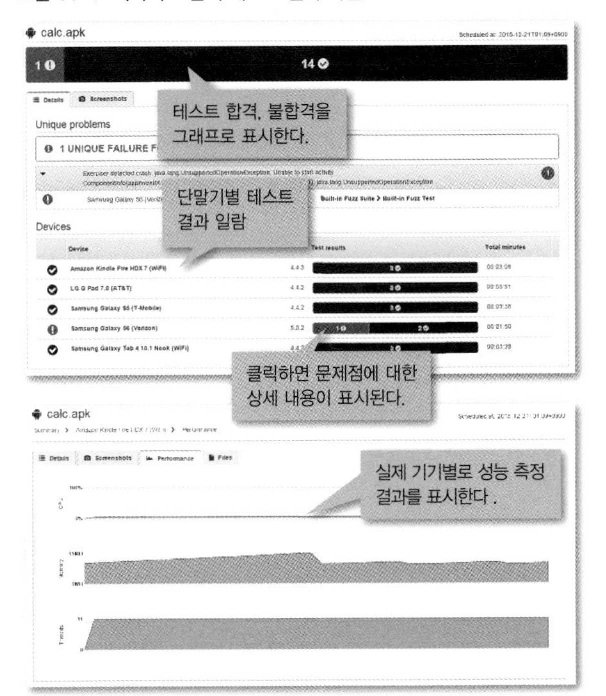

젠킨스에 AWS 디바이스 팜 젠킨스 플러그인을 도입하면 젠킨스에서 디바이스 팜 테스트를 실행할 수 있습니다. 이 방법을 사용하면 패턴 10에서 소개한 코드파이프라인에 의한 자동 테스트에 디바이스 팜 단말기 테스트를 포함할 수 있어 더 편리합니다.

디바이스 팜에서 테스트할 때 이통사와의 연결(LTE, 3G 등)은 없습니다. 즉 Wi-Fi 연결 환경에서만 테스트할 수 있습니다. 전화를 걸거나 SMS를 보내고 받는 것 역시 가능하지 않습니다.

미국에서 많이 사용되는 단말기를 지원하기 때문에 국내에서만 판매되는 단말기는 지원하지 않습니다.

11.5 클라우드포메이션으로 빠르게 환경 구축하기

마지막으로 해외로 빠르게 진출하는 방법을 알아봅시다. D 사에서는 해외로 진출할 때마다 현지 거점에서 가까운 AWS 리전에 개발, 검증, 운영 환경을 구축합니다. 인프라 구축을 빠르게 하면 거점 개설에서 서비스 제공까지의 기간을 단축시킬 수 있습니다. 템플릿에서 AWS 환경 설정을 자동으로 생성하는 클라우드포메이션을 사용하면 인프라 구축을 빠르게 수행할 수 있습니다(그림 11-5).

D 사는 국내와 동일한 환경을 구축하는 템플릿을 작성하고 싶습니다. 이 경우에 AWS가 제공하는 클라우드포머(CloudFormer)가 유용합니다. 이를 사용하면 기존의 AWS 환경과 동일한 구성으로 된 템플릿을 쉽게 만들 수 있습니다.

클라우드포머를 사용하려면 AWS 관리 콘솔 클라우드포메이션 화면에서 클라우드포머 템플릿을 선택합니다. 클라우드포머 실체는 EC2 인스턴스에서 실행되는 웹 도구입니다. 클라우드포메이션 템플릿을 통해 클라우드포머가 설치된 EC2 인스턴스를 작성합니다.

클라우드포머의 생성이 끝나면 AWS 관리 콘솔에 URL이 표시됩니다. 이 URL로 클라우드포머에 액세스하여 브라우저에서 작업 템플릿에 넣을 자원을 지정합니다. 만들어진 템플릿은 S3에 저장되며 템플릿 작성이 끝나면 클라우드포머를 삭제합니다.

그림 11-5 클라우드포메이션에서 템플릿 작성하기

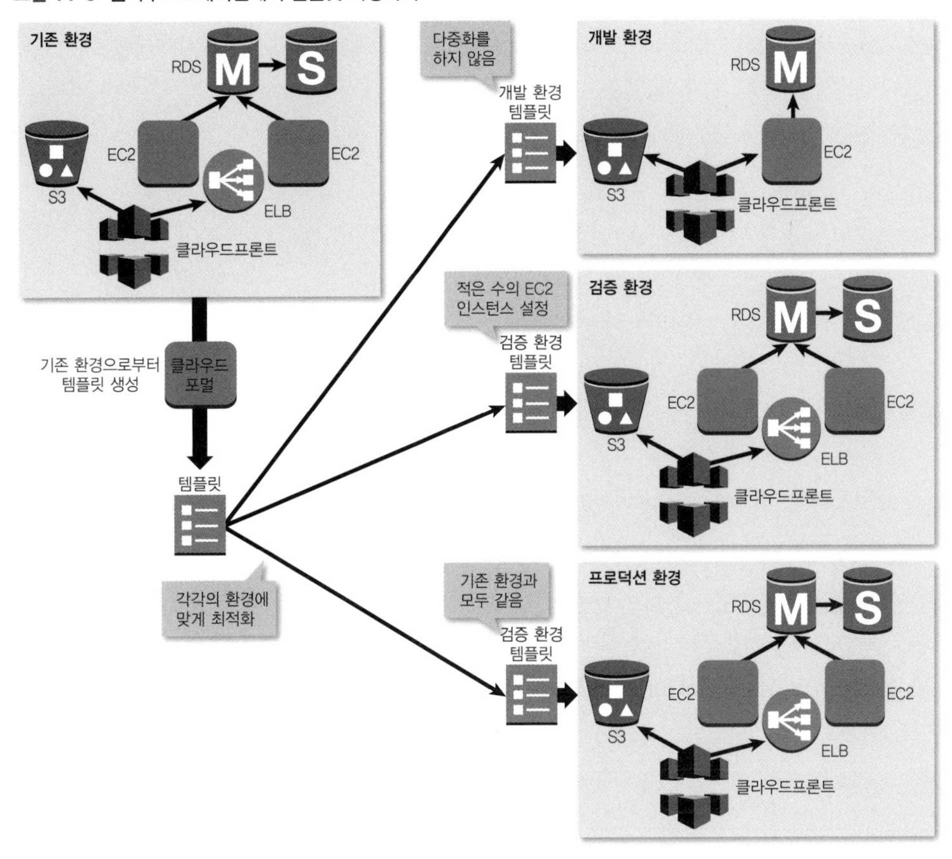

템플릿은 JSON 형식의 텍스트 파일입니다. AWS 관리 콘솔에 있는 클라우드포메이션 디자이너(CloudFormation Designer)라는 GUI 도구에서 편집합니다. 자원을 추가/삭제하거나 자원 사이의 의존 관계 및 속성을 설정할 수 있습니다. 편집기 기능으로 JSON 파일을 직접 사용자 정의할 수도 있습니다.

D 사는 템플릿의 사용자 정의에서 두가지 면을 고려했습니다.

첫 번째는 EC2 인스턴스의 기본적인 설치를 자동화한 겁니다. 사전에 앱 실행 환경을 설정해 둔 가상 머신 이미지인 AMI를 만들어둡니다. 클라우드포메이션에서 만든 AMI를 EC2 인스턴스 생성 시에 적용하도록 설정합니다. 클라우드포메이션 실행 시에 AMI ID를 지정하도록 템플릿을 사용자 정의할 수도 있습니다.

두 번째는 개발, 운영 환경에 대하여 각각 다른 템플릿을 만드는 겁니다. 개발 환경은 EC2 인스턴스를 하나만 사용합니다. 큰 부하가 걸리는 것은 아니므로 ELB는 필요하지 않습니다. EC2 인스턴스도 처리 능력이 낮은 저렴한 인스턴스 유형을 사용합니다. 검증 환경은 운영 환경만큼 자원을 쓸 수는 없기 때문에 EC2 인스턴스 수를 적게 합니다.

이렇게 만든 템플릿에서 실제 환경을 구축하려면 클라우드포메이션 화면에서 스택 만들기를 선택합니다. 스택은 템플릿으로부터 생성된 AWS의 리소스 세트입니다. 클라우드포메이션에서는 생성과 삭제를 스택 단위로 실행합니다. 템플릿은 관리 대상 묶음과 같은 단위이어야 합니다.

클라우드포메이션에 있는 리소스(EC2, ELB, RDS 등)를 생성하고 속성을 설정할 수 있습니다. 앱을 배포하거나 파일을 배치하는 작업은 별도로 처리해야 합니다. 클라우드포메이션의 요금은 무료입니다. 스택에 포함된 리소스 이용 요금은 발생합니다.

PART 5

클라우드 네이티브

EC2를 사용하지 않고 신속하게 구축하기 실행 기반을 람다로 구현하기

AWS는 가상 서버인 EC2를 사용하지 않고 웹 시스템을 구축할 수 있습니다. 따라서 서버 관리가 필요 없으며, 애플리케이션 개발에 집중할 수 있습니다. 그 중심에 AWS 람다와 아마존 API 게이트웨이(Amazon API Geteway)와 같은 새로운 서비스가 있습니다.

신규 사업 진출은 타이밍이 중요합니다. 특히 선점이 중요한 시장이라면 상식적으로는 생각할 수 없을 정도로 단기간에 많은 시스템을 구축해야 합니다. 이러한 비즈니스 요구를 충족하는 데는 클라우드가 안성맞춤입니다.

그냥 단순히 가상 서버를 빌리고, 그 위에 미들웨어와 애플리케이션을 설치하는 것만으로는 시스템 구축 기간을 획기적으로 단축시키기 어렵습니다. 고작해야 서버 구축 기간이 짧아질 뿐입니다. 온프레미스와 마찬가지로 네트워크 및 미들웨어, 애플리케이션 설계와 구축에 시간이 듭니다. 이번 패턴에서는 AWS가 제공하는 서비스를 활용한 서버리스 시스템을 활용해 설계와 구축에 드는 시간을 줄이는 디자인 패턴에 대해 알아봅니다.

이해를 돕고자 가상 기업 B 사를 예로 들어 설명하겠습니다. 제조업 B 사가 전력 소매 사업에 진출한다고 합니다. B 사는 자사 공장에 자가 발전 설비를 갖추고 있으며 이전부터 잉여 전력을 전력회사에 판매해왔습니다. 전력 판매 자유화를 계기로 새로운 회사를 설립하고 더 많은 수익이 전망되는 전력 소매업에 뛰어들기로 한 겁니다.

최대한 빨리 사업을 시작하여 타사에 앞서 신규 고객을 확보하는 것이 관건입니다. 하지만 B 사가 사용하던 시스템은 제조업에 최적화되어 이번 사업에 유용하지 않습니다. 전력 사업에 적합한 시스템을 새로 구축해야 합니다. 이런 한정된 시간에 시스템을 구축하는 데는 AWS가 적합합니다.

사업의 핵심은 웹사이트입니다. 풍부한 콘텐츠로 자사 서비스를 어필하여 고객을 확보하는 목적 이외에도 계약 정보, 요금 명세서, 이사나 가입, 해약과 같은 고객 지원에도 활용합니다. 전력 소매 사업은 송전 사업자(송전 설비를 가진 기업)와 연계하여 제공합니다. 그래서 웹사이트에서 고객 지원을 제공하려면 송전 사업자 시스템과의 데이터 연계가 필요합니다.

빠른 출시를 위해 클라우드 기반으로 시스템을 구축한다는 방침이 정해졌습니다. 클라우드 고유의 서비스를 이용하여 조달 및 구축 기간을 단축할 예정입니다. 온프레미스와의 연계 및 기존 시스템과의 아키텍처 일관성도 고려할 필요가 없으므로 설계도 단순해집니다. 클라우드 특유의 기능을 아낌 없이 활용하여 클라우드의 신속성과 유연성을 끄집어냅시다.

그림 12-1 서버리스 웹 시스템의 개요와 핵심 설계 사항

서버리스 웹 시스템의 개요

- 신규 사업에 필요한 포털 사이트를 단기간에 신규로 구축한다.
- 포털 사이트는 정적 콘텐츠로 구성하는 고객 유치 목적의 페이지와 계약 정보나 요금 명세를 조회하는 고객 지원 페이지로 구성한다.
- 포털 사이트의 서포트 페이지에서 외부 업체 시스템과의 데이터 연계를 지원한다.

인프라 핵심 설계 사항

❶ **서버리스(동적 콘텐츠)**

AWS 람다와 아마존 API 게이트웨이를 이용하여 가상 서버를 사용하지 않고 동적 콘텐츠 웹사이트를 구축한다.

❷ **서버리스(정적 콘텐츠)**

아마존 클라우드프론트와 아마존 S3를 이용하여 가상 서버를 사용하지 않고 정적 콘텐츠를 배포한다.

❸ **AMI의 활용**

점포 관리 소프트웨어가 설치된 머신 이미지를 활용. 점포 관리 서버를 신속하게 설치하여 구축 기간을 단축한다.

12.1 서버리스 포털 사이트 구축하기

[그림 12-1]은 서버리스 웹 시스템의 개요 및 인프라의 핵심 설계 사항을 정리한 겁니다. 포털 사이트는 AWS 람다, 아마존 API 게이트웨이, 아마존 클라우드프론트, 아마존 S3의 조합으로 구현합니다. 구성도는 [그림 12-2]와 같습니다. 핵심은 송전 사업자와 데이터 연계를 제외하면 평상시 사용하는 환경에 가상 서버 아마존 EC2를 사용하지는 않는다는 겁니다. 각 관리형 서비스 뒤에서는 서버가 움직이고 있지만 그 서버를 관리하는 것은 AWS입니다. 이용 기업인 B 사 자신은 서버를 구축하거나 운영하지 않도록 서버리스로 구성해 인프라 설계 및 운영에 할애하는 자원을 최소화했습니다.

서포트 페이지의 동적 콘텐츠 처리는 AWS 람다와 아마존 API 게이트웨이를 사용합니다. 람다는 이벤트 발생에 따라 임의의 프로그램을 실행하는 관리형 서비스입니다. 한편 API 게이트웨이는 AWS 환경에서 REST API를 정의하여 요청을 받아 처리하는 관리형 서비스입니다. 이 두 서비스를 결합하면 REST API의 호출에 대응하는 임의의 프로그램을 실행하는 시스템을 만들 수 있습니다. 간단한 웹 서비스라면 이것만으로 제공할 수 있으며, 웹 서버 설정은 필요하지 않습니다.

람다와 API 게이트웨이는 데이터를 유지할 수 없기 때문에 관리형 RDS인 아마존 RDS에 데이터를 저장합니다.

정적 콘텐츠는 아마존 클라우드프론트(CloudFront)와 아마존 S3(S3)를 이용하여 전달합니다. 클라우드프론트는 CDN(Contents Delivery Network) 서비스로서 전 세계에 배치된 서버가 콘텐츠를 캐시하고 전달합니다. S3는 관리형 객체 스토리지 서비스로서 비교적 저렴한 가격에 대량의 데이터를 저장할 수 있습니다. 파일의 입출력에는 REST API를 사용합니다. 클라우드프론트와 S3를 결합하여 S3에 저장한 리치 미디어를 클라우드프론트에 전달해 저렴하게 정적 콘텐츠를 제공할 수 있습니다.

이러한 정적 콘텐츠 전달 방식을 사용하면 EC2를 이용해 웹 서버를 구축할 필요가 없기 때문에 설계 및 유지 보수, 운영 시간을 절약됩니다. 콘텐츠 캐시과 액세스가 증가했을 때의 스케일아웃은 클라우드프론트가 담당합니다.

그림 12-2 서버리스 웹 시스템의 구성도

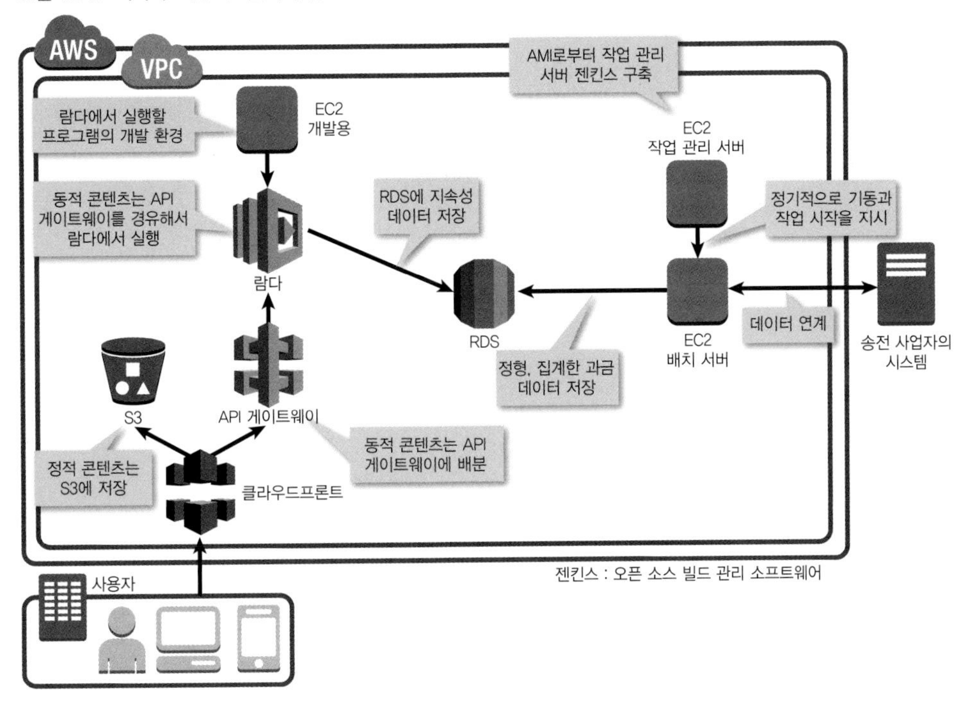

AWS 람다 : 서버리스 코드 실행 서비스

아마존 API 게이트웨이 : API 실행, 관리 서비스

송전 사업자와의 데이터 연계에는 EC2를 사용합니다. 송전 사업자의 요금 데이터를 검색하여 수정하고, 집계 배치 서버와 배치 서버에 지시를 내리는 작업 관리 서버가 필요합니다. 작업 관리 서버로는 아마존 AMI를 사용하여 설계, 테스트를 생략했습니다. AMI는 미들웨어와 애플리케이션이 설치된 OS 이미지로서, AWS와 사용자 커뮤니티, 소프트웨어 공급 업체를 통해서 제공됩니다. AMI를 템플릿으로 EC2 인스턴스를 시작하면 미들웨어 및 애플리케이션의 설계와 구현 없이 환경을 제공할 수 있습니다.

12.2 람다와 API 게이트웨이로 웹 서비스 만들기

람다와 API 게이트웨이를 사용하여 웹사이트를 만들면 서버 설치뿐만 아니라 운영 관리에 드는 수고도 줄일 수 있습니다. 예를 들면 변화하는 부하에 자동으로 대응할 수 있습니다. 부하가 증가해도 서버 추가를 사용자 측에서 작업할 필요가 없습니다. 뒤에서 움직이는 서버는 AWS에서 관리하기 때문에 사용자가 신경 쓸 필요가 없는 겁니다.

따라서 접속 수 예측이 어려운 신규 사업에 유용합니다. 람다와 API 게이트웨이를 조합하는 설계 패턴을 사용하지 않으면 EC2에 웹 서버를 여러 대 준비하고 관리형 로드벨런서 서비스인 ELB로 부하를 분산하는 방법을 일반적으로 사용합니다. 이렇게 하면 웹 서버를 설치하고, OS와 웹 서버의 소프트웨어 패치 적용 및 모니터링 같은 운영 관리도 수행해야 합니다.

람다와 API 게이트웨이가 어떻게 작업을 수행하는지 알아보겠습니다. 사용자는 인터넷을 통해 API 게이트웨이에서 정의하는 리소스에 접속합니다. 여기서 리소스란 API로 작업할 대상 정보입니다. 리소스는 접속 대상인 '리소스 패스', 리소스를 조작(정보의 취득이나 갱신, 삭제 등)하는 '메소드', 요청을 수행할 대상인 '백엔드' 속성을 지닙니다. 리소스 패스는 URL에 추가됩니다.

리소스 조작 방법을 간단하게 알아보겠습니다. 예를 들어 요금 명세서를 의미하는 bill이라는 이름의 리소스를 작성한다면 리소스 패스는 /bill입니다. 이때 요청 대상 URL은 https://〈my-api-id〉.execute-api.ap-northeast-2.amazonaws.com/prod/bill이 됩니다. 이것을 엔드 포인트라고 합니다. my-api-id는 AWS 루트 계정마다 주어진 고유의 식별자입니다.

요금 명세를 얻으려면 이 URL에 HTTP GET 메서드로 요청을 보냅니다. 이때 API 게이트웨이는 자원 bill의 GET 메서드를 실행하는 백엔드를 호출합니다. 백엔드는 API 게이트웨이가 받아들인 요청의 전달 대상입니다. 이번에는 백엔드에 람다의 프로그램인 람다 함수를 지정합니다. 요청에 대한 실행 결과는 API 게이트웨이에 반환되고, 세션 상태에 추가되어 요청자에게 반환됩니다(그림 12-3).

그림 12-3 API 호출 처리 흐름

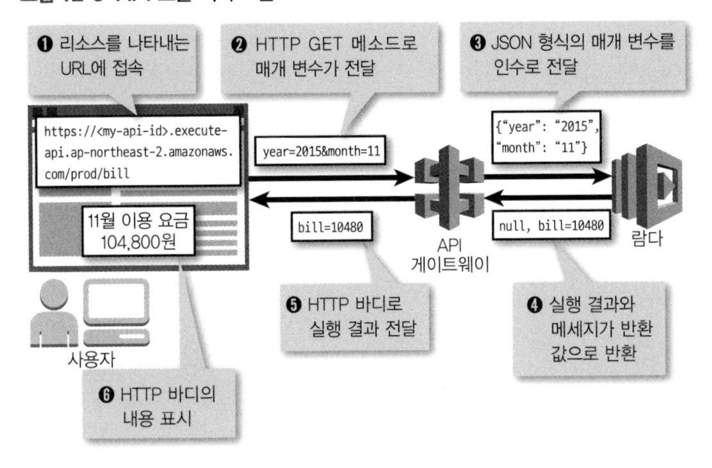

API 게이트웨이는 요청을 받아 백엔드 서비스를 호출하는 이외에도 인증 캐시, 세션 상태 관리, API 실행 상태 모니터링 및 로깅 기능도 지니고 있습니다. 요청이 많아지면 자동으로 확장하거나 초당 메서드 호출 횟수에 제한을 걸 수도 있습니다. 관리용 대시보드에서는 API 호출 횟수, 대기시간, 에러율 등을 확인할 수 있습니다.

또한 리소스를 요청하는 URL의 끝이 "/prod/리소스명"으로 되어 있는 것은 API 게이트웨이에 배포 관리 기능이 있기 때문입니다. 배포 대상 환경을 스테이지라고 부르며, 복수의 스테이지를 작성할 수 있습니다. 디플로이 대상의 환경을 스테이지라고 부르며, 복수의 스테이지를 작성할 수 있습니다. 예를 들어 테스트 단계에서는 /dev 스테이지에 배포하고, 릴리스 시에는 /prod 스테이지에 배포합니다. 이런 스테이지명이 URL에 들어가기 때문에 앞에서 언급한 것과 같은 URL이 만들어집니다.

API 게이트웨이를 사용하는 경우 상태 저장형(Stateful) API가 아닌 상태 비저장형(Stateless) API로서 설계하도록 주의합시다. API 게이트웨이에서 지원하는 것은 REST API이며, 세션 관리는 할 수 없습니다. 개별 요청은 전후 처리와는 독립되어, 처리에 필요한 모든 정보를 가지도록 합니다.

12.3 람다 함수의 작성과 실행

API 게이트웨이에서 백엔드로 지정한 람다 함수는 람다에 업로드되는 프로그램입니다. 여기서는 람다 함수의 작성과 실행에 대해 알아보겠습니다(그림 12-4).

그림 12-4 람다 함수의 작성과 실행

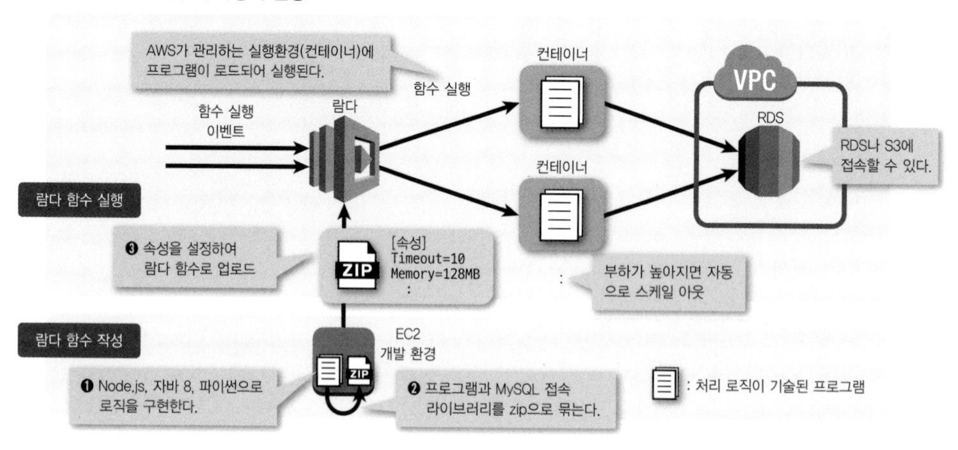

우선 람다 함수를 생성합니다. 람다 함수는 Node.js 4.3.2와 6.10.2, 자바 8, 파이썬 3.6과 2.7, .NET Core 1.0.1(C#)로 작성할 수 있습니다. B 사에서는 개발용 EC2 인스턴스를 준비하고 이 환경에서 코딩과 유닛 테스트를 마친 후에 배포했습니다. 유닛 테스트 후에는 매니지먼트 콘솔의 람다 화면에서 람다 함수로서 업로드합니다.

이번에 작성하는 프로그램은 데이터베이스인 RDS for MySQL에 액세스할 수 있습니다. 따라서 MySQL 연결용 라이브러리가 필요합니다. 이러한 외부 라이브러리가 필요한 경우, 작성된 프로그램과 라이브러리를 하나의 zip으로 압축하여 업로드합니다.

그다음은 람다 함수를 실행합니다. API 게이트웨이로부터의 호출과 같은 실행 이벤트가 있을 경우 AWS가 관리하는 컴퓨팅 자원에 프로그램이 로드되고 람다 함수이 실행됩니다. 실행 환경은 컨테이너(경량 가상화 환경)이며 부하가 많아지는 경우 자동으로 확장됩니다. 사용자는 이것을 신경 쓸 필요가 없습니다. 람다는 관리형 서비스로서 실행 환경의 관리와 확장은 AWS가 관리합니다.

람다 함수의 실행 환경은 원칙적으로 임시 공간 디렉터리에서 데이터를 읽고 씁니다. 그러나 이것으로는 데이터가 유지되지 않습니다. 데이터를 유지하려면 RDS나 S3 등에 데이터를 적어 넣습니다. 데이터 웨어하우스 서비스인 아마존 레드시프트 같은 VPC 내부에 있는 다른 서비스에 액세스할 수도 있습니다.

12.4 람다 함수 사용 시 유의사항

람다 함수를 사용하는 경우 주의 사항은 다음과 같습니다.

람다 함수는 단시간에 끝나는 가벼운 작업을 많이 수행하는 경우를 가정한 것으로, 오랜 시간이 걸리는 무거운 처리에는 적합하지 않습니다. 또한 상태 비저장 작업을 전제로 하기 때문에 전후 작업에 대한 종속성이 강한 경우에도 적합하지 않습니다. 실행 시간이 길거나 상태 저장 작업을 수행하려면 EC2 인스턴스에 서버를 구축해야 합니다.

빠른 응답 속도가 요구되는 용도에도 적합하지 않습니다. 람다 함수는 컨테이너에서 매번 시작, 종료하기 때문입니다. 프로세스가 대기하는 웹 서버와 비교하면 시작 및 종료를 할 때마다 매번 데이터베이스에 연결해야 하기 때문에 오버헤드가 발생하고 그 결과 실행 시간이 길어지게 됩니다.

설정 시에 처리 제한시간에 주의합시다. 람다 함수의 처리 제한시간(Timeout)의 기본값은 3초로, 1초에서 900초(15분)까지 지정할 수 있습니다. 관리 콘솔에서 람다 함수의 처리 제한시간을 설정할 수 있습니다.

람다 함수에 JSON 형식으로 매개변수를 전달해야 한다는 것을 명심합시다. 람다 함수 단독으로는 REST API를 만들 수 없습니다. API 게이트웨이가 HTTP 메소드(GET과 POST)에서 받은 매개변수를 JSON으로 변환하여 람다 함수에 전달하게 됩니다.

12.5 API 게이트웨이와 람다의 요금 체계

API 게이트웨이와 람다 요금 체계는 요청 횟수와 처리 시간에 따라 달라집니다. B 사 시스템의 기능을 간단한 API로 정의하면, EC2를 사용하는 것보다 훨씬 저렴한 요금이 나올 겁니다.

API 게이트웨이는 API 호출 횟수와 데이터 전송량에 대해 청구합니다(표 12-1).

표 12-1 API 게이트웨이와 람다의 과금 체계와 계산 방법(서울 리전 기준)

▶ **API 게이트웨이**

요금 항목	기준	과금(달러)
API 호출	처음 3억3천3백만 건	3.5
	다음 6억 6천 7백만 건	3.19
	다음 190억 건	2.71
	200억 건 초과	1.72
데이터 송신	EC2 요금과 동일	

▶ **람다(매월 요청 100만 회당 0.2달러, 처음 100만 회는 무료)**

메모리(MB)	월별 프리 티어 시간(초)	100ms당 요금(달러)
128	3,200,000	0.000000208
192	2,133,333	0.000000313
256	1,600,000	0.000000417
320	1,280,000	0.000000521
384	1,066,667	0.000000625
448	914,286	0.000000729
512	800,000	0.000000834
576	711,111	0.000000938
640	640,000	0.000001042
704	581,818	0.000001146
768	533,333	0.000001250
832	492,308	0.000001354
896	457,143	0.000001459
960	426,667	0.000001563
1024	400,000	0.000001667
1088	376,471	0.000001771
1152	355,556	0.000001875

1216	336,842	0.000001980
1,280	320,000	0.000002084
1344	304,762	0.000002188
1408	290,909	0.000002292
1472	278,261	0.000002396
1536	266,667	0.000002501

B 사 포털 사이트의 전제조건은 다음과 같습니다.

- 회원수 100만 명
- 각회원이 매월 평균 1회씩 로그인, 과금명세 열람, 로그아웃 등을 한다(API 호출 횟수는 월 300만 건).
- API 호출 1회당 데이터 전송량은 2KB
- 람다 실행에 할당하는 메모리는 128MB
- 함수의 평균 실행 시간은 500밀리초

이 외에도 캐시를 이용하면 캐시 메모리 크기에 따라 요금이 부과됩니다. 람다 요금은 요청 수와 함수 실행 시간에 따라 달라집니다.

B 사의 예상 요금을 계산해봅시다.

그림 12-5 요금 비교 상세 내역

▶ API 게이트웨이 + 람다의 과금

AIP 게이트웨이
❶ API 호출
300만 건 × $4.25 / 100만 건 = $12.75
❷ 데이터 송출량
2KB x 300만 건 = 6GB
6GB x $0.14 / GB = $0.84

람다[1]
❸ 요청
300만 건 x $0.2 / 100 만 건 = $0.6
❹ 할당 메모리와 실행 시간
500밀리초 x 300만 건 x $0.000000208 / 100밀리초 = $3.12
∴ ❶ + ❷ + ❸ + ❹ = $17.31

B 사의 경우는 서버리스를 사용하는 경우가 훨씬 저렴하다.

▶ EC2로 구축한 경우의 과금

인스턴스 2중화
❶ EC2의 인스턴스 타입 : t2.medium
$87.60(RI 인스턴스)
❷ EBS 볼륨을 100GB 이용(범용 SSD)
$24.00(인스턴스 2개분)
❸ EBS 영역의 스냅샷 취득
$19.00
∴ ❶ + ❷ + ❸ = $130.60

1 프리 티어 용량의 초과 분만 실제로 과금된다.

API 게이트웨이는 회원 서포트 기능에 사용됩니다. 회원수 100만 명에 각 회원당 평균 월 1회 요금 내역을 조회하고자 로그인한다고 가정하면 API 호출 횟수는 월 300만 회입니다.

API 호출 백만 회당 요금은 4.25달러이므로, 300만 회는 12.75달러가 됩니다. API 호출 1회당 데이터 전송량을 2KB라고 가정하면 데이터 전송량은 약 6GB입니다. 데이터 전송 용량에 따른 요금은 1GB당 0.14달러이므로 6GB에 대한 요금은 0.84달러입니다. 캐시를 사용하지 않는다면, API 게이트웨이의 월정액 요금은 총 13.59달러입니다.

람다는 컨테이너에 할당하는 메모리가 128MB에 기능 1회당의 실행 시간이 500밀리초라고 가정합니다. 요청 횟수는 API 호출 횟수와 동일하므로 300만 회입니다.

요청 횟수에 따른 요금은 100만 회당 0.2달러이므로, 300만 회에 대해서는 0.6달러가 됩니다. 실행 시간에 따른 요금은 할당 메모리 용량에 따라 다르며, 128MB의 경우 100밀리 초당 0.000000208달러이기 때문에 500밀리초 처리를 300만 번 실행하면 3.12달러로 계산됩니다.

요금의 합은 3.72달러입니다.

게다가 람다는 요청 횟수, 실행 시간 모두 프리 티어가 제공되기 때문에 청구되는 것은 프리 티어 범위를 초과한 분량뿐입니다. 따라서 실제 청구되는 요금은 위에서 계산한 값보다 더 낮습니다.

API 게이트웨이와 람다를 합친 1개월당 요금은 람다의 무료 용량을 무시한다 해도 17.31달러입니다. 동일한 처리를 상시 가동시켜야 하는 EC2 인스턴스를 사용하여 웹 서버(인스턴스 타입은 t2.medium를 사용하고 100GB의 일반 SSD 타입 EBS를 붙여 이중화)를 구성하면 인프라 비용만 130.60달러가 듭니다. 따라서 B 사의 경우라면 API 게이트웨이와 람다 조합을 사용하는 편이 훨씬 저렴합니다.

12.6 AMI로 즉시 미들웨어 구축하기

B 사가 참가하는 전력 소매 사업은 송전 사업자 간에 업계 표준 프로토콜로 전력 사용량 등의 정보 교환을 실시합니다.

람다는 가벼운 처리를 전제로 합니다. 그래서 전체 사용자의 전력 사용량 등의 큰 데이터를 배치 처리하는 용도로는 맞지 않습니다. 이러한 이유로 람다 대신 EC2에 배치 서버를 구현하여 데이터 수신 및 요금 계산, 집계, 데이터 수정을 하기로 했습니다.

이것만으로도 일단 시스템은 완성되지만, B 사는 비용 절감을 위해 한 번 더 검토에 들어갔습니다. 배치 서버의 EC2 인스턴스는 처리 능력이 높은 대신 이에 상응하는 요금이 부과됩니다. 필요한 경우 외에는 EC2 인스턴스를 중지해두는 것으로 운영 비용을 낮출 수 있습니다.

이를 위해 배치 서버의 기동, 배치 실행, 배치 서버의 중지를 관리할 작업 관리 서버를 별도로 설치하기로 했습니다. 서버의 기동과 중지는 AWS의 API에 대하여 명령을 내리고 배치 실행은 배치 서버의 OS에 명령하는 다소 복잡한 작업입니다.

의도대로 움직이는지 시험해보고 싶습니다. 하지만 시험만을 위하여 설계와 구축에 수고를 들이고 싶지는 않았기 때문에 AMI를 사용하여 작업 관리 서버의 구축 기간을 단축시켰습니다.

AMI의 분류로는 퀵 스타트, 커뮤니티 AMI, AWS 마켓플레이스가 있습니다(표 12-2).

표 12-2 주요 AMI

분류	AMI	내용
퀵 스타트	Amazon Linux	AWS가 만들어 서포트하는 리눅스 OS 환경. AWS CLI 등의 AWS 환경이 이용 가능한 도구를 제공함
커뮤니티 AMI	Jenkins	오픈 소스 CI 도구. 이번 장에서는 작업 관리 용도로 사용한다.
	linux-aipo7020	오픈 소스 그룹웨어 aipo가 설치된 리눅스 환경
AWS 마켓플레이스	CentOS 7(x86_64) with Updates HVM	CentOS 프로젝트에서 제공하는 OS 환경. CentOS 머신 이미지는 AWS에서 제공하지 않기 때문에 AWS 마켓플레이스에서 입수해야 함.
	MongoDB with 1000 IOPS	도큐먼트 기반 DB인 몽고디비가 설치된 아마존 리눅스 환경. AWS 환경에 최적화되도록 튜닝되어져 있음.
	Tableau Server	태블로의 데이터 분석 소프트웨어인 태블로 서버가 설치된 윈도우 서버 환경. 소프트웨어 라이센스를 포함하여 구입 가능

퀵 스타트는 AWS가 제공하고 지원하는 간단하고 일반적인 머신 이미지입니다. OS와 AWS CLI 환경만 제공되며 미들웨어 및 애플리케이션은 설치되어 있지 않습니다. 특정 목적을 위해 설정이 완료된 가상 서버를 즉시 사용하고 싶다면 커뮤니티 AMI 또는 AWS 마켓플레이스로부터 AMI를 찾기 바랍니다.

커뮤니티 AMI는 커뮤니티나 기업이 만들어 공개하는 AMI입니다. AWS가 지원하는 것이 아니므로 신뢰 여부는 사용자가 판단해야 합니다. AWS 마켓플레이스는 소프트웨어 개발사나 퍼블리셔가 제공하는 머신 이미지입니다. 용도에 맞춰 설정되어 있어 즉시 머신 이미지를 이용할 수 있습니다. 라이센스 비용은 사용 시간에 대한 종량제 과금과 같은 방법으로 AWS 사용료와 함께 지불할 수 있으므로 계약 절차의 간소화에도 도움이 됩니다.

B 사는 커뮤니티 AMI에서 제공하는 오픈 소스 소프트웨어인 젠킨스를 사용하기로 했습니다. 관리 콘솔에서 젠킨스로 검색하면 해당 소프트웨어가 설치된 AMI를 찾을 수 있습니다. 젠킨스는 CI(Continuous Integration) 도구로서 빌드나 테스트를 지속적으로 지원합니다. 아울러 스케줄 빌드 기능과 분산 빌드 기능을 응용하여 심플한 작업 스케줄러로도 활용할 수도 있습니다. B 사는 젠킨스를 사용하여 배치 서버의 기동 및 기동 완료 후 배치 실행, 배치 실행 후 배치 서버의 중지와 같은 작업의 동작을 확인했습니다.

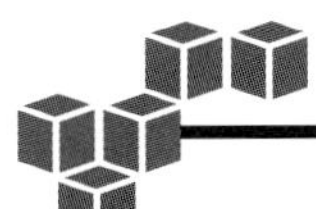

단기간에 릴리스를 실현하기 EKS로 컨테이너 실행을 관리하기

애플리케이션을 빠른 주기로 개발, 배포하는 데 마이크로서비스가 적합합니다. AWS에서는 EKS와 파게이트(Fargate)를 연계하여 손쉽게 마이크로서비스 환경을 구축할 수 있습니다. S3와 글루(Glue)로 구축하는 데이터 분석용 데이터 레이크를 알아봅니다.

디지털화로 비즈니스 변화 속도가 빨라짐으로써 새로운 IT 기술을 재빠르게 도입해 애플리케이션을 빠른 주기로 개발, 배포하는 것이 중요합니다. 개발, 배포 주기를 빠르게 하려면 애플리케이션을 마이크로서비스 형태로 개발하는 것이 효과적입니다. 마이크로서비스란 느슨하게 결합된 작은 단위의 서비스 집합으로 애플리케이션을 설계하는 방식을 말합니다. 서비스 간의 의존성이 낮기 때문에 변화에 강해서 단기간에 수정과 배포를 반복하기가 쉽습니다.

AWS에는 마이크로서비스 애플리케이션의 개발과 배포, 운영에 들어가는 부담을 낮추는 서비스가 준비되어 있습니다. 이번 장에서는 전자기기 전문매장인 D 사를 예로 들어 마이크로서비스에 대응하는 시스템을 구축하는 방법을 설명합니다.

13.1 마이크로서비스로 비즈니스 가속하기

D 사는 전국에 대형 점포를 열어 성장시키는 비즈니스 모델이 통하지 않게 됨에 따라 매장에서 가전 제품이 아닌 고객과의 관계를 만들어야 한다는 필요성을 느끼고 있습니다. 매출 이익이 떨어지기 전에 e커머스 강화, 가전 이외의 제품 판매 등을 빠르게 시도해보고 싶습니다. 하지만 기존 시스템은 매장에서 가전판매를 지원하는 구매, 판매 관리, 물류 등 업무 시스템을 필

요에 의해 확장한 모놀리식 구조입니다. 일부를 변경하려면 전체에 영향을 줄 가능성이 있기 때문에 영향 조사 및 테스트에 시간이 걸립니다. 그동안에도 이러한 점이 문제 시 되었지만, 시스템을 자주 업데이트하지는 않았기 때문에 치명적인 문제라고 인식되지는 않았고, 그때문에 본격적인 구조 변경논의도 이뤄진 적이 없습니다.

앞으로는 자사 e커머스 사이트의 빈번한 업데이트, 새로운 제휴처와 제휴, SNS 활용이라는 시책을 빠른 속도로 반복해야 합니다. 이를 제공하려면 애자일 개발 프로세스를 도입해 작은 단위로 잦은 배포가 가능하도록 시스템을 마이크로서비스 구조로 단계적으로 다시 만들어야 합니다. 우선은 마이크로서비스로 구축하는 이점이 큰 e커머스 및 고객 커뮤니케이션 부분부터 다시 만들기로 했습니다.

새로운 고객접점에서 생겨난 데이터를 분석하여 다음 시책에 이를 반영할 수 있도록 정형 및 비정형 데이터를 저장하는 데이터 레이크도 만들고 싶습니다. 마이크로서비스를 실행하는 인프라의 관리 부담을 줄이는 것도 중요합니다. 가상 머신을 사용하면 액세스 수에 따라 어느 정도 처리 능력이 필요한지를 추정하고 가상 머신을 준비하는 것과 같은 작업에 많은 시간이 소요됩니다. 따라서 인프라를 세세하게 관리하는 수고를 덜 수 있느냐는 사업 속도 증가와도 연결됩니다.

그림 13-1 마이크로서비스 운영 기반의 개요와 인프라디자인의 핵심 설계 사항

마이크로서비스 운영 기반의 개요

· 마이크로서비스 아키텍처를 적용해 고속 · 고빈도 애플리케이션 개발과 배포를 실행한다.
· 정형, 비정형 데이터를 축적해 활용할 수 있는 데이터 레이크를 구축한다.
· 데이터를 통합해서 관리할 수 있도록 데이터 카탈로그를 작성한다.

인프라 핵심 설계 사항

❶ 마이크로서비스의 효율적인 컨테이너 관리
아마존 EKS와 AWS 파게이트로 컨테이너의 오케스트레이션과 프로비저닝을 실행한다.

❷ 데이터 레이크 구축
아마존 S3 보안을 확보하면서 데이터 레이크를 구축한다.

❸ 데이터 카탈로그 구축
AWS 글루로 S3를 크롤링하여 아마존 아테나(Amazon Athena), 아마존 레드시프트(Amazon Redshift), 아마존 EMR(Amazon EMR) 등에서 이용 가능한 데이터 카탈로그를 작성한다.

데이터 분석은 새로운 시스템이 배포된 이후 데이터가 생성되고 시행착오를 거쳐가며 진행됩니다. 따라서 아직 명확한 요건이 정해지는 단계에 이르지는 못했습니다. 우선은 AWS 데이터베이스나 데이터 분석용 서비스를 이용해 애드혹 분석을 사용하여 저비용으로 데이터를 축적할 수 있는 데이터 기반을 마련하겠다는 것이 데이터 레이크에 요구되는 특성입니다. 이러한 요구를 바탕으로 설계한 마이크로서비스화를 지원하는 시스템의 개요 및 인프라 핵심 설계 사항이 [그림 13-1]입니다.

13.2 아마존 EKS로 마이크로서비스 컨테이너 관리하기

[그림 13-2]는 마이크로서비스를 운용하는 기반의 구성도를 나타냅니다. 우선 마이크로서비스를 컨테이너에서 구현합니다(컨테이너에 대해서는 패턴 10 참조). EKS(Elastic Container Service for Kubernetes)는 컨테이너를 효율적으로 관리하는 오케스트레이션 서비스입니다. 오케스트레이션은 컨테이너에 대한 자원의 할당이나 실행 일정 등을 미리 설정된 정책에 따라 자동으로 관리하는 기능을 말합니다.

컨테이너에는 애플리케이션의 실행 코드와 실행 환경이 포함되어져 있습니다. 컨테이너에 실행에 대한 정책 설정을 더한 것을 워크플로라고 부릅니다. 이 용어는 이후 반복해서 등장하므로 기억해두기 바랍니다.

오케스트레이션은 어디까지나 컨테이너와 워크로드 정의 및 실행 상태를 관리하는 구조입니다. 실제로 컨테이너를 작동시키는 역할은 AWS 파게이트라는 별도 서비스입니다. EKS가 워크로드 실행을 지시하면 파게이트가 워크로드를 실행하는 구조입니다.

EKS를 이용함으로써 기존의 복잡한 관리 시스템을 만들고 운용함에 따라 발생하던 부담을 크게 줄일 수 있습니다[1].

---

1 관리 부담이 완전히 없어지는 것은 아니고, 안정되게 시스템을 동작시키려면 정책을 검토하고 자원의 소비상황을 모니터링하거나 정책을 조정하는 작업이 필요하다.

그림 13-2 마이크로서비스 운영 기반 구성도

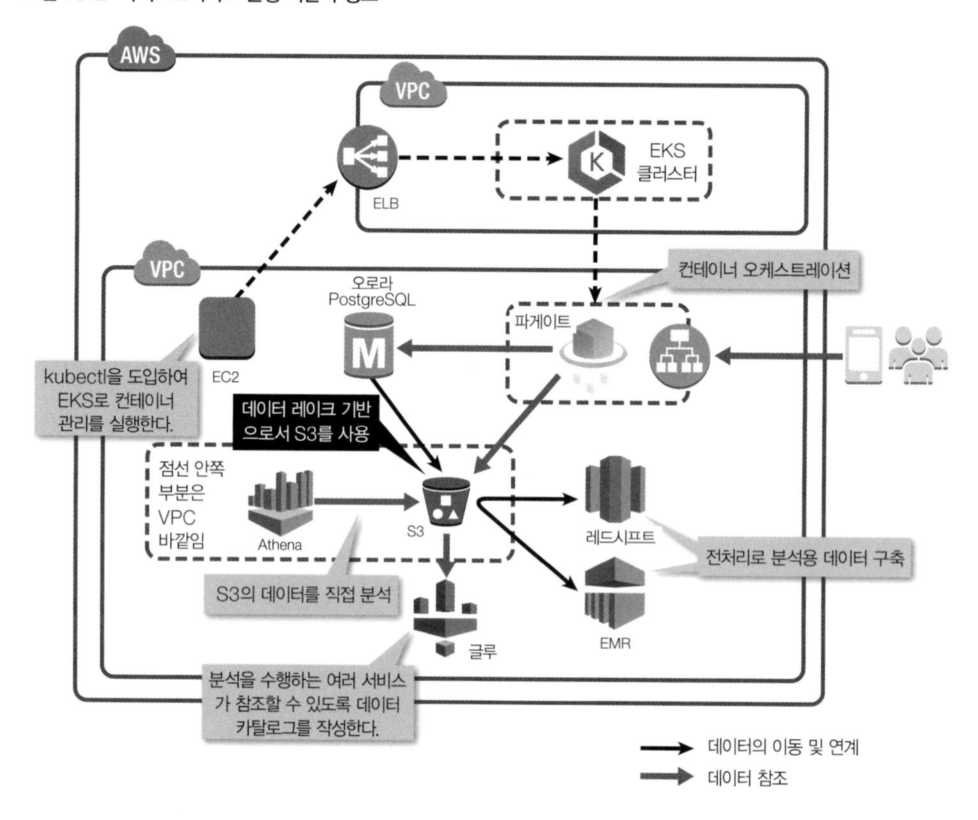

EKS는 구글에서 개발하고 CNCF(Cloud Native Computing Foundation)가 관리하는 쿠버네티스(Kubernetes)라는 오픈 소스 소프트웨어를 기본으로 하여 AWS가 구축, 운영을 자동화한 완전 관리형 서비스입니다. 쿠버네티스를 사용하여 직접 관리 시스템을 구축, 운영하는 것은 상대적으로 복잡한 작업입니다. 각각 다른 역할을 하는 구성요소를 여러 가상 머신에 도입하여 가용성을 유지할 수 있도록 인프라를 설계해야 하기 때문입니다. 예를 들면 마스터 노드라는 서버의 가용성 및 백업 등의 관리가 필요합니다. 인프라 엔지니어가 학습과 구축에 시간을 들여야 사용할 수 있게 되는 소프트웨어라고 할 수 있습니다.

EKS는 쿠버네티스 인프라 구성을 신경 쓸 필요 없이 미리 구성된 환경을 이용할 수 있게 되어 있으며, 간단한 설정만으로도 사용을 시작할 수 있습니다. 완전 관리형 서비스이므로 가상 머신의 관리 및 재해 복구에 대해 신경 쓸 필요도 없습니다.

쿠버네티스에 기반한 서비스는 여러 주요 퍼블릭 클라우드에서 제공되고 있으며, 사실상 컨테이너 오케스트레이션 서비스의 표준으로 자리잡았습니다. 따라서 쿠버네티스로 구축된 컨테이너는 다양한 퍼블릭 클라우드 서비스뿐만 아니라 온프레미스 환경에서도 사용할 수 있어서 손쉬운 환경 전환이 가능합니다. 이렇게 특정 플랫폼에 의존하지 않고, 컨테이너를 쉽게 관리할 수 있는 것도 인기 요인입니다.

오픈 소스를 기반으로 한 관리형 서비스는 얼마든지 있습니다만, 모두 오픈 소스의 버전업이 이루어진 후에 수개월에서 1년 정도 지나야 사용이 가능합니다. 최신 버전을 사용할 필요가 있으면서 기술력 있는 엔지니어가 있다면, 굳이 완전 관리형 서비스를 이용하지 않고 EC2에 오픈 소스를 도입할 수도 있습니다. 일반적으로 완전 관리형 서비스는 이전 버전 지원을 순차적으로 종료합니다. 지원 중단은 사전에 공지되므로 공지된 기간 안에 버전업을 할 필요가 있습니다. 버전업은 자동으로 실행됩니다. 같은 버전으로 장기간 운용하는 기업이라면 EC2에 직접 구축하는 방법을 검토해볼 필요가 있습니다.

13.3 파게이트로 워크로드 실행환경 관리

파게이트(Fargate)는 워크로드를 실행하는 환경을 제공, 관리하는 서비스입니다. AWS 서비스 중에서도 다소 특수해서 서비스 메뉴에는 표시되지 않고 단독으로도 사용되지 않습니다. 반드시 EKS 또는 ECS와 함께 사용되는 서비스입니다. 파게이트는 [표 13-1]에서와 같이 워크로드의 실행 환경을 제공하고 관리하는 역할을 합니다. 이러한 기능을 프로비저닝이라고 부릅니다. EKS가 워크로드의 실행을 지시하면 파게이트가 실행합니다. 워크로드 실행 정의는 EKS가 지니게 됩니다. 워크로드를 실행하는 경우에도 보안을 확보해야 합니다. 파게이트에서 워크로드를 실행하는 환경의 ENI(Elastic Network Interface)와 IAM 역할을 지정할 수 있습니다. ENI는 EC2에 연결해서 사용할 수 있는 일종의 버추얼 랜카드입니다. ENI에 IP 주소를 설정하여, EC2에 연결하는 방식으로 사용합니다.

파게이트는 클러스터 내의 EC2를 자동 관리하므로, 이용하는 ENI만 설정해두면 나머지는 파게이트가 연결 등을 관리해줍니다. 파게이트는 퍼블릭 IP 주소를 지원하므로 ELB를 통하지 않고도 인터넷과 퍼블릭 IP 주소를 사용해 통신할 수 있습니다.

이렇게 하면 IP 주소와 워크로드별로 정의된 사용자 권한을 통한 접근 제어가 가능합니다.

파게이트는 1초 단위로 워크로드 실행 시간에 따라 과금되며 SLA는 99.99%입니다.

표 13-1 EKS와 파게이트 역할

EKS

역할	내용
오케스트레이션	컨테이너 이미지 작성과 파기
	컨테이너 이미지 버전 관리
	컨테이너 실행 스케줄링, 기동 수, 사용 리소스 정의
	컨테이너 이미지의 무중단 업데이트
모니터링	리소스 이용률 감시
	컨테이너 가동 상태 확인

파게이트

역할	내용
프로비저닝	컨테이너를 실행하는 가상 머신 환경 제공과 유지
	컨테이너를 어디서 실행하지 여부를 결정하여 동작시킴
	컨테이너 및 가상 머신으로 구성된 클러스터 부하에 따라 규모 조정

13.4 워크플로 관리하기

[표13-1]에서 이용자 작업은 kubectl이라는 쿠버네티스가 제공하는 명령줄 클라이언트 도구를 사용하여 실행됩니다. 우선 워크로드 생성을 살펴봅시다. EKS가 취급하는 워크로드 기본 단위를 pod라고 합니다. pod는 도커(Docker) 등으로 만든 컨테이너에 사용할 포트 등의 설정을 추가하여 만든 겁니다.

pod에는 컨터이너 하나를 포함하는 것이 일반적이지만 여럿을 포함할 수도 있습니다. pod에 포함된 컨테이너끼리는 localhost에서 서로 통신할 수 있으며 스토리지도 공유 가능합니다. 마이크로서비스는 느슨하게 결합되도록 설계하는 것을 권장하지만 업무 처리 중에 로컬 통신이나 데이터 공유를 사용하는 것이 적합한 경우도 있습니다. 여러 컨테이너 간에 이러한 요구가 있는 경우는 한 pod에 포함시켜야 합니다.

워크로드 실행의 상태에 따라 몇 가지 유형이 있습니다. 대표적인 유형을 [표 13-2]에 정리했습니다. ReplicaSet은 컨테이너의 시작 수를 유지할 수 있으므로, 웹 애플리케이션과 같은 용도에 적합합니다.

DaemonSet 컨테이너가 실행되는 노드에는 반드시 한 pod만 기동합니다. 각 노드에서 로그 관리를 할 필요가 있는 경우 등에 이용합니다. 모두 EKS가 파게이트를 통해 지정된 용량을 유지하도록 규모 조정을 지시합니다. 실행 중에 용량을 변경하려면 kubectl에서 늘리거나 줄일 수 있습니다. pod, ReplicaSet은 부하에 의해 용량을 자동으로 조정하도록 오토스케일을 설정할 수 있습니다.

컨테이너가 중지되면 자원이 해제되어 데이터가 손실되므로 영속화 데이터와 로그가 없어지지 않도록 설계합니다. AWS는 저장 장소에 있어 다양한 선택지를 제공하므로 용도에 맞춰 RDS, 레드시프트, 다이나모디비, S3, EFS와 같은 스토리지 서비스를 적절하게 선택하여 영속화 데이터를 저장합니다.

표 13-2 쿠버네티스의 주요 워크로드

종류	내용
pod	워크로드의 최소 단위
ReplicaSet	pod에 지정된 수 만큼 용량을 유지하도록 지정된 워크로드
DaemonSet	컨테이너 실행 기반의 각 노드에 하나씩만 pod가 시작되도록 지정된 워크로드
Deployment	배포시 무중단 롤링 업데이트를 하도록 지정된 워크로드
Job	지정 횟수 만큼 컨테이너를 실행하고 종료하도록 지정된 워크로드

EKS는 로드벨런서로서 ELB를 사용할 수 있습니다. D 사의 경우 사내 업무용 서비스와 고객 서비스에 필요한 용량이 각각 다릅니다. 사내 업무를 위한 서비스를 제공하는 컨테이너는 평일 낮에는 통상적인 용량을 준비하고, 그 외의 시간은 용량을 낮춰 비용을 최적화하고 싶기 때문에, ReplicaSet을 이용하여 kubectl에서 증감시키는 명령을 정해진 시간에 자동으로 실행시킵니다. 고객 서비스를 제공하는 컨테이너는 부하에 따라 자동으로 용량이 조정되기를 원하기 때문에 pod를 이용하여 자동으로 규모를 조정합니다. 고객을 위한 서비스는 가능한 중단하고 싶지 않기 때문에 일부 컨테이너의 업데이트는 무중단 업데이트를 수행합니다.

Deployment를 사용하면 롤링 업데이트를 이용해 중단 없이 컨테이너를 업데이트할 수 있습니다. Deployment를 실행하면 새로운 컨테이너를 점차 증가시키고 낡은 컨테이너를 점차 줄이는 방식으로 업데이트를 수행합니다.

Job은 일괄 작업 형태의 단발성 작업을 수행하는 경우에 적합합니다. 업무 처리 중에는 일괄 작업도 있습니다. 개별 컨테이너의 실행만 예약할 때는 EKS로 대응이 가능하지만 복잡한 작업 스케줄링을 이용해 직전 작업 결과에 따라 분기하는 경우에는 기존 방식인 EC2에 일괄 작업을 배포하고 작업 스케줄러에서 실행하는 방식이 적합합니다. 컨테이너 가동 상태는 EKS가 제공하는 웹 기반 대시보드에서 확인합니다. 컨테이너가 정상적으로 작동하는지와, CPU/메모리 리소스의 사용량을 확인할 수 있습니다.

13.5 S3로 데이터 레이크 구축하기

데이터 레이크는 일반적으로 정형, 비정형 데이터를 일원화하여 저장하는 장소입니다. 하지만 기술적 요구 사항에는 다양한 시각이 존재합니다. 예를 들면 데이터를 원시 형태로 저장하는 스토리지만 제공하면 된다는 시각도 있고, 데이터 품질을 유지하는 클랜징이나 라벨링 같은 데이터 관리 기능을 제공해야 한다는 시각도 있습니다. 각 기업 조직이 데이터 품질 관리 및 분석 등의 활용을 어떻게 진행하느냐에 따라 데이터 레이크의 자리매김이나 요구사항이 달라집니다. 기술 수준이 높은 데이터 엔지니어나 데이터 과학자가 있고, 원시 데이터를 지금부터 애드혹으로 분석하려는 것이라면 스토리지에 원시 데이터 형태로 저장해도 문제가 없을 겁니다. 업무는 잘 알지만 기술 수준이 그다지 높지 않은 실무 담당자들이 다수 이용하는 경우에는 데이터 품질이 확보된 상태에서 분석 기능을 제공하는 것이 적합합니다.

AWS는 데이터 레이크의 기반으로서 S3 사용을 권장합니다. S3에는 정형, 비정형 데이터를 원시 데이터 형태 그대로 축적하고, 활용 시에는 레드시프트나 RDS와 같은 데이터베이스 서비스나 아테나나 EMR 같은 분석 서비스 그리고 글루와 같은 ETL(Extract 추출, Transform 변환, Load 적재) 서비스를 이용하도록 하는 형태입니다. 이것은 저장과 처리를 분리해서 생각하는 방식입니다. 회사가 추구하는 방향이나 현재 상황에 따라 S3를 기본 저장 장소로 사용하면서 RDS나 레드시프트, EMR, 아테나, 글루 등을 적절하게 섞어서 사용하는 것도 괜찮은 방법이 아닐까요?

D 사에서는 새롭게 개발한 웹 애플리케이션의 액세스 로그나 연계하는 SNS 데이터를 분석해서 마케팅에 활용하고 싶어 합니다. 그래서 데이터를 활용하는 단계에서 사내의 소수 데이터 과학자와 외부 분석 전문 컨설턴트 몇 명에게서 원시 데이터를 어떻게 분석해 정책을 마련해야 하는지 아이디어를 얻으려 합니다.

우선 S3를 데이터 레이크로 사용하여 데이터를 쌓고 다른 서비스를 이용해서 분석을 진행합니다. 향후 더 넓은 범위에서 조직적으로 데이터 활용에 임하게 되었을 때는 데이터 레이크의 형태를 재검토하는 시간을 마련하기로 했습니다. 클라우드는 서비스 이용을 손쉽게 중단할 수 있으므로, 우선 가장 빠르고 손쉬운 방법으로 데이터 레이크를 마련한 다음 활용이 확산되면 데이터 레이크의 형태를 점진적으로 개선해 나가기가 쉬운 장점도 있습니다.

13.6 왜 S3인가?

S3는 데이터 레이크의 기반으로 삼기에 적합한 다음과 같은 뛰어난 특성이 있습니다.

1 **다양한 형식의 데이터를 저장할 수 있음**
   오브젝트 스토리지이기 때문에, 오브젝트 형식이라면 구조화, 비구조화를 불문하고 데이터를 저장할 수 있습니다.

2 **확장성**
   객체당 최대 5테라바이트라는 제한이 있을 뿐, 저장할 수 있는 데이터양과 객체 수에 제한이 없습니다.

3 **내구성**
   내구성이 99.999999999%이기 때문에, 별도의 백업이 필요치 않아 관리에 들어가는 노력이 적습니다. 데이터 레이크에 있는 데이터는 다른 기반에서 복사해온 데이터가 많아서 재취득이 가능한 데이터도 많습니다. 특별히 중요한 데이터는 실수로 지워지는 것을 막는 백업 방안을 마련해두는 것이 좋습니다.

4 **다양한 인터페이스**
   S3는 AWS의 다른 서비스로부터 참조되거나 연동될 수 있습니다. 예를 들면 아테나는 직접 S3에 있는 데이터를 SQL에서 참조하거나 분석할 수 있습니다. 레드시프트 스펙트럼(Redshift Spectrum)에서도 레드시프트에 있는 데이터와 S3에 있는 데이터를 SQL로 조인해서 질의할 수 있습니다. 그 밖에 EMR과 같은 여러 서비스가 S3 데이터를 직접 읽어오거나 처리할 수 있는 인터페이스가 충실하게 마련되어 있어 이용하기 쉽습니다.

5 **저비용**
   데이터는 매우 중요하지만 어떠한 가치를 가지고 있는지 분석하기 전에는 알 수 없기 때문에 처음부터 큰 비용을 들이기가 쉽지 않습니다. S3에는 S3 스탠다드, S3 스탠다드-IA(Infrequent Access, 저빈도 액세스), S3 One Zone-IA, S3 글레이셔, S3 글레이셔 딥 아카이브가 있습니다. 그리고 데이터 액세스 패턴에 따라 효과적인 저장 클래스로 데이터를 이동시키는 S3 인텔리전트 티어링의 여섯 가지 저장 클래스가 마련되어 있으며, 성능, 비용, 내구성, 가용성을 트레이드오프하여 비용을 절감할 수 있습니다. 클래스 각각의 특징은 패턴 5에서 자세히 설명하고 있으므로 여기서는 생략하겠습니다.

뛰어난 특성을 두루 갖춘 S3지만, 데이터 레이크 기반으로 이용하려면 이용자 측에서 고려할 것이 있습니다. 접근 제어와 데이터 카탈로그 관리입니다. S3는 버킷이나 객체 단위로 ACL(Access Control List, 접근 제어 목록)과 IAM 버킷 정책 및 사용자 정책을 이용해 접근 제어를 할 수 있습니다. 버킷 단위 접근 제어는 버킷 정책과 버킷 ACL을 이용할 수 있으며 객체 단위는 객체 ACL을 이용할 수 있습니다. ACL을 이용한 접근 제어는 인터넷 공개 및 비공개 제어와 사용자별 접근 권한 관리 두 가지를 고려해야 합니다(그림 13-3). S3는 VPC 바깥에 위치하기 때문에 VPC로 접근 제어를 사용할 수 없습니다.

S3 버킷 설정을 잘못하여 공개해선 안 될 데이터가 인터넷에 공개되는 사고가 잇따르고 있으므로 주의가 필요합니다. S3 버킷의 생성 시 초기 설정은 인터넷 비공개입니다. 관리하기 쉽도록 접근 제어를 하고 싶은 영역을 고려하여 버킷을 여러 개로 나누는 것도 검토합니다. 프로덕션 환경의 S3 버킷 작성, 설정 변경 권한을 지닌 사용자를 엄격히 제한하고 실수로 공개되거나 정기적으로 체크하는 것을 잊지 않도록 합시다. AWS Config를 이용하면 편리하게 인터넷 공개 버킷을 찾아낼 수 있습니다. 자세한 내용은 bit.ly/find-public-buckets에서 확인할 수 있습니다.

D 사에서 수집하는 데이터에는 접근 권한을 레벨로 나누어 업무상 권한 있는 멤버만 접근할 수 있도록 했습니다. 분석 그룹에 속한 멤버는 기밀성이 높은 데이터에도 접근할 수 있지만 외부 컨설턴트는 기밀성이 낮은 데이터에만 접근할 수 있도록 설정했습니다.

이러한 접근 제어를 객체 단위로 관리하면 객체 수가 늘어날 경우 관리가 복잡해지므로 요구되는 기밀성에 따라 버킷을 분리하기로 했습니다.

그림13-3 S3의 접근 제어

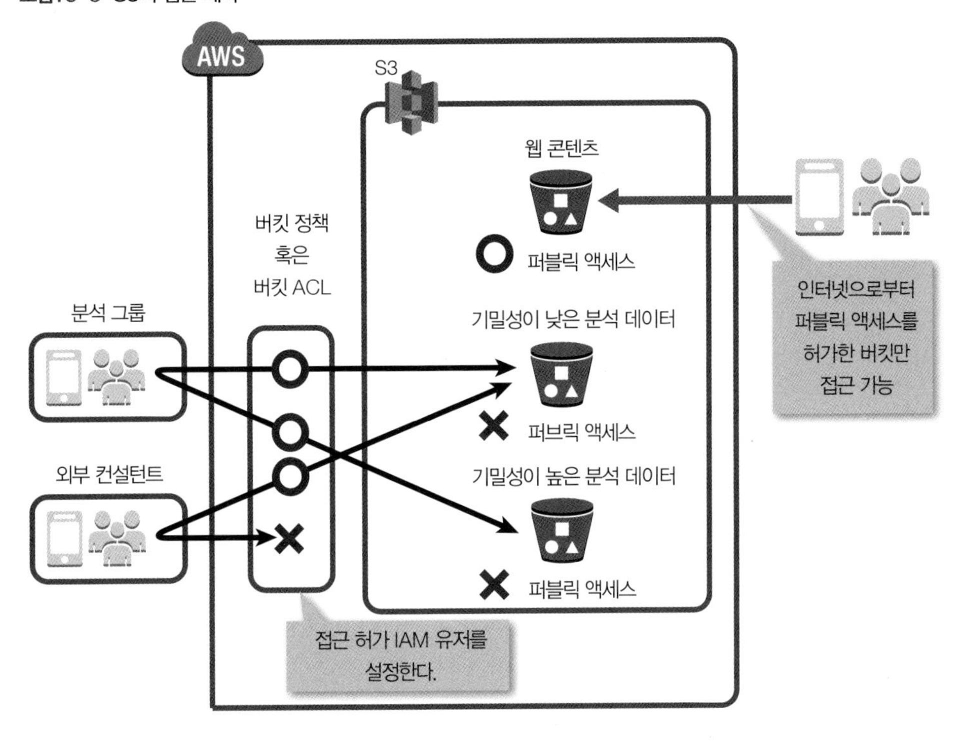

13.7 데이터 카탈로그

S3를 데이터 레이크로 하여 우선 취득한 데이터를 저장부터 하다 보면 어디에 어떤 데이터가 있는지 파악할 수 없는 사태가 초래될 수 있습니다. 이러한 사태를 피해 D 사는 데이터 카탈로그를 마련하려고 합니다. 데이터 카탈로그란 데이터 레이크에 저장되는 데이터와 그 형식, 구조가 저장소에 관리되어 사람이나 서비스가 이를 참조할 수 있도록 준비한 것을 말합니다. 열람이 가능하여 분석 담당자가 쉽게 어디에 어떤 데이터가 어떤 형태로 있는지를 알 수 있을 뿐만 아니라 데이터 레이크에 있는 데이터에 액세스하는 AWS 서비스도 이를 통해 데이터 정의를 취득하여 효율적인 분석, 개발이 가능해집니다.

AWS에는 데이터 카탈로그 기능을 갖춘 글루라는 서비스가 있습니다. 글루는 AWS상의 데이터 레이크 구축에 있어서 S3와 더불어 핵심을 담당하는 서비스입니다(그림 13-4). 데이터 카탈로그를 작성하려면 글루의 크롤러 기능을 이용해 S3를 검색합니다. 글루는 S3 이외에도 레드시프트, RDS, EC2나 온프레미스 DB 등을 데이터 소스로 사용할 수 있습니다.

글루의 크롤러는 자동으로 데이터 형식과 구조를 분석하여 카탈로그를 작성할 수 있고 오류나 누락 데이터에 대해서는 수동으로 전처리 작업을 수행할 수도 있습니다. 작성한 데이터 카탈로그는 글루가 관리하기 때문에 신경 쓸 필요가 없습니다.

이렇게 만들어진 글루의 데이터 카탈로그는 아테나, 레드시프트, EMR과 같은 AWS 서비스들로부터 데이터 소스로 참조하는 게 가능하기 때문에 각각의 서비스에서 개별적으로 스키마를 정의하는 것과 같은 수고를 덜 수 있습니다.

그림 13-4 글루로 데이터 카탈로그 작성

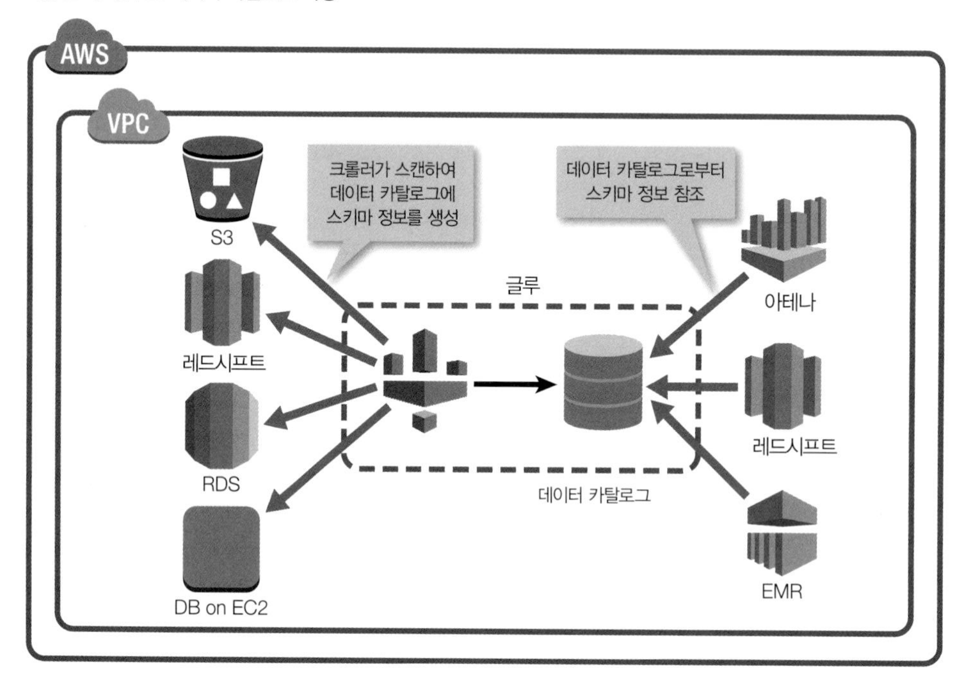

데이터 카탈로그는 글루로 충분한가?

D 사는 소수의 인원으로 데이터 분석을 시작하는 단계이기 때문에 크게 문제되지 않았지만, 데이터 활용이 확산되기 시작하면 데이터 카탈로그에 더 많은 것을 고려해야 합니다.

데이터를 단일 플랫폼에 구축된 데이터 레이크에 집약하는 것은 현실적으로 어려운 일입니다. 여러 이유로 일부 데이터는 다른 클라우드에 두고 이용하는 경우도 생각해볼 수 있습니다. 다른 클라우드나 온프레미스에 데이터를 분산 배치했을 때 전체를 망라한 데이터 카탈로그를 원하는 경우는 더 오픈된 기술을 사용하고 싶어집니다.

이런 경우에 CKAN이라는 오픈 소스 소프트웨어가 자주 사용됩니다. CKAN은 테이블에 태그 등의 메타데이터 정보를 부여해 공개할 수 있으며, 메타데이터 정보 자체를 자유롭게 편집할 수도 있습니다.

각 역할이 다르기 때문에, 어느것 하나만 선택하는 것보다는 필요에 따라 조합해서 이용합니다. 글루로 작성한 데이터 카탈로그를 API를 통해 CKAN에 통합시켜 다른 클라우드의 데이터와 합쳐서 사용자에게 공개하는 방법도 생각해볼 수 있습니다.

데이터 간의 상관관계와 같은 데이터 모델을 관리하는 경우는 데이터 모델링 도구를 사용하면 좋습니다. 글루가 작성하는 데이터 카탈로그는 AWS 서비스 간 데이터의 항목이 지니는 데이터형이나 이름과 같은 물리적인 구조를 관리하는 겁니다. 반면 논리적인 데이터 모델 관리는 데이터 모델링 도구가 강합니다.

PART 6

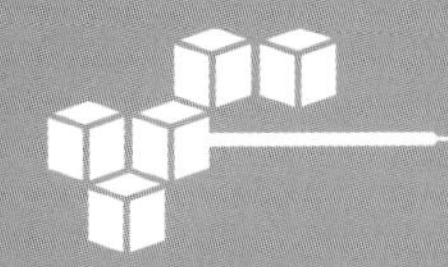

하이브리드 클라우드

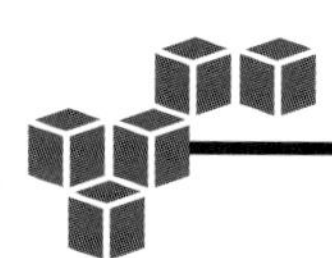

실현이 어려웠던 기능 추가하기 BCP, 피크에 간단히 대응하기

이번 장에서는 온프레미스 환경과 AWS를 연계시켜서 기능을 확장하는 하이브리드 클라우드 디자인 패턴을 설명합니다. 클라우드 종량 과금이나 빠른 시작과 파기가 가능한 특징을 활용하면 기존 환경에서는 어려웠던 BCP 대응이나 피크 트래픽 지원 등을 쉽게 해결할 수 있습니다.

기존 시스템이 온프레미스 환경이더라도 클라우드를 활용하면 이점은 큽니다. 클라우드 특유의 기능을 사용하여 기존 시스템의 문제를 해결하거나 온프레미스에서는 실현이 어려웠던 기능을 추가할 수도 있습니다.

인터넷 미디어를 운영하는 E 사는 여러 시스템을 온프레미스에 있는 사설 클라우드에 구축하고 있습니다. 클라우드와 온프레미스에 드는 비용을 분석한 결과 평상시에는 온프레미스가 더 저렴했기 때문입니다.

이용하던 중에 온프레미스만으로는 해결이 어려운 과제들이 등장했습니다. ❶ BCP(비즈니스 연속성 계획) 대응, ❷ 급격한 트래픽 증가에 대응, ❸ 여러 시스템 기능에 대한 다중화와 같은 겁니다. 온프레미스 시스템 자체는 안정적으로 가동되고 있으며, 클라우드 올인은 생각하지 않고 있습니다. 이제부터 온프레미스에 있는 기존 시스템과 AWS를 연계하여 하이브리드 클라우드로 문제를 해결하는 방법을 알아보겠습니다.

첫 번째 과제인 BCP 대응은 재해 복구입니다. 온프레미스 환경이 피해를 입더라도 시스템이 중지되는 일 없이 신속하게 복구할 수 있는 구조를 만들고 싶습니다. 그러나 이를 위해 별도의 온프레미스 환경을 하나 더 준비하면 비용이 너무 많이 듭니다.

두 번째 과제인 급격한 트래픽 증가에 대응하는 겁니다. 몰려드는 요청에 대응하지 못하는 CPU 리소스 부족 사태가 1년에 몇 차례 발생합니다. 바로 기회 손실로 직결됩니다. 하지만 1년에 몇 차례밖에 없는 피크에 맞추어 온프레미스 서버를 증설하면 고정비용이 증가하게 됩니다.

세 번째 과제는 여러 시스템에서 기능이 중복되는 서비스가 늘어나면서 나타납니다. 각 시스템에 사용자 인증과 관련 콘텐츠 목록의 검색과 같은 기능을 중복해서 구현했습니다. 각 시스템이 공통으로 사용하는 기능을 분리하여 REST API로 호출하고자 합니다. 하지만 API를 제공하고 관리하는 구조를 사내에서 작성하면 시간과 비용이 소요됩니다.

세 가지 과제를 정리하여 [그림 14-1]에 하이브리드 클라우드의 개요 및 인프라 핵심 설계 사항을 정리했습니다.

그림 14-1 하이브리드 클라우드의 개요와 인프라 핵심 설계 사항

기존 시스템 연계 방안 개요

- 업무 연계를 위한 재해 복구 사이트를 제공한다.
- 일년에 몇 번 요청이 집중되는 웹 서버의 CPU 자원 부족을 해결하고 싶다.

인프라 핵심 설계 사항

❶ VM 임포트(VM Import)를 이용한 재해 복구 사이트 구축

온프레미스의 가상 머신 이미지에서 VM 임포트를 이용하여 EC2 인스턴스를 생성한다.

❷ 클라우드로 오프로드(offload)

로드밸런싱과 오토스케일링을 함께 사용하여 웹 서버에 대한 요청을 AWS에 오프로드한다.

❸ API 게이트웨이를 사용한 공통 기능 제공

공통 기능을 분리하여 REST API를 만든 후 API 게이트웨이로 제공한다.

14.1 온프레미스와의 연계를 전제로 한 인프라 설계

인프라 핵심 설계 사항을 반영한 시스템은 [그림 14-2]와 같습니다.

그림 14-2 하이브리드 클라우드 구성도

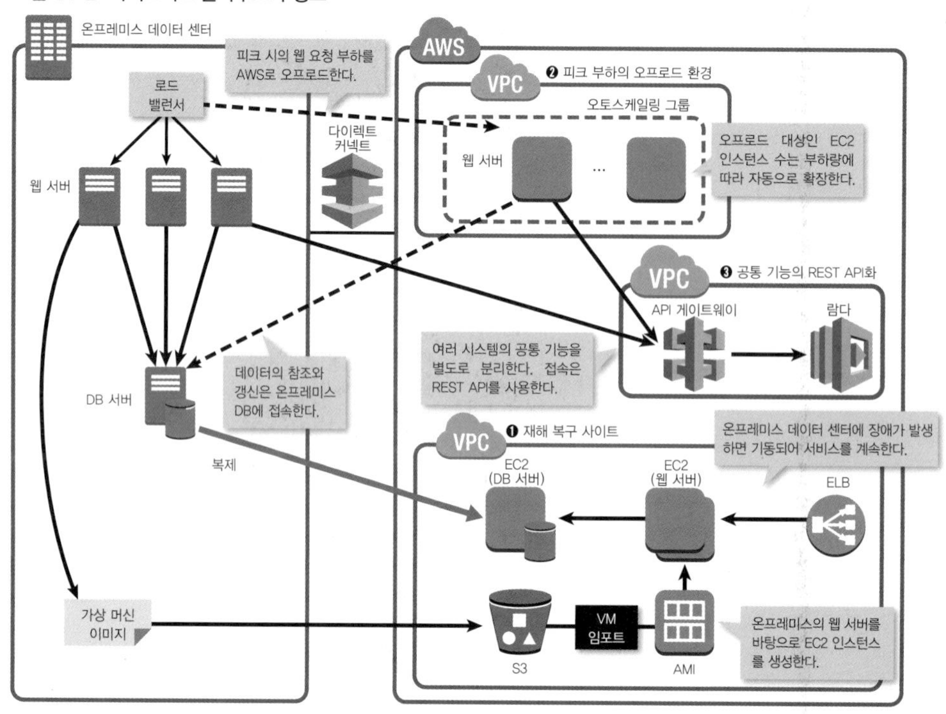

재해 복구 사이트로서 온프레미스와 동일한 시스템을 AWS에 배포합니다(그림 14-2 ❶). 웹 서버를 가상 머신 이미지 변환 서비스인 VM 임포트를 사용하여 온프레미스 가상 머신과 동일한 구성으로 AWS 가상 서버 서비스인 아마존 EC2에 만듭니다. 또한, DBMS가 작동하는 EC2 인스턴스를 시작하고 복제 기능을 사용해 온프레미스와 AWS 간의 데이터를 동기화시킵니다.

피크 시 부하를 오프로드시킬 웹 서버를 AWS 환경에 작성합니다(그림 14-2 ❷). 온프레미스 웹 서버의 CPU 부족을 감지하면, 온프레미스의 로드밸런서가 AWS 웹 서버로 요청을 분산합니다. 자동 스케일 아웃 기능인 오토스케일링을 사용하여 부하에 따라 자동으로 인스턴스를 추가하거나 삭제하도록 AWS 웹 서버에 설정해둡니다.

공통 기능을 REST API로 만드는 데는 관리형 API 서비스인 아마존 API 게이트웨이와 이벤트 구동 프로그램 실행 서비스인 AWS 람다를 사용합니다(그림 14-2 ❸). 람다를 사용하여 공통 기능을 AWS 환경에 구현하고, API 게이트웨이를 사용해 REST API로 접속할 수 있도록 합니다.

이러한 연계는 온프레미스와 AWS 사이에 안전하고 안정적인 통신 확보가 필수입니다. 그래서 전용선 연결 서비스인 AWS 다이렉트 커넥트를 이용하여 온프레미스와 AWS를 연결하고 있습니다. 온프레미스와 클라우드가 전용선으로 연결되어 있으면 클라우드 내부의 서비스도 온프레미스 데이터 센터에 있는 것처럼 접속할 수 있습니다.

14.2 다이렉트 커넥트 구조를 알자

우선 온프레미스와 AWS를 연결하는 네트워크 구조에 대해서 살펴보겠습니다.

AWS에서 온프레미스와 연계하는 환경을 만들면, 이를 통해 업무 데이터가 흘러다니게 됩니다. 보안을 확보하는 네트워크 선택지는 두 가지입니다. 인터넷 통신 경로를 암호화하는 인터넷 VPN과 AWS와 온프레미스를 물리적 회선으로 직접 연결하는 다이렉트 커넥트입니다.

인터넷 VPN과 다이렉트 커넥트의 네트워크 품질과 비용 차이를 [표 14-1]에서 확인할 수 있습니다.

표 14-1 다이렉트 커넥트와 인터넷 VPN

	다이렉트 커넥트	인터넷 VPN
네트워크 품질	대역폭이 안정적으로 보장됨	인터넷을 사용하기 때문에 최선 노력(Best-Effort) 서비스 모델을 따름
보안	전용선을 사용하기 때문에 높은 보안성 보장	통신 경로는 인터넷을 사용. 라우터 사이를 IPSec으로 암호화
비용	AWS : 포트 사용료(고정) + 데이터 전송료(아웃바운드에 대해 종량제) 회선 사업자 : 다이렉트 커넥트 접속료(고정) ※1	AWS : 없음 회선 사업자 : 인터넷 접속료(고정)※1
주요 용도	온프레미스와 클라우드 간의 접속, 오피스와 클라우드 사이의 접속	백업 회선, 사무실로부터 클라우드로의 보수용 회선

※1 회선 사업자의 요금체계를 따름

인터넷 VPN은 인터넷을 이용하고 있기 때문에 대역폭과 응답 속도가 일정하지 않은 대신 전용선 사용 요금이 들지 않아 상대적으로 저렴한 비용으로 사용할 수 있습니다. 한편, 다이렉트 커넥트는 인터넷 VPN보다 네트워크 품질이 안정되어 있습니다만 전용선과 AWS 접속에 요금이 부과됩니다. 안정적인 응답 속도가 요구되는 경우에는 다이렉트 커넥트가 많이 선택되고, 인터넷 VPN은 다이렉트 커넥트의 백업 용도로 사용되는 경우가 많습니다.

다이렉트 커넥트는 AWS에서 전용선을 제공하는 것이 아닙니다. AWS가 제공하는 AWS DX 로케이션(AWS Direct Connect Location)과 물리적으로 연결하는 서비스입니다(그림 14-3). 서비스 구성이 다소 복잡합니다.

그림 14-3 다이렉트 커넥트 개념도

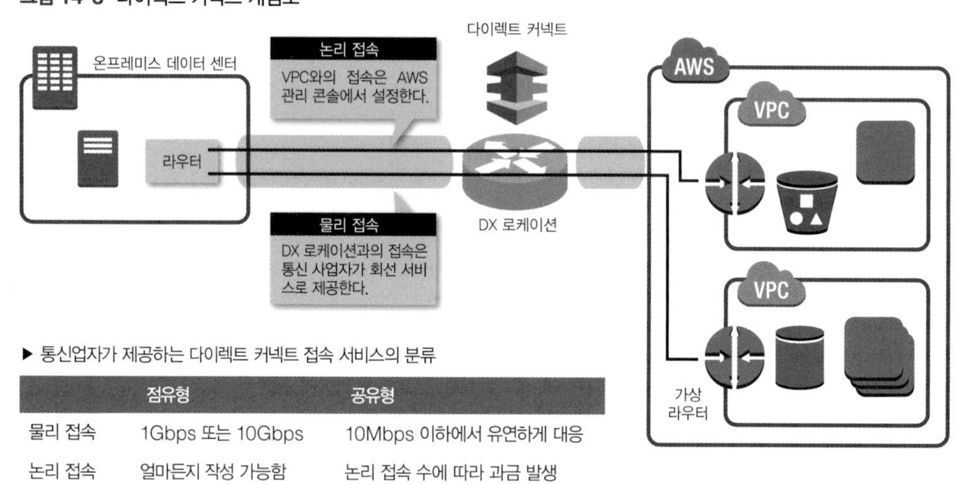

	점유형	공유형
물리 접속	1Gbps 또는 10Gbps	10Mbps 이하에서 유연하게 대응
논리 접속	얼마든지 작성 가능함	논리 접속 수에 따라 과금 발생

DX 로케이션은 리전별로 존재하며 장소는 회선 연결 서비스를 제공하는 AWS 파트너 사에 문의하여 확인할 수 있습니다.

DX 로케이션은 리전 내에 있는 가용 영역(AZ)과 전용선으로 연결되어 있습니다. 따라서 온프레미스 환경과 상호 연결 지점을 전용선으로 연결하면 AWS 데이터 센터까지 전용선으로 연결되는 겁니다.

여기까지는 온프레미스 환경과 AWS 데이터 센터 사이의 물리적 연결입니다.

다이렉트 커넥트는 가상 인터페이스라는 개념이 있습니다. 온프레미스 환경의 라우터와 AWS에서 설정한 가상 네트워크 아마존 VPC의 가상 라우터와의 연결입니다. 물리적인 접속을 통해 안전한 통신을 보장하고 그 위에 가상 연결을 설정하는 관계입니다. 여러 VPC를 이용하고, 각각 온프레미스와 연계할 경우에는 가상 인터페이스를 여러 개 설정해야만 합니다.

다이렉트 커넥트의 사용 패턴은 ❶ DX 로케이션에 사용자 기업의 네트워크 기기를 설치하거나 ❷ 연결 서비스를 제공하는 통신 사업자의 네트워크 장비를 이용하는 것 중 한 가지입니다. 일반적으로는 시간이 적게 소요되는 ❷번 방식이 사용됩니다. 폐쇄 네트워크 옵션 및 통신 회선과 AWS와의 접속을 세트로 하여 서비스가 제공됩니다.

14.3 연동할 VPC 수와 다중화에 따른 회선 결정

통신 사업자가 제공하는 다이렉트 커넥트에 의한 AWS와의 전용선 접속 서비스로는 점유형과 공유형이 있습니다.

점유형은 DX 로케이션의 연결 포트를 하나의 기업이 단독으로 점유하는 형태로 제공됩니다. 1Gbps, 10Gbps 같이 큰 단위로 계약되므로 고액이기 쉽습니다. 하지만 가상 인터페이스를 여러 개 만들어도 요금이 변하지 않는다는 장점이 있습니다.

공유형은 연결 포트를 여러 사용자가 공유합니다. 사용자에게는 10Mbps, 100Mbps 같이 좁은 대역별로 세분화해 제공됩니다. 요금은 사용하는 대역에 대한 비용만 지불하면 되지만, VPC에 대한 가상 연결 수 만큼 요금이 발생합니다. 연결된 VPC가 적은 경우에는 비용적으로 유리하지만 많으면 점유형보다도 비쌀 수도 있습니다.

연계에 높은 가용성이 요구되는 경우에는 네트워크 이중화를 고려해봅니다. 사용자가 여러 회선을 계약하고 이중화 외에 통신 사업자가 다중화되어진 회선 서비스를 제공하는 경우도 있습니다. 백업 회선을 다이렉트 커넥트로 할 것인지 인터넷 VPN으로 할 것인지는 요구되는 품질, 보안, 비용을 고려하여 결정하게 됩니다.

14.4 온프레미스와 같은 환경을 작성하여 BCP 대응하기

지금부터는 E 사의 첫 번째 과제인 BCP 대응에 대해 설명합니다. E 사는 온프레미스 환경이 재해를 당한 경우에도 서비스를 지속시키고 싶습니다. 이를 위해서는 기존 프로덕션 환경과 동일한 구성을 지리적으로 떨어진 곳에 구축해야 합니다.

이번에는 온프레미스 환경으로 구축된 프로덕션 환경을 AWS 위에서도 이용할 수 있게 해봅시다. AWS는 데이터 센터와 물리적 서버를 소유할 필요가 없어 도입 비용도 낮출 수 있습니다. 또한 이용한 만큼만 요금을 지불하면 되기 때문에 운영 비용도 줄어듭니다. AWS를 재해 복구 사이트로 이용하는 경우 세 가지를 고려해야 합니다(그림 14-4).

그림 14-4 AWS를 재해 복구 사이트로 사용하는 경우의 세 가지 핵심 사항

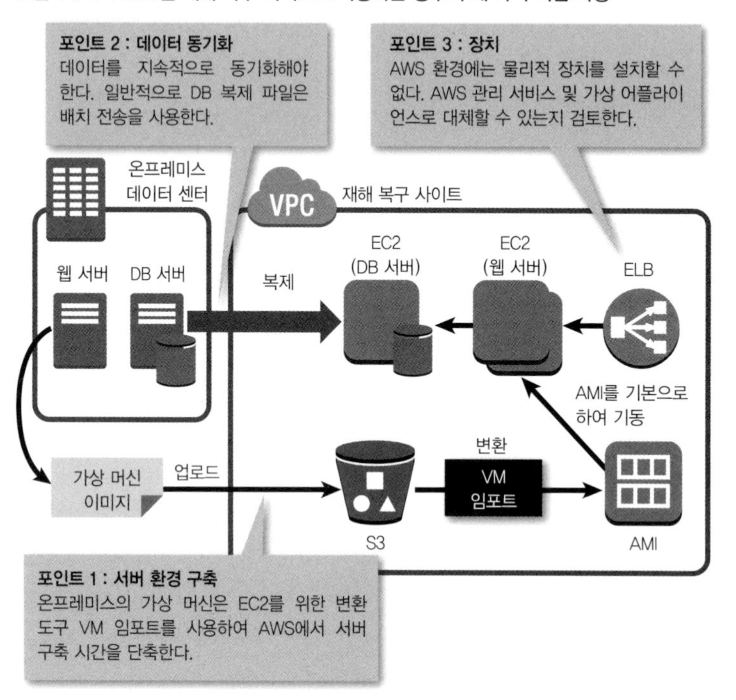

첫 번째는 서버 환경의 구축입니다. 재해 복구 사이트는 운영 환경과 동일한 구성의 서버가 필요합니다. 수동으로 서버를 설치하는 것은 번거롭고 시간이 걸리기 때문에 VM 임포트라는 도구를 사용합니다. 사내의 가상 서버를 손쉽게 EC2 인스턴스에 복사하는 도구입니다.

VM 임포트를 사용한 가상 서버 생성의 흐름을 알아보겠습니다. 먼저 온프레미스의 가상화 소프트웨어(VMware, Hyper-V, Xen)를 사용하여 가상 머신 이미지를 만듭니다. 그다음은 명령행 인터페이스(AWS CLI)를 사용하여 가상 머신 이미지를 AWS의 스토리지 서비스인 아마존 S3에 업로드합니다. 그다음은 AWS CLI에서 S3의 가상 머신 이미지를 지정하여 ec2import-image 명령을 실행합니다. 그러면 가상 머신 이미지가 EC2용 가상 머신 이미지인 AMI로 변환됩니다. 이 AMI에서 EC2 인스턴스를 시작하면 온프레미스 환경의 가상 서버와 동일한 구성의 EC2 인스턴스가 작동하게 됩니다.

편리한 도구지만 몇 가지 제한이 있습니다. 예를 들어 32비트 리눅스를 지원하지 않으며, 원래의 가상 머신에 여러 네트워크 인터페이스가 있는 경우는 사용할 수 없습니다.

14.5 무중단 데이터베이스 동기화하기

두 번째로 데이터 동기화를 고려해보겠습니다. 웹 서버는 평상시에 EC2 인스턴스를 준비해두었다가 재해가 발생한 경우 기동시켜도 운용에는 문제가 없습니다. 하지만 데이터는 다릅니다. 재해 발생 시에도 서비스를 계속하려면 온프레미스의 프로덕션 환경으로부터 지속적으로 데이터를 동기화해야 합니다.

파일 서버의 파일을 배치 서버 등을 사용하여 정기적으로 S3 등에 업로드합니다. 데이터베이스 서버의 데이터는 DBMS 복제 기능과 데이터 동기화 도구를 사용하여 동기화합니다. 재해 시 데이터 손실 범위를 줄이려면 데이터베이스 서버로 사용할 EC2 인스턴스를 항상 동작시키고 실시간 데이터 동기화 도구를 사용해 동기화해야 합니다. 그만큼 비용이 발생하는 점은 알아둬야 합니다.

세 번째는 장비입니다. 설치형 제품은 AWS 데이터 센터에 반입할 수 없으며 IDS(침입 탐지 시스템)와 로드밸런서 등이 이에 해당합니다. 이에 대한 대안은 크게 두 가지입니다. 하나는 AWS로부터 관리형 서비스로 제공되는 같은 기능의 서비스를 사용하는 겁니다. 다른 하나는 EC2에서 실행되는 소프트웨어로 구성된 가상 장비를 이용하는 겁니다. 어떠한 서비스가 온프레미스의 장비를 대체 가능한지 미리 확인해둡시다.

14.6 피크 트래픽을 AWS로 오프로드하기

계속해서 E 사의 두 번째 과제인 피크 시의 요청을 AWS에 오프로드하는 방법에 대해 알아보겠습니다. E 사의 기존 시스템에서는 사용자 요청이 로드밸런서를 통해 온프레미스의 웹 서버와 DB 서버에서 처리됩니다. E 사의 서비스는 콘텐츠 전달이 중심이라서 웹 서버의 CPU 자원을 많이 소비하는 경향이 있습니다. 피크 시 웹 서버의 CPU 자원은 부족해지기 쉬운 반면 DB 서버의 자원은 여유가 있습니다.

그래서 AWS 환경에 마련한 웹 서버로 요청을 분배하여 온프레미스만으로는 처리할 수 없는 부하를 오프로드하기로 했습니다(그림 14-5).

그림 14-5 AWS를 사용한 피크 부하 오프로드의 흐름

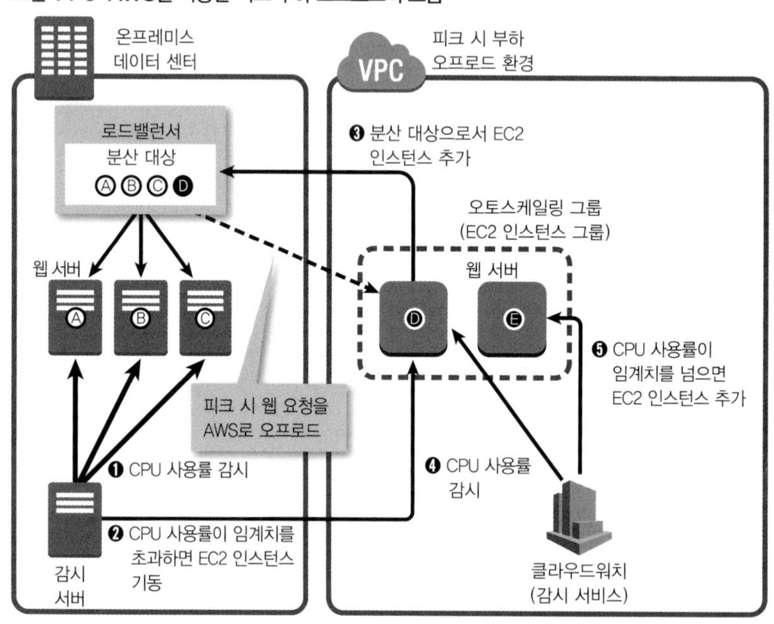

AWS에 만드는 웹 서버는 오토스케일링 그룹을 설정해둡니다. 부하가 증가하면 자동으로 EC2 인스턴스 수를 늘리고 트래픽을 처리합니다. 오토스케일링 그룹은 부하 및 장애 발생에 따라 인스턴스 수를 자동으로 증감시키는 EC2 인스턴스의 그룹입니다. 미리 정책을 설정해두면 정책에 따라 동작합니다. 웹 서버는 VM 임포트를 사용해 손쉽게 만들 수 있습니다. 또한 이러한 구성에서는 다이렉트 커넥트가 거의 필수입니다. 웹 서버는 AWS, DB 서버는 온프레미스에 위치하기 때문에 안전하면서도 고품질의 네트워크가 필요한 겁니다.

14.7 모니터링을 고려해 설계하기

온프레미스에서는 CPU 사용률을 모니터링해야 합니다. 온프레미스의 모니터링 서버는 온프레미스 CPU 사용량이 임계치를 초과할 때 EC2 인스턴스를 실행합니다.

EC2 인스턴스가 실행되면 밸런서에 배분 대상으로 EC2 인스턴스의 IP 주소를 등록합니다. 일련의 처리는 스크립트를 통해 자동화하거나 모니터링 시스템의 통지를 받아 수동으로 실행됩니다. 또한 이러한 구성에서는 로드밸런서가 동적으로 트래픽 할당 대상을 추가하거나 삭제하는 기능을 가져야 합니다.

여기에 AWS 모니터링 서비스인 클라우드워치를 사용해 EC2 인스턴스의 CPU 사용률을 모니터링합니다. 오토스케일링 정책에서 설정한 임계값을 초과하면 추가할 EC2 인스턴스가 자동으로 실행되게 하면 됩니다. 이렇게 하면 요청이 지속적으로 증가할 때, 오프로드 대상인 AWS 환경에서 차례로 웹 서버를 늘려나갈 수 있습니다. 요청 수의 변화가 크고 일시적으로 부하가 집중되는 시스템에 적합합니다.

부하가 줄어들었을 때 웹 서버 수를 줄이는 방법도 제공합니다. EC2 인스턴스의 CPU 사용량이 지정한 임계값 아래로 떨어지면 EC2 인스턴스를 제거합니다. 불필요하게 EC2 인스턴스가 작동하지 않도록 하는 겁니다. 임곗값은 오토스케일링의 정책으로 설정하면 되고, 클라우드워치로 모니터닝하여 시행합니다.

단순히 EC2 인스턴스를 삭제하면 로드밸런서가 트래픽의 배분처를 잃어버리는 등의 장애가 발생하게 됩니다. 그래서 EC2 인스턴스를 삭제할 때 수행할 처리(종료 처리)를 지정하는 오토스케일링의 라이프사이클 훅(Lifecycle Hook)이라는 기능을 사용합니다. 종료할 때는 온프레미스의 로드밸런서에서 종료할 EC2 인스턴스의 IP 주소를 제외시키고 로그를 S3 등에 저장합니다. 종료 처리가 완료되면 EC2 인스턴스를 제거함으로써 스케일 동작이 완료됩니다.

AWS로의 오프로드 구성에 있어서 주의할 점은 두 가지입니다.

첫 번째는 최신 애플리케이션 환경을 온프레미스와 AWS 양쪽에 모두 유지하는 겁니다. 온프레미스에 새로운 버전을 배포할 때에는 AWS 측에도 함께 배포될 수 있게 합니다.

두 번째는 데이터 연계입니다. 이번에는 이야기를 단순하게 하기 위해, DB 서버의 부하가 낮다고 가정했습니다. 하지만 DB 서버의 부하가 높아 DB 서버도 오프로드가 필요한 경우도 있습니다. 그러한 경우에는 온프레미스와 AWS가 데이터 일관성을 유지할 수 있게 구성하고

AWS에 읽기 처리 오프로드용 DB 서버를 만듭니다. AWS에는 읽기 전용 복제본를 두어 참조 전용 트랜잭션을 처리하고 그 외에는 온프레미스에서 처리하는 방식입니다.

14.8 관리형 서비스로 공통 기능 API 제공하기

마지막으로 세 번째 과제인 공통 기능을 REST API로 제공하는 방법에 대해 알아보겠습니다.

E 사에서는 동일한 기능을 여러 시스템에서 중복해서 개발하고 있습니다. 시스템 수가 늘어남과 동시에 이 문제가 점차 커지게 됩니다. 공통 기능이 변경되면 그만큼 여러 시스템에서 프로그램 변경이 발생하기 때문입니다. 결국 시스템 개발 속도가 떨어지고 변경 관리에 들어가는 수고도 커지게 됩니다.

그래서 E 사에서는 각 시스템에서 공통으로 사용하는 기능을 분리하여 REST API로 만들어 각 시스템에서 호출하려고 합니다. 단번에 API를 제공하는 일은 어렵기 때문에 서서히 진행시켜야 합니다. 이러한 경우 적합한 서비스가 4장에서 소개한 API 게이트웨이와 람다입니다.

API 게이트웨이는 REST API를 정의하고 요청을 받아들여 처리하는 관리형 서비스입니다. API 게이트웨이는 외부로부터의 요청을 받아 백엔드로 넘겨주는 흐름 제어와 모니터링, 그리고 호출자에게 처리 결과를 반환합니다. 실제 처리는 백엔드에 있는 다른 시스템이 담당합니다.

이벤트 구동 방식으로 등록된 프로그램을 실행하는 관리형 서비스인 람다를 이용하면 API 게이트웨이의 백엔드로 손쉽게 사용할 있습니다. API 게이트웨이로부터의 호출을 이벤트로 하여 Node.js, 자바, 파이썬 등으로 작성된 프로그램을 실행합니다. 이 서비스를 사용해서 공통 기능을 만들면 됩니다.

API 게이트웨이와 람다에서 작성된 공통 기능 REST API는 AWS나 온프레미스에서도 호출할 수 있습니다. 온프레미스에 있는 애플리케이션에서 호출하는 경우는 다이렉트 커넥트를 사용하여 네트워크 품질을 안정시킬 수 있습니다.

이렇게 설계하면 API 이용 빈도가 높아져도 서버 자원의 규모 조정 작업이 필요 없다는 장점이 있습니다. 부하가 높아지면 관리 서비스는 자동으로 처리 능력을 확장시키는 데 트래픽을 집중하기 때문에 공통 기능을 API로 제공하기에 적합합니다.

INDEX

INDEX

INDEX

INDEX

INDEX